优质而多元

——从"双减"迈向教育新生态

丁世明 主编

四川大学出版社
SICHUAN UNIVERSITY PRESS

图书在版编目（CIP）数据

优质而多元：从"双减"迈向教育新生态 / 丁世明主编． — 成都：四川大学出版社，2023.4
ISBN 978-7-5690-6079-9

Ⅰ．①优… Ⅱ．①丁… Ⅲ．①中小学教育－教育研究 Ⅳ．① G632.0

中国国家版本馆 CIP 数据核字（2023）第 066650 号

书　　名：	优质而多元——从"双减"迈向教育新生态
	Youzhi er Duoyuan——Cong "Shuangjian" Maixiang Jiaoyu Xinshengtai
主　　编：	丁世明
选题策划：	曾　鑫
责任编辑：	曾　鑫
责任校对：	孙滨蓉
装帧设计：	墨创文化
责任印制：	王　炜
出版发行：	四川大学出版社有限责任公司
	地址：成都市一环路南一段 24 号（610065）
	电话：（028）85408311（发行部）、85400276（总编室）
	电子邮箱：scupress@vip.163.com
	网址：https://press.scu.edu.cn
印前制作：	四川胜翔数码印务设计有限公司
印刷装订：	成都市新都华兴印务有限公司
成品尺寸：	170 mm×240 mm
印　　张：	15.75
插　　页：	4
字　　数：	253 千字
版　　次：	2023 年 6 月 第 1 版
印　　次：	2023 年 6 月 第 1 次印刷
定　　价：	68.00 元

本社图书如有印装质量问题，请联系发行部调换

版权所有 ◆ 侵权必究

《从棕北走向世界教育系列丛书》编委会

学术顾问：郝志军　姚文忠　成尚荣　王　鑫

主　　任：丁世明

副 主 任：邹　燕　张家明　邱滋培

编　　委：

敖　静	蒋万军	伍忠民	袁海龙	黄小燕
刘　荣	张东明	王华龙	姜　祺	王　波
赵　毅	袁定辉	唐洪林	易华德	须宗毅
付正波	刘一锦	杨应红	江　宇	徐进川
王剑豪	贺　礼	林庭焘	林　灵	吴　涛
曾琼英	唐礼仪	王　燕	赵艺童	李　聂
王润坚	王利红	李　琼	冷　鑫	郑艳红
黄　琼	简红霞	宋　珣	刘建兴	谢　彬
廖　锐	陈　佳	田惠中	周思佳	周艳莉
陶　燕	张　蕊	代瑞雪	李　琳	张　楠
张容华	李　利	汤　玲		

中国当代著名教育学家、新中国比较教育学科奠基人顾明远，中国当代著名基础教育专家、成都师范学院教授姚文忠到棕北中学指导合影

棕北中学教师应邀参加"2021亚洲教育论坛年会"时的合影

阳光自信、落落大方的棕北学子

序

办出活泼泼的学校

　　成都市棕北中学是一所活泼泼的学校。

　　说学校是活泼泼，是因为校园里的教师和学生是活泼泼的，尤其是学生，青春年少，风华正茂。抑或说，活泼泼的学生让学校充满朝气，活泼泼起来。

　　学校怎样才能让学生活泼泼起来，让学校也成为孩子，成为青春少年？棕北中学给出了答案，那就是办出优质而多元的教育，其关键是营造教育新生态。新生态、优质而多元，在我看来正是在文化进步中获得的。棕北中学的党总支书记、校长丁世明和她带领的团队，用扎扎实实的行动，还有深入的研究、科学的改革试验，演绎并印证了恩格斯的判断：文化上的每一次进步，都让我们向自由迈进一步。

　　的确是如此。我曾经去过棕北中学，参观过校园，与孩子们有过交谈，还做过一个所谓的报告。棕北中学的校园里满目皆笑，到处是笑声，洋溢着"万类霜天竞自由"的气息，学校像是一座生命的林子，所有枝叶上的小鸟叽叽喳喳歌唱着，形成一部混声的自在的快乐的青春合唱。在这样的校园里，你是会醉的。优质、多元的教育理念与实践创新一定会带来这样的活泼泼的景象。

　　何为"文化上的进步"？文化上的进步，核心是价值观的进步，而价值观实则是理想、信念。棕北中学有自己的核心价值追求，那就是"帮助孩子赢在未来"。因此，他们坚持"整体育人""让每一个孩子全面发展智慧生长"，这样的价值愿景化作一股发展的动力。学校首先是个情感的存在，绝不是一个物理空间，一开始不是一个知识的存在，也不只是精神的存在，而精神是由情感伴随的，精神也是镶嵌于知识里的，只有情感的触发，才能激活生命的潜能，形成一个温暖的"情感场"，在情感的家园里有进步感、成就感、幸福感。有这样的核心价值追求，才能去培育与践行社会主义核心价值观。

文化的实质是人化。人不只是文化的体验者、享用者，更是文化的创造者，人生活在文化中，得到文化的滋养，又在创造文化，最终化为幸福的生活，构建了审美人生。棕北中学正是这么努力的。丁校长和老师们在全面贯彻党的教育方针上下大功夫，紧紧围绕育人，深入推进课程改革、教学改革，推进"双减"政策的落实，推进劳动教育，学生正在学会学习、学会生活中成为学校的主人，成为自己的创造者，也创造着生活，创造着学校。这是棕北中学成功的核心与关键。

文化要有魂，而魂要在体中，魂与体的相融，在一体化中相互支撑与促进。棕北中学的魂与体具体在哪里？在五个字："优质而多元。"优质是目标，是学习的质量，是生活的质量，是育人的质量；而多元，是让学生有多种的选择，有多样的发展可能，呈现发展的个性化。优质而多元，积极回应并落实立德树人的根本任务，积极回应并落实高质量发展的战略要求。可以说，这是棕北中学的育人路径，可以称之为立德树人的"棕北路径"。

优质而多元的内涵同样丰富，在这本书的后记中，对此做了解释：首先这是看教育的一个视野，形成了价值观，这一视野抵及了教育的原义和宗旨。其次这是做教育的一种实践论，他们坚持"实学"的传统，优质而多元的教育是做出来的，只有落实中学生的发展，才会有真正的优质而多元。再次，棕北中学在开阔视野、坚持实践的基础上，以多元思维来引领，以尊重、包容的胸怀为基础，以所有人为核心，坚持学生的差异化、个性化发展。有人将棕北中学的活泼泼的生命样态称之为浪漫主义与现实主义，形成了学校的风格与气质，我是很赞同的。

初中学生正处在生理、心理发展的特别期，尤其需要特别的关注和引导，棕北中学为初中教育发展走出了一条路，形成了既具有校本特点又具有普遍意义的样态，值得大家关注和学习。

棕北中学，乘风而上，开辟出更加活泼而又有深度的教育领域和赛道。时代在召唤你们，未来在等待你们，为你们在文化上的进步鼓与呼。

国家督学

教育部基础教育课程改革专家

中国教育学会学术委员会顾问

江苏省教科院研究员

中小学教材审查专家

明远教育书院学术委员

成尚荣

2023年3月21日

目 录

第一篇　实践的转化

003　实现学科育人的"棕北路径"

007　帮助孩子赢在未来
　　　——成都市棕北中学家庭教育提质行动的思考与实践

014　用STEM课程力量助推棕北中学高质量发展

023　让每一个孩子全面发展智慧生长
　　　——智慧教育背景下数字画像赋能五育并举

032　互联融通场景资源　赋能学生个性成长
　　　——武侯区教育资源供给新模式探索

037　让每一个孩子沐泽"双减"光辉，智慧生长

044　"峰—端定则"在学校安全教育中的运用

049　"六步"法，让手机管理落到实处
　　　——以棕北中学为例

054　双线融合式教学的实践与探索
　　　——成都市武侯实验中学课堂教学改革项目

062　打造多彩课后服务课程
　　　——西昌宁远学校课后服务探索实践

065　依托项目制改革，推进学习型学校建设，回应"双减"价值追求
　　　——以双线融合课堂教学改革项目为例

074　STEM教育：育人方式变革的有效途径
　　　——合江中学STEM教育实践

081　赋能教师，保障"双减"持续有效
　　　——新津区普兴初中"双减"背景下的教师队伍建设
086　"双减"下的体育教学与学生体质健康发展

第二篇　"双减"的探路

093　从"双减"迈向"双赢"
100　"双减"我们这样做
104　"双减"背景下家长如何科学看待孩子的学习成绩
　　　——适度期待　科学引导　确立目标
109　"双减"政策助力学校艺术教育高质量发展
113　"双减"背景下提升课后服务水平
119　落实"双减"，设计"智慧"作业
123　落实"双减"办好教育的学校行动策略
129　心系阳光　手捧未来
　　　——成都市新津区花桥初级中学"双减"行动探究
134　"双减"落地助力课堂提升
140　落实双减政策，开展好新时代文明实践工作

第三篇　作业困境的"出路"

147　统整课程筑牢常规，精准实施"双减"下的作业管理
152　"双减"背景下初中作业管理的研究
　　　——以成都市棕北中学为例
157　抓好高质量作业管理工作的策略探究
163　初中阶段作业管理的学校顶层设计思路和实施框架
167　以作业改革助推"减负提质"
172　以差异化作业撬动差异化教学
　　　——以数学作业设计为例

177 贯彻方针"双减双增" 促进学生持续发展
　　——大邑县苏家学校减轻学生作业负担实践探索
184 有效减轻学生课业负担案例
187 学生作业管理的顶层设计和实施框架初探
192 "双减"背景下学生作业设计管理困境之我见
198 融合理念下的信息技术整合教学实践
　　——以二次函数为例实践双线融合课堂教学模式
211 "双减"下初中化学作业设计
　　——以第五单元课题2化学方程式书写为例

第四篇　创新劳动教育

221 城市学校劳动课程育人体系的建构和实践
228 劳动教育安全风险管控的"两案四制"

234 **后记：优质与多元——棕北的思想**

第一篇　实践的转化

实现学科育人的"棕北路径"

成都市棕北中学　丁世明

新时代，我们如何更好地落实立德树人根本任务？如何扎扎实实让"双减"政策落地？其核心是整体提升和实现学科育人价值。然而，引导全体教师实现从"教学科"到"教学生"的价值转向并非易事，"见子打子""零敲碎打"的现象比比皆是。要从整体上实现和提升学科育人价值，需要在学生拔节孕穗期抓好"两个关键"和"三个落实"。"两个关键"，是指学校的学科育人过程和教师的学科育人素养；"三个落实"，是指落实课程、课堂、评价的学科育人要求，发挥课程、课堂、评价的整体育人功能。四川省成都市棕北中学自建校以来，不断探索整体实现学科育人价值的策略和路径，在"两关键三落实"上狠下功夫，全面提升了育人质量、育人品质和育人效能。

一、落实"整体育人"的课程体系建设任务，强化学科教育的整体性

学科育人价值内涵丰厚，包括生命成长的导向性价值、知识性价值、方法性价值、情感性价值、道德性价值、审美性价值等。对不同学科而言，其学科育人价值各有侧重。培养全面发展的人，需要我们做好课程的整体设计，让不同学科联合起来，实现整体育人的目标。

成都市棕北中学站在"整体育人"的高度，构建起以学生发展核心素养为统领的"三三六"课程体系。第一个"三"是指国家课程、地方课程和校本课程三级课程，第二个"三"指基础课程、拓展课程和探究课程三类校本课程，"六"指人文底蕴、科学精神、学会学习、健康生活、责任担当和实

践创新六大核心素养。其中，"六"既是课程建设的出发点，又是力求发挥的整体育人功能。为充分发挥这一课程体系的整体育人价值，我们重点强化了几个特征。

一是既关注现在、更关注未来的课程思想。如在艺术课程体系的建设中，以全员美育为追求，以引领师生树立"尚美"理念为核心，艺术组确立了"创建适宜每一个孩子的艺术教育"的课程建设思想，既关注学生现实的课程基础，落实国家艺术课程的普及要求，更强调如何把普及性的艺术基础变为学生未来的人文素养与艺术特长，在开齐开足国家课程的基础上，开设校内艺术特长类和校外艺术才华展示类课程，建构起"课程学习+基础知识+基本技能+艺术特长+课外活动+校外活动"的学生艺术素养发展评价框架，把国家课程、校内课程和校外课程融为一体，提升了艺术课程立足现在与面向未来的整体育人价值。

二是在薄弱处用力，五育并举，充分发挥体美劳育的育人价值。体育、美育、劳育具有独特的学科育人价值，在促进学生全面发展的过程中有不可替代的作用。在课程建设时，我们不仅开齐开足相关课程，而且深入挖掘其他学科内蕴的体美劳教育资源，让不同学科在促进身心健康、提升劳动素质和审美境界等方面发挥综合作用。

三是注重对学科育人价值的层层挖掘。针对过去劳动教育被弱化和边缘化的症结，学校十分重视并持之以恒地构建学校劳动教育课程体系、劳动教育+模式以及校本化的实施途径与策略，形成了劳动教育主题化、系统化、立体化的实施途径；构建了"课堂做学""劳动服务班""项目创新""家庭-学校-社会融合"等劳动教育模式，形成了"因地制宜，全员参与""多元联动，实践导向""系统整合，全面育人"三大策略，推动劳育与德育、美育、信息技术教育、科技创新教育整合融通；建立完善劳动教育保障体系，形成劳动教育校本管理机制、统整机制和考评机制，如学校的劳动实践校本课程一直坚持25年进课表，通过将一学期的劳动实践课时集中安排，各教学班轮流承担1周11课时的校园公共区域劳动清洁实践和文明礼仪示范等制度，发挥了学校课程的劳育价值。

二、落实融合式课堂改革，强化学科教育的融通性

要在建设和实施"三三六"课程体系的过程中发挥学科育人的整体价值，还必须推动融合式课堂改革。融合式课堂改革，是综合考虑课堂功能、学生发展、学习时空及其各要素的相互影响，提升育人价值的改革思路与策略。学校在推动融合式课堂改革的过程中，重点强化了以下三个方面。

一是把课堂变为学生身心成长的精神家园。

二是把课堂变为突破空间限制的立体学习场。如进行乡土历史教育时，学校的历史教师带领学生走进金沙遗址、三星堆遗址，感悟先秦时期祖先在这片土地上创造的辉煌文化；走进成都博物馆，观看"九天开出一成都"的主题展览，从先秦到明清，感悟家乡的文化演变；再走进成都规划馆，全面了解当下家乡的发展成就与未来的发展规划。教师引导学生将家乡的过去、现在、未来联结起来，深化对家乡的认识与热爱，并在此背景下，引导学生思考：在家乡的发展中，个体的"我"应该实现怎样的成长与发展。同时，美术老师带领学生用胶泥和超轻黏土创作纵目阔耳的三星堆面具，用定格动画再现成都四千年文明演变，通过学科融合，共同固化学生对家乡的热爱、对家乡发展的强烈责任感。

三是把课堂变为学习要素高效互动的活动空间。包括师生、生生有机互动，人和资源的有机互动，人和技术的有机互动，人和环境的有机互动等，把课堂变为学习要素高效互动的育人活动空间。

三、落实学科育人的过程性评价改革，强化学科育人的实效性

我们加大了学科育人的过程性评价改革力度，从课程和课堂两个层面提高学科育人的实效。首先，建立学科整体育人的课程评价框架。无论是进行国家课程的校本化改造，还是自主开发不同类型的校本课程，评价时，我们都强调学科育人的视角、路径、策略、资源、效果等五个维度。其次是建构学科育人的课堂评价框架。在常规性课堂评价的基础上，我们增加了学科育人的课堂评价指标（见表1），主要围绕课堂目标、教学内容、教学活动、教学技术和课堂成效等开展评价。

表1　成都棕北中学学科整体育人课堂评价

评价维度	主要指标	达标情况	要点记录
课堂目标	1. 发掘了本节课的育人价值 2. 明晰了本节课的育人任务		
教学内容	3. 发掘育人价值的维度和层次丰富 4. 在较大范围内整合了育人资源		
教学活动	5. 能丰富学生的成长体验 6. 能帮助学生完成课堂目标中的发展任务		
教学技术	7. 教学技术运用适切 8. 教学技术运用有效		
课堂成效	9. 学生达成了课堂目标		
改进建议			

在运用上述评价表的过程中，我们鼓励各学科组和不同课程的开发与实施者，在学校评价框架内创造性地制定适合本学科或本课程的评价要点，在学校审核通过后，使用自己制定的评价表进行评价，以进一步激发教师的改革热情，为突破"两个关键"、抓好"三个落实"提供不竭动力。

帮助孩子赢在未来

——成都市棕北中学家庭教育提质行动的思考与实践

成都市棕北中学　丁世明　李利

家是最小国，国是千万家。2021年10月23日第十三届全国人大常委会第三十一次会议通过了新制定的《中华人民共和国家庭教育促进法》。将家庭教育由旧时代的传统"家事"上升为新时代的重要"国事"。重家庭、重家风、重家教，进一步提升家校社共育质量，既是全面贯彻落实习近平总书记关于新时代家庭教育的重要举措，也是认真贯彻落实中央关于减轻义务教育阶段学生作业负担和校外培训负担的文件精神的重要举措。

家庭教育因其自身的特点和功能，在学校、家庭、社会一体化教育机制中占有重要地位。"双减"政策出台以来，成都市棕北中学加快了对家庭教育提质行动的深入思考和积极行动。创建于1996年的成都市棕北中学作为中国陶行知研究会家庭教育专业委员会的会员单位，始终坚持"以人为本，面向未来"的办学思想，落实立德树人的根本任务，秉持"既要学生考得好，也要全面发展好"的教育承诺，秉承"全人"教育目标，培养具有健康的体魄、丰满的人格、现代化的观念、国际化的视野、扎实的学习能力、可持续发展，能担当民族复兴大任的时代新人。学校将"家校社深度融通，和谐共育促发展"作为棕北教育的核心竞争力，紧密围绕"全国知名、西部领先、成都市义务教育阶段领跑学校"的发展目标，确定了"一导一体双翼"（以政府为主导，以学校为主体，以家庭教育、社区教育为两翼）的特色家校发展模式，深化质量意识，潜心内涵发展，持续提升品质。

本着"为了学生的一切，为了一切的学生，帮助学生赢在未来"的理念，如何帮助家长树立正确的教育质量观？如何实现从"双减"到"双赢"？本书的思考与探索如下。

一、创新现代学校治理，绘好机制体制蓝图

（一）健全组织领导，确保明确职责

学校家庭教育提质行动专项工作，由校长任组长，学生发展中心分管领导、课程管理中心及各年级组长、班主任为组员，共同组成家庭教育合作共同体，对家庭教育、社会教育进行指导，开展家长课堂等工作。

学校成立三级家委会，包括家庭教育校务委员会、年级家长委员会、班级家长委员会。以家长学校为主渠道，明晰家长学校的目标，制定家长学校的工作计划和工作总结，管理三级家委会的常务工作，保证家长学校各项工作顺利进行。

（二）健全制度保障，确保有效实施

为加强家庭教育管理，学校建立完善了相关规章制度，如"家庭教育校务委员会岗位职责""家委会章程""家长开放日制度""家长试餐制度"等，使各项工作做到有计划、有目的地进行，减少了随意性和盲目性。学校结合实际还建立了考评制度，对各种会议考勤考核有记录，定期对家长学校工作进行总结。

二、全力整合资源，齐心共同治理

学校认真贯彻落实习近平总书记关于注重家庭家教家风建设的重要论述，弘扬中华民族重视家庭教育的优良传统。我们通过制度设计，采取一系列措施，实现家庭教育由以家规、家训、家书为载体的传统模式，向以法治为引领和驱动、以社会主义核心价值观为主要内容、以立德树人为根本任务的新模式迭代升级，将家庭教育由旧时期的传统"家事"上升为新时代的重要"国事"，更好地育人。

（一）家校社教育活动"四定"

在家庭教育校务委员会的领导下，学校做到家校社教育活动"四定"，即定时间、定地点、定人员、定内容。贯彻落实中央关于减轻义务教育阶段学生作业负担和校外培训负担的文件精神，改变家庭只是学生课堂的延伸、

家长只是学校老师助理的状况，彰显家庭教育的重要地位和作用，将家庭教育从学校教育的附庸地位中解放出来，真正实现学校教育和家庭教育的相互配合。

（二）完善素质教育活动开放日

形成家长开放日制度和家长进校园制度，使家长在了解学校教育教学管理的过程中形成教育共识、管理共识，达到学校工作与家庭教育的良好沟通，形成教育合力，共同治理的局面。

（三）家访工作常态化专业化

学校班主任及任课老师深入学生家庭，有针对性地开展"送关爱、送学法、送温暖"的家访活动，尤其是疫情期间，学校坚持做好"见屏如见面温暖心连心"云家访活动，做到"一家一访一策"，真正落实棕北中学办有温暖有情怀的教育目标。

（四）持续送教进社区

通过"送教进社区"的活动，与社区家长们共同分享家庭教育观念以及具体的方式方法，传递了绿色、健康的家庭教育观念，得到社区家长一致好评，每一场讲座的教学气氛都十分热烈。

5. 以榜样的力量促家长成长

棕北中学不断拓展家庭教育的资源，创造性地设立棕北中学家长导师团制度，聘请有家庭教育经验和专业知识的家长，组成家长导师团。家长导师团通过线上线下齐发力，建立健全家庭教育指导工作机制，积极构建社会教育、学校教育与家庭教育的联动体系，定期组织家庭教育活动，学习先进的家庭教育理论，交流优秀的育人方法。

2020年7月9日，学校开展"传承好家风，建设好家庭，美丽中国梦"家庭教育活动，邀请武侯区妇联家庭教育专家吴青薇到校作"家长如何与孩子有效沟通，度过有效假期"的讲座；定期组织开展各项优秀家长的评选活动，如"棕北好家长"奖、"武侯区好家长"奖、"五好家庭"奖等，引领家长转变家庭教育观念；通过家长微讲坛，如家长导师团张翔的《感恩棕北情 奋斗向未来》，包小波的《厉行节俭 反对浪费》等交流，分享科学有效的家庭教育方法，弘扬传承家风教育，培养学生的家国情怀，让学生真正成为家庭教育的受益者。

三、"三三六"课程育人，构建多边协同教育新生态

（一）构建棕北中学家庭教育课程体系

棕北中学家庭教育课程体系构建如图1所示。

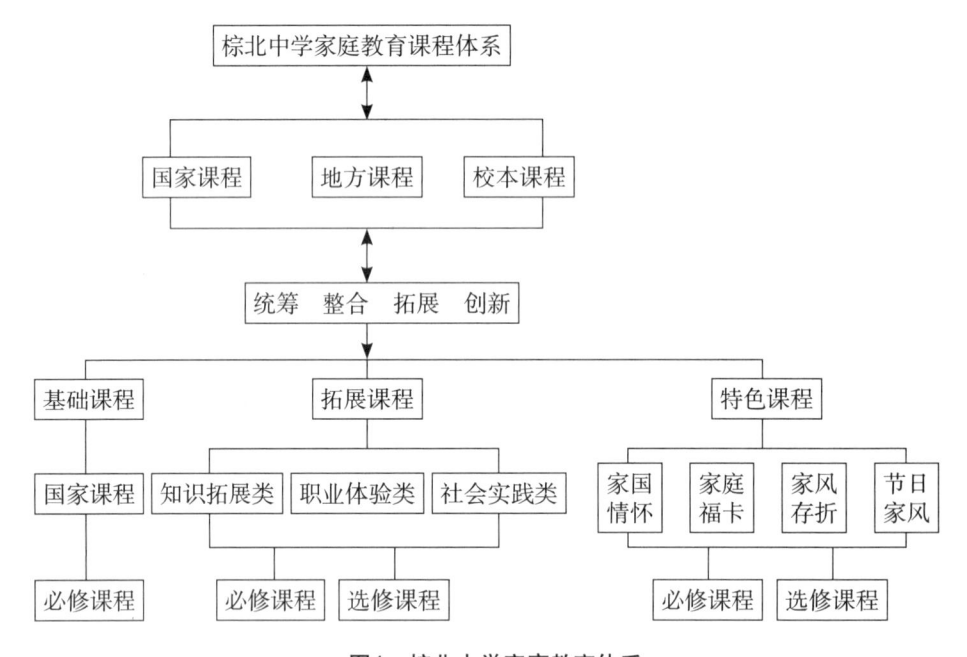

```
                  棕北中学家庭教育课程体系
                           │
           ┌───────────────┼───────────────┐
        国家课程         地方课程         校本课程
                           │
                    统筹 整合 拓展 创新
                           │
        ┌──────────────────┼──────────────────┐
     基础课程            拓展课程            特色课程
        │         ┌─────────┼─────────┐    ┌────┬────┬────┬────┐
     国家课程   知识拓展类 职业体验类 社会实践类 家国 家庭 家风 节日
                                            情怀 福卡 存折 家风
        │         │         │         │         │         │
     必修课程   必修课程   必修课程   选修课程   必修课程   选修课程
```

图1 棕北中学家庭教育体系

（二）棕北中学"家风校风家训校训"两风两训特色课程实施案例

1. 研学课程：搭建社会实践平台，渗透家国情怀，营造"好家风好校风"

学校每年开展"学习孝德文化 传承君子之行"的德阳孝泉文化主题研学实践活动，接受中华传统文化的洗礼，深入学习儒家经典国学，弘扬中华传统文化，真正做到知行合一，在研学中收获知识与乐趣！

学校每年12月举行为期一天的"职业考察社会实践活动"，学生走向社会，深入父母的工作岗位，体验劳动的艰辛和各行各业劳动者的伟大，从而能在日常生活中换位思考、体谅他人、坚守本职、志愿服务，真正做一个"面向未来"的有内涵的人。

2. 节日课程：开展家风文化主题教育活动

棕北中学创新节日课程设计，每年定期开展形式多样的以孝敬长辈为主

题的家风教育活动，例如，每年三八妇女节和母亲节开展"念母恩懂孝礼"主题活动，五月的"我爱我家 做一件幸福的事"主题活动，六月的"父爱如山 以我为荣"主题活动，十月重阳节的"爱老敬老"主题活动，国庆爱国爱家"我与国旗合个影"主题活动等，借助中国传统节日进一步弘扬孝亲文化，渗透了家风教育之理念。

3. 家风课程："家风传承 故乡记忆 家国情怀"系列活动

传承家风文化、培养家国情怀是学校作为教育阵地的主要作用，学校深入挖掘中华优秀传统文化蕴含的思想观念、人文精神、道德规范，充分利用寒暑假持续打造家风课程教育。

（1）一道年夜饭菜，新年大扫除

寒假鼓励学生动手参与准备年夜饭中的一道菜，参与新年大扫除，通过劳动的形式参与家庭建设，以此表达对父母长辈的养育之恩的感激。

（2）家风存折与最美家风福卡

学校会在每年春节期间，组织七年级同学填写家风存折，八年级、九年级同学完成电子版最美家风福卡。此外，还有"晒一晒我的全家福""存家风·挖掘家族好家风"，书写优秀家风、家庭榜样故事，"传承优秀好家风"展望新年新希望等活动，分享家庭成员家乡亲友对社会主义核心价值观的弘扬和践行事迹，真正营造了家庭教育育人的浓厚文化氛围。

4. 书香课程：开展"书香家庭"活动，倡导亲子共读一本好书

学校坚持开展"书香家庭"活动，由老师发布推荐书目，邀请家长和孩子一起参加，通过阅读小报、读书征文比赛，评选"书香班级""书香家庭""书香少年"等活动，让书香文化与家庭教育相契合，让亲情在阅读中升华。

5. 劳动课程：家务劳动、社区公益服务

棕北中学确立了"勤以立人 以劳树德"的劳动价值观，劳动服务班强调除了对校园保洁和美化负责，还要履行"清洁保洁员、纪律监督员、公物管理员、安全提示员、文明督导员、礼仪示范员"等管理岗位的职责，培养劳动+"管理服务"能力。

学校每周开展厨艺烹饪必修课，让学生每学期新掌握两道菜肴的烹饪技能，每学期通过"班级厨王争霸赛""我为家人秀厨艺"、寒暑假"今

天我当家"等活动平台进行演练、展示与评价,为未来幸福家庭生活奠基。学校"劳动+"融合课程育人实践成果丰硕,学生劳动素养得到了全面、健康、持续提升。建校以来先后有21000人次获"劳动小能手"、1260人次获"环保之星"、1220人次获"礼仪之星"、1235人次获"管理之星"等荣誉称号。

在创新创造方面,学生先后获得摩托车冷暖空调帽、水面漂浮物自动回收船等21项发明专利,并转化成生产力为社会服务。近年来,学生参与"劳动+"相关比赛24人获全国奖、658人获省市奖励。

四、不断创新路径,构建共育新生态

(一)"互联网+"形式开展疫情背景下家庭教育

面对突如其来的疫情,学校推出"互联网+"的家庭教育指导:通过家长微讲坛,中国红十字会成都备灾救灾中心主任秦小利分享《战"疫"说》讲述从中国援助意大利看人道情怀和大国担当;借助棕北心理讲堂《居家隔离——对"应激反应"的接纳与调适》《乐观面对"宅家学"》解决疫情期间因孩子长时间宅家网络学习而出现的亲子关系紧张、夫妻教育观念冲突等家庭教育现实问题。

在这期间,学校坚持以班级为单位,每周开展线上主题班队活动,及时了解孩子居家期间的学习和家庭生活动态;举行了11次踔厉奋发系列主题线上升旗仪式;开展了8期好书推荐活动、"做美食 品尝爱"主题教育活动;开展"家校共育 隔屏不隔爱"云家访,帮助同学们解决在家学习的疑惑与困难的同时,更有针对性地指导学生每日学习和生活,覆盖面达到100%。

(二)构建畅通渠道

在实际具体工作中,我们广泛征集家长意见和建议,及时向学校反映家长诉求,帮助家长发现问题、适时引导解决问题,提出合理化改善方案,帮助学校提高保教质量。学校通过诸葛家长讲坛、智慧家庭教育云平台等邀请专家线上线下开设专题讲座,启迪家庭教育的智慧,何平老师、赵丽宁老师、刘丽萍老师、程虹娟老师、李淑英老师、季应朗老师、陈默教授、施文忠教授等著名心理专家先后带来有关家庭教育的讲座,棕北学子及家长受益

匪浅。

  2020年4月20日，成都市公安局、武侯区公安局共同为学校带来"警校共育　共筑平安"的专题讲座。采取线上和线下方式进行，全市共计有17万家长观看了现场直播，创下疫情期间家庭教育直播观看人数的新高。

  2020年12月8日，由中国陶行知研究会家庭教育专委会主办，棕北中学承办的家庭教育论坛在科院校区隆重举行。教育部关心下一代工作委员会常务副主任、中国家庭教育学会副会长傅国亮出席会议并作家庭教育主题报告《家庭教育道大于术》。

  此外，学校还非常重视文化育人，以文化塑造学生身心成长。学校积极营造家庭教育的文化氛围，通过评选"孝道之星""奉献之星""模范道德之星"等孝德文化活动，用改革开放以来家庭与社区、与城市变化的对比图，见证家庭教育的蓬勃兴盛，同时将家风银行、最美全家福、家风存折上墙，形成家庭教育的丰硕成果，让家庭教育在棕北中学蔚然成风。

用STEM课程力量助推棕北中学高质量发展

成都市棕北中学　丁世明　张家明

教育既是立国之本也是强国之基。在中华民族伟大复兴之路上，我们从未停止对教育的反思和改进。为未来社会培养具有国际核心竞争力的创新型人才，是棕北中学教师思考的核心问题。教育部《关于全面深化课程改革落实立德树人根本任务的意见》明确指出，要在发挥各学科独特育人功能的基础上，充分发挥学科间综合育人功能，开展跨学科主题教学活动，将相关学科的教育内容有机整合，提高学生综合分析问题解决问题的能力。因此，STEM教育要以培养学生的科学、技术、工程、数学等跨学科的综合素养为目标，为国家培养出越来越多的、能站在世界舞台中央的高水平创新人才。

一、以STEM的视野提升办学理念

高品质学校必然是高质量发展的学校，是落实立德树人，推进五育由并举走向融合，实现师生全面发展的学校。基于此，作为成都市首批"未来学校"试点校，棕北中学也是成都市最早一批建成校园创客中心的学校，自2014年起就推进STEM[①]课程实践，并确立了"突破学科壁垒，实现跨界融通，师生共生共长"的STEM课程理念。棕北中学依托云技术、大数据平台，通过构建创客空间、未来教室，开展翻转课堂和微课教学等，诠释更具校本意义的核心素养内涵，促进基础课程（国家必修课）、拓展课程（知识拓展、职业体验及社会实践）和探究课程（兴趣特长、潜能开发）互通互

---

① STEM是科学（Science）、技术（Technology）、工程（Engineering）、数学（Mathematics）四门学科英文首字母的缩写。

融，把学生培养成为全面发展且富有个性的人才，实现育人模式由知识传授向培养学生核心素养转变。

二、以STEM的课程丰富学校内涵

（一）棕北STEM课程理念

我国中小学的课程模式基本为分科教学模式，如数学、物理、生物、化学等，各学科老师只负责教授各自的科目，很少关注学科之间的联系。然而，学生要为未来的职业发展做准备，就需要超越学科的界限进行思考（如图1所示）。有研究表明，学习者接受STEM教育有助于更加深入地理解数学和科学等内容，同时也有助于培养他们获得在社会场景中应用这些知识解决问题的能力。因此，STEM教育的课程设计应该使用"整合的（integrated）课程设计模式"，即将科学、技术、工程和数学等学科整合在一起，强调对知识应用和对学科关联的关注。笔者认为STEM课程具有如下基本特征：以学科素养为基础、以核心素养为导向、以生活实践为根本途径、以关键能力为核心、以素质统整为支撑、以资源整合为保障。

（二）棕北STEM体系建设

1. 以课程融合为重点

一是融合构建"三三六"课程体系。课程是学校实现教育目的的重要载体，是学校办学思想和育人模式的直接表现，是学校高质量发展的必然要求。学校从培养"全人"的角度出发，以整体性和均衡性为原则，以学生经验、个体和社会需要为基础，将国家、地方和校本课程进行整体性建构和校本化融合，形成以培养学生核心素养为中心的"三三六"课程体系，满足学生差异化发展的需求，促进学生个性化成长。随着STEM课程开展的不断深入，笔者不断思考如何全面落实学科课程"整体育人"的价值取向，尤其是基于生命成长的导向性价值、知识性价值、方法性价值、情感性价值、道德性价值、审美性价值等，例如让学科课程实施从单一的知识能力价值取向转变为基于核心素养培养的多元育人价值取向。

棕北跨学科课程体系包括探究课程、拓展课程和整合课程等三类校本课程，涵盖了人文底蕴、健康生活、学会学习、科学精神、责任担当和实践创新六大核心素养，包含了学生成长的价值取向、必备品格和关键能力，相互交融、互补共生，共同实现学校的育人目标。

棕北中学跨学科课程体系		人文底蕴	健康生活	学会学习	科学精神	担当责任	实践创新
	探究课程	文学社 知成都 爱成都 感受传统 文化川剧 ……	田径、篮球 足球、武术 ……	脑科学 与学习 读书课 少年文学 戏剧社 ……	机器人 航模、创客 发明创造 3d打印 ……	国际礼仪 劳动服务 ……	纸雕、陶艺 沙画、民乐 管乐 拉丁舞 ……
	拓展课程	阅读与写作 立德树人 成都地理 ……	心理健康 青春期教育 阳光体育 ……	读写绘 数学英语课 玩转数学 演讲 ……	物理小实验家 化学小实验家 生物小实验家 ……	外教英语 英语阅读 熊猫走世界 ……	名著阅读 经典朗读 书法、舞蹈 合唱 ……
	整合课程	语文 历史 思品 ……	体育 体育与健康 ……	语文 数学 英语 ……	科学 综合实践 ……	思品 英语 班会 ……	美术 音乐 ……

棕北中学跨学科体系结构

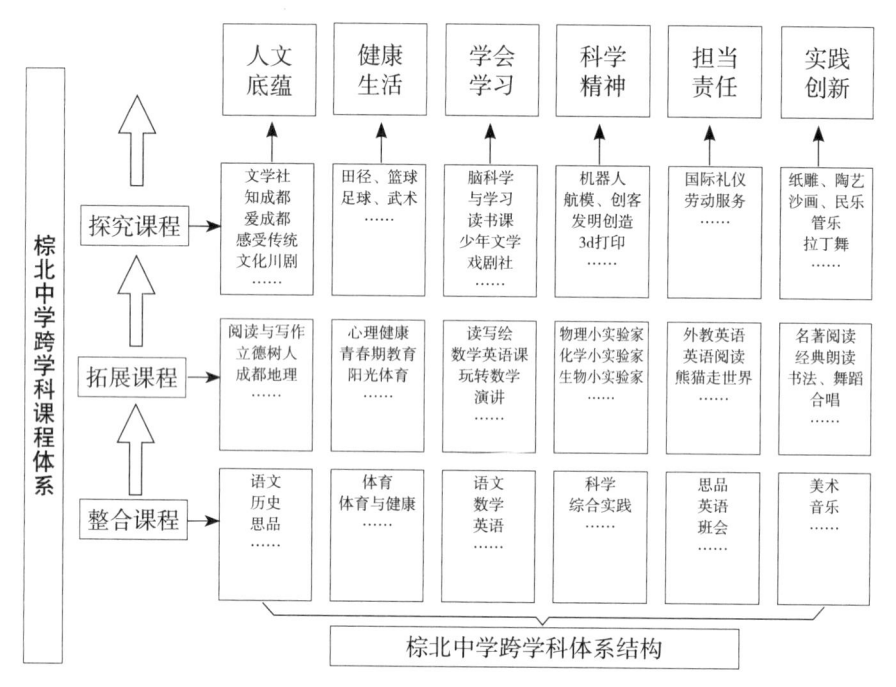

图1 棕北中学跨学科体系结构

二是建立多元校本培训平台。坚持请进来和走出去相结合，采用专题讲座、课例研讨、学术沙龙、叙事研究、师徒结对经验交流等灵活多样的培训方式，激发教师发展的内驱力。其中，课例研讨已经成为棕北STEM课程教师培养的重要路径。

三是搭建多种展示交流平台。扩充校级信息资源库，上传校园网站共享，强化"棕北论坛"的展示、交流与评比功能；定期举行STEM课程学术交流，搭建教育教学研讨平台，推广STEM培养研究成果。2017年和2018年，学校与四川省教科院相关部门合作，连续两年在棕北集团教育研讨会上推出STEM课程的多节研究课，并邀请各级专家学者听课、评课，多途径培养STEM课程教育先行教师。

2. 以团队建设为亮点

首先，组建STEM课程推进工作小组，完善相关规章制度，提供教师专业发展工作的制度保障和文化氛围。其次，以专业理念与师德、专业知识与能力、科研能力与绩效为主要维度，构建STEM教育教师评价体系。一方面，强化评价导向，坚持将育人实绩作为评价的重要指标，根据教师不同的业务能力，因人而异确定不同的评价重点，充分调动教师自评互评的积极性；另一方面，注重评价过程对教师的人文关怀，既注重教师的个人价值、专业价值和创新价值，也充分考虑教师的未来发展，在评优选先工作中设立专项奖，颁给在STEM课程开发实施中表现优秀的骨干示范教师，提升教师获得感。

同时，以消除学科教研壁垒为突破口，引进家长导师团成员，优化教研组研讨，组建STEM教育工作坊，地点设在宽敞明亮的棕北阳光之家，成员既包括各学科骨干教师、网络技术人员，也包括学校友邻单位四川大学和中科院成都分院的专家学者。跨学科、跨组织、跨文化、跨年龄的新型学习组织，不仅有跨界思维的深度碰撞，还有通过头脑风暴产生的奇思妙想，使无边界课程"取众学科之长"。

3. 以空间打造为赞点

STEM空间建设是推进STEM教育过程中必不可少的一个环节，它是创新创意分享的空间，是支持学生将自己的创意灵感转化为事物的地方。成都市棕北中学是一所地处首批国家级住宅示范小区——棕北小区内的现代化新型学校，占地面积虽小，但在STEM教育的空间建设上进行了精心的设计（如图2所示）。学校STEM创新空间主要分为两部分：第一部分是功能室区域，5间教室作为STEM课程功能室，包括微机室、未来教室、科学实验室、创客教室、校内微型生态园。第二部分是STEM教育工作坊，工作坊设在宽敞明亮的阳光之家，学生、教师都可以在这里工作、讨论，碰撞出STEM创意的火花。

图2　STEM教育空间建设

三、以STEM项目打造学校特色

STEM课程是落实融合式学科课堂改革的重要组成部分。学校在科学（Science）、技术（Technology）、工程（Engineering）、数学（Mathematics）融合的基础上，同时也特别强化了艺术（Art）与新技术的深度融合。培养学生的关键能力，首先要让课堂成为学习要素高效互动的活动空间，包括师生、生生有机互动，人和资源的有机互动，人和技术的有机互动，人和环境的有机互动等，把课堂变为学习要素高效互动的育人活动空间。

近年来，学校利用新技术，在"支持个性化学习与发展""创新能力培养""跨学科融合"等方面充分挖掘各学科的育人价值。一方面是加强技术与跨学科课程主题学习项目的融合；另一方面是依托技术，创生具有新技术内核的跨学科主题学习项目，主要表现为STEM课程、创客课程、STS研究项目等。在实践中，我们除了强调跨学科综合应用、技术融合、问题探究与解决等核心要素外，更注重学生基于设计的学习实践，包括项目设计、方案设计、应用设计等，强调提升学生的设计能力与问题解决能力，以此培养学生的创新意识、创新能力、创新素养。典型案例如下：

案例1：3D设计与打印项目式学习

3D设计与打印是STEM课程中的一个重要学习主题，学校实施3D设计与打印项目，不仅引导学生熟练应用相关软件程序开展3D制作，更注重引导学生个体或学生团队进行个性化的创意设计。有的学生完成的是棕北中学三维立体LOGO的设计制作；有的学生完成的是桥梁构件的设计制作，并组装成大桥模型；有的学生完成的是若干活体字模的设计制作，进行活字印刷的体验实践等。在这样的学习项目中，学生不仅熟悉了3D打印的技术流程，而且激发了多彩多姿的设计创意。

案例2：李冰号智能水质监测船

地理课上，老师倡议孩子们对锦江（成都的母亲河）水质状况开展调查实践活动。孩子们最初设定了好几种思路：在江边不同位置分点位打水，再拿到实验室检测，但费力、耗时、效率低；制作一艘轮船模型，开到江上的各个点位采集水样，回收后再到实验室检测，虽然节省了人工，但仍然存在时间成本过高，不能及时反馈母亲河的水质状况。在老师的循循善诱下，孩子们决定综合应用学到的物理、化学、信息技术等相关知识，亲手制作一艘智能船模，利用手机操控，在河上的各个点位自动检测水质数据，再返回数据到手机终端，这样既实现了数据样本的全面性，又保证了数据反馈的即时性。在学习项目实施的近一个月里，同学们先后完成了以Arduino为基础的智能硬件课程学习、基于MIT平台手机APP编程学习，掌握学校创客中心3D打印机、激光切割机及其他常见五金工具的使用，最终制作出了采用Arduino开发板控制，包括运动控制模块、数据采集模块和即时通信模块的"李冰号"智能水质监测船。从2018年8月开始，同学们在锦江经过多次实地测试，宣告了"李冰号"水质监测船设计制作成功。2018年11月，同学们制作的"李冰号"水质监测船在全国第三届综合实践优秀成果展示活动中被评为特等奖。

案例3：基于STEAM教育理念下的初中美术定格动画制作

本学习主题活动主要以创作定格动画为主，将定格动画课程分为三个阶段课程，分别为写作练习、道具制作、动画拍摄配音，与语文、美术、音乐、信息技术等课程结合，让学生领会定格动画的跨学科性，探索美术与各学科，与人类、生活、文化之间的联系。教学过程中采用支架式教学、小组协作探索、跨学科整合设计等模式。通过多主体与多维度的评价策略和"量"化与"质"性相结合的评价方式，提高了同学们的协作能力，训练了逻辑思维能力，激发了他们的创新实践能力。

案例4：机器人及创意编程项目式学习

2019年成都市第十五届青少年电脑机器人竞赛中，在张宏等老师的辅导下，棕北中学取得团体一等奖的荣誉。赵旭敏老师带领学生在WER2019赛季世界锦标赛中取得了优异的成绩。《玩转教育机器人——彩虹风车》就是一堂十分精彩的机器人社团课程，学生在课堂上利用老师给的学习资源，充分发挥自主性，以小组形式拼装出风车模型并能通过平板编程让风车转动。这不仅有效培养了学生的观察能力、动手能力和小组协作能力，也极大激发了学生对机器人的学习兴趣、探索意识。

表1　开设STEM及创客课程群（部分）

年级	内容	活动形式	活动目标
7年级	纸模	美术设计、工艺制作活动	培养学生动手能力，促进学生思维发展
	机器人	组装、编程及制作	
	机械模型项目制作	设计与制作活动	
	创意美术	设计创造活动	
8年级	Scratch创意编程	程序设计	培养学生勇于创新，大胆实践的精神
	3D设计与打印项目	主题项目程序设计、应用与制作	
	创意美术	设计创造活动	
	传感器应用主题项目	组装、编程、制作与应用	
	创客小发明	设计、发明与创造活动	

在STEM教育实施过程中，各校区依据校情，积极探索符合实际的课程建设与实施模式，科院校区重点放在对STEM课程与大数据、人工智能方面的整合开发，桐梓林校区重点放在机器人编程与开发，棕北中学西区重点放在STS课程、VR技术应用等方面，各有侧重、各具特色（如图3所示）。

图3　开展STEM及创客课程

四、以STEM的教育成果助力师生发展

（一）学生全面发展支撑全面夯实

一是提升思维整合和实践创新能力。在学校的STEM课程实践、劳动服务课程中，通过基础劳动、拓展劳动和探究劳动，同学们面对具体综合的现实问题不再束手无策，能迅速整合所学各科知识，抓取问题核心，解构任务

板块与环节，最后聚合力量解决。如在探究劳动时，同学们在"李冰号"智能水质检测船的研发过程中，践行环保理念，运用跨学科知识系统创意解决府南河水质智能监测问题，培养了科技创新、动手实践的能力和责任担当意识。同学们言环保、善思索、亲实践、敢创新、重团队，获得了全国中学生综合实践成果展示特等奖，彰显了树德、增智、健体、益美、促创的课程价值，学生问题思维与关键能力等得到有效提升，动手能力和资源整合能力也有所提高。既推动学生对事物本质与内核更深层次的探究，也帮助学生形成正确的情感、态度、价值观。

二是点亮学生的必备品格。STEM、劳动服务等跨学科课程群能促进学生形成良好的必备品格，学生在课程学习中改变态度、敬畏规则、崇尚科学、懂得尊重、习得协作、学会感恩、强化坚韧；研学、国际理解教育等课程群让学生学会立足中国审视世界，"热爱祖国历史辉煌、自豪祖国今日成就、激奋祖国明日豪梦"，立志为中华民族伟大复兴而储能；消防安全课程群让学生学会敬畏生命，深刻理解生命的唯一性、平等性、多元性，培育了同理心；VR课程群培育了学生热爱科学的情感，激发了学生欣赏美、创造美的情感。

三是促进雅言善行充分外显。积极参与STEM课程的学生，既有从棕北三年培育中吸取知识力量与精神养分的2018年四川省高考文科状元陈嘉仪、走进中国诗词大会决赛的王婧涵，也有诚信、感恩、上进、坚韧的农家孩子和民族孩子，还有一言一行展现"明德、求真、至善、尚美"棕北风味的莘莘学子。集团学生参加学科课外竞赛获市级以上奖项共计800余人次，较课题研究前大幅提高67%。央视1台的两部大型政论片《不忘初心·继续前行》《将改革进行到底》展现了棕北中学学生风采。2019年，棕北师生受邀参加联合国"人道与公益·青年力量与可持续发展"公益组织大会。

（二）教师课程开发力进一步提升

参研教师立足区域实际、学校实际和学生全面发展需求，在课题研究中不断破除学科中心、知识中心的传统教学惯性，以开放的心理与意识落实立德树人目标任务，践行五育并举、全面育人、完整育人的理念，培养学生关键能力，致力于创新拔尖人才的培养，展现了建设教育强国的棕北使命担当。

教师专业化素养、课程开发力与实施力得到大幅提升。在2018年"四川省教育科学研究院'信息技术与教学融合创新发展'现场研讨活动"以及2019年"四川省教育学会2019年学术年会、四川省首届'立德树人'优秀实践创新案例展示活动"中，参研老师向全川同行集中展示跨学科相关课例，师生展现出的优秀跨学科素养受到专家和同行好评。

集团教师累计获市级以上奖励190余人次，相关事迹被中央电视台、《人民教育》等报道，教育部体卫艺司、全国人大常委会教科文卫专委会等多个部门到校调研棕北经验，中国教科院、省市教科院等专家领导莅临指导，对棕北的教育理念、办学特色等给予充分肯定。学校在"2019都江堰国际论坛""中国教育学会第32次学术年会""2019年基础教育学区化集团化办学城市论坛""四川省2019年学术年会"等大会分别受邀交流发言，讲述棕北故事，传播棕北精神。

让每一个孩子全面发展智慧生长
——智慧教育背景下数字画像赋能五育并举

成都市棕北中学　丁世明　张家明

大数据、人工智能、5G、物联网、区块链等技术的不断成熟，为教育信息化快速发展带来了新的驱动力。武侯区入选2019年度教育部"智慧教育示范区"创建项目名单，发布了《成都市武侯区智慧教育建设五年规划（2019—2023）》，加快推进探索适应新时代和未来教育的新型人才培养和教育治理模式，为棕北中学智慧校园建设带来了新的发展契机。为进一步认真落实《中国教育现代化2035》战略任务，贯彻《教育信息化2.0行动计划》《武侯区关于深化教育体制机制改革的实施意见》《武侯区关于推进智慧教育发展的实施意见》，学校将数字画像作为促进"五育"并举的重要驱动力。构建客观反映学生成长状况的个体数字画像和群体数字画像，促进学生的全面发展和智慧生长，建成具有武侯特点、棕北中学特色的智慧校园。

数字画像是一种技术，将数字画像运用于教育是一项艺术。在智慧校园建设中，棕北中学的数字画像在应用技术上通过定性的评价，让教育更加具有针对性，指导并帮助学生实现"取长"（从优秀到卓越）+"补短"（从不合格到合格优秀），并最终为同学们的充分发展奠定基础，促进学生全面而有个性地成长。

一、学校基础

棕北中学始终坚持"以人为本，面向未来"的办学宗旨，从培养"全人"的角度出发，以整体性和均衡性为原则，以学生经验、个体和社会需要为基础。学校将国家、地方和校本课程进行整体性建构和校本化开发，形成以学生核心素养为中心的"三三六"课程体系，满足学生的差异性和选择性，促进学校育人目标的实现，即强健的体魄、丰满的人格、现代化的观念、国际化的视野、扎实的学习能力、全面的综合素质、自主与持续发展、勇于实践和创新。

学校配备了1间智慧教室，包括希沃视频显示器，高清录播跟踪系统。未来教室3间，其中，配有多媒体教学辅助系统的有2间，配备先进的视频、会议、录播、跟踪系统的有1间。学校配备固定学生机房1个，移动机房1个，创客实验室1个，即将配备师生公用数字化实验室1个，校园安全视频系统1个，标准化考试巡视系统和校园广播系统。

二、方案设计

坚持"立德树人，五育并举"，依托5G网络环境，通过1张网、1个平台和N类智慧教育场景，打造覆盖全校的智慧课堂场景、智慧德育场景、智慧家校共育场景、智慧体育场景，通过沉淀大量学习过程和结果数据，深入分析数据关联，挖掘数据内涵，构建师生数字画像，调整教育教学行为，提升教学质量。学生成长足迹的伴随性记录、家校共育实效的进一步增强，学校管理的流程再造，为区域构建智慧教学新生态，教育服务新样态，智能治理新形态贡献棕北样板。

三、实践路径

学校以"为学生发展提供适应的教育"为核心，以服务新时代创新人才培养为导向，按照"1+1+N"的推进路径，探索"一网通用，一空间通学，一平台整合"，促进智慧教与学和实现学生"五育"并举的发展目标。棕北中学的数字画像要实现的五个基本目标：

决策—仪表盘—预警（教育治理）；

学生综合素质评价、教学质量评价；

精准教学、以学定教、因材施教；

自适应学习；

学生生涯规划。

（一）一个5G智慧网络平台

建设5G支持下的校园环境支持网，促进师生在资源丰富、应用集成、系统高度整合的校园网中开展教与学，实现校园中人与物、物与物、系统与系统的互联互通。

（二）一个师生数据画像平台

它是根据武侯区"智慧大脑"数据标准建设，并由统一接入、认证、数据、资源、AI服务等功能组成的平台。将所有校级数据清洗整合并接入。通过数字画像系统平台的可视化应用和大数据分析，形成具有初中阶段特色的师生数字画像（如图1所示）。

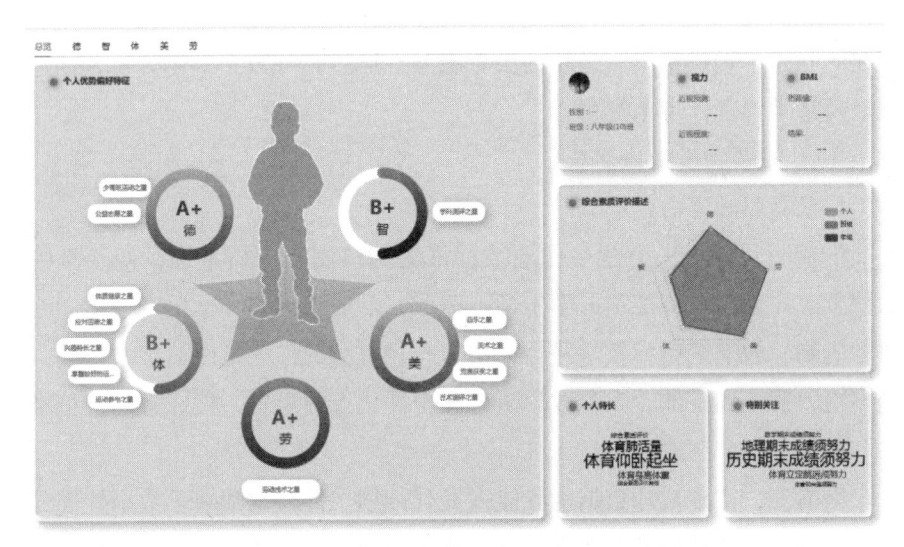

图1 第一阶段某学生综合素质评价总览图

建设"棕北云"平台，集成所有应用系统数据、各类平台用户身份，解决信息孤岛、数据半岛、应用分散、身份众多等问题。依据云平台搭建数据指挥中心，实现多源异构数据的统一可视化呈现，为学校教育教学质量提升及领导决策提供科学支撑。

以数字画像指标体系为总框架，整合学校所有系统，形成数据完备、来源丰富、维度科学精准的画像及评价应用体系。在区域标准指导下，制定学生成长数据汇聚标准与接口规范，统一数据采集标准及考评标准。

构建学生成长评价指标体系。根据《四川省中学生综合素质评价体系》

《成都市中学生综合素质评价标准》要求，建立科学的画像指标体系，为画像展示提供理论基础。针对不同的学习场景应用进行建模，构建有关学生全面发展情况和学业表现情况的数据信息图谱。

构建数据采集维度，包含学籍学习、综合素质评价、双线融合学习记录、数字课堂行为、数字阅读行为、实验行为、Weblog等采集多元维度数据。

创设学生成长数据采集与智能分析系统，采集汇聚学生成长数据，根据学生成长评价指标体系与数据采集维度开展数据分析，生成学生个体和群体数字画像，实现以教师"精准地教"支撑学生"个性地学"。

科学运用数字画像分析结果。通过学生数字画像分析，发掘学生特点和存在的问题，提供精准、适切的教育服务。通过教师数字画像分析，促进学校教师精准管理，特色鲜明。

（三）N类智慧教育场景

1. 数据驱动下的精准教学

举措一：建立一套学生作业数据采集的机制和分析系统，便于教师及学校全面、动态、精准掌握学生学习情况，形成精准引导学生个性化学习的教学机制、教学策略和教学路径，切实减轻教师的作业批改负担，让教师将更多精力投入到备课、教育教学研究和个性化指导上来，促成教师"精准地教"和学生"个性地学"。

举措二：实施教师数据素养能力提升计划。针对教师缺乏数据处理分析能力的问题，学校将借助北京大学教育学院的专家团队，实施教师数据素养提升项目，通过培训、研讨、实操等形式，提升教师数据分析能力，力争实现教师可根据自己班级或学科实际情况和课程目标导向来自定义数据分析的模块和类目，更加精准地指导教学。

一方面，借助数字化学习平台，全面追踪学生的学习行为轨迹，形成全面而精准的学生群体画像。通过对学生学业数据的分层分类分析（如图2所示），促进教师精准备课、精准授课，动态调整教学进度与节奏。另一方面，数据分析平台针对知识点的掌握情况自动生成学生个体"专属错题集"。

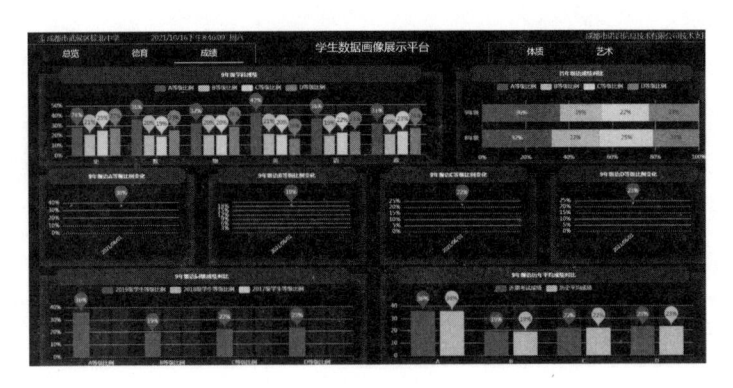

图2 九年级某班各学科学业分层对比图

2. 以生为本的智慧德育实践

结合育人目标，以素质教育为核心，在搭建棕北学子成长框架的基础上，动态、全面记录学生各类发展信息，构建具有棕北特色的学生成长档案（如图3所示）。

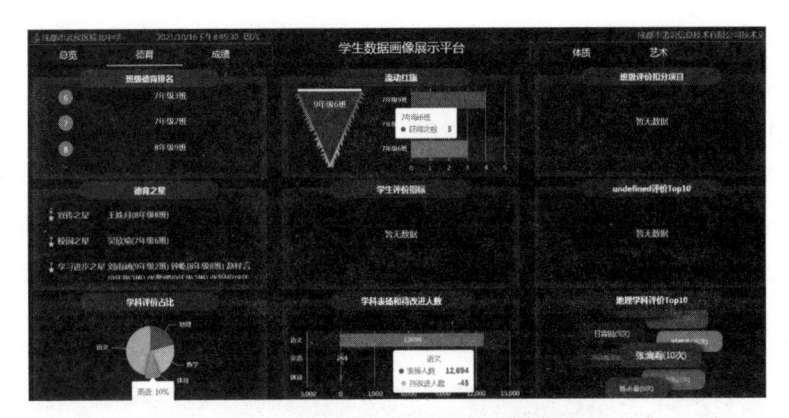

图3 全年级各班德育情况总览图

举措一：构建"棕北花开"学生成长记录平台。从学生个体、家长、班主任、科任教师、管理者等各主体对学生日常参与的各类活动和学习过程等方面的信息进行断点式上传，平台自动收集和整理，包括发展、获奖、纪念、兴趣、技能等方面。上述过程记录以文字、图片、视频等形式通过学校云平台记载，全面展示学生从初一进校到初三毕业的所学、所思、所想、所感和所得，形成"一人一册"的独一无二的成长档案，成为孩子初中学习生活的回忆录。

举措二：改进德育管理评价方式，对班级和学生管理实施过程化、无纸化、可视化评价。班级管理方面，利用"棕北花开"平台开发一套班级德育考评系统，值日教师和学生通过平板等终端设备记录日常考评，数据即时推送到班级电子班牌，各班的统计数据也通过软件自动计算生成。学生管理方面，通过课堂评价软件，优化学科教师评价，教师在第一时间对学生所学学科进行相关的评价记录，数据第一时间反馈给班主任和家长，通过数据汇总和分析，形成学生的学科统计分析数据。

3. 智慧体育

引入可持续升级、运动数据可导出分析的智能运动器材，依托物联网，将校内运动设备连接成校园运动网，培养全员运动的氛围，增加师生参与锻炼的主观意愿。

举措一：购置二代智能健身器材，分层分类增设体感游戏设备，利用校内零散区域，鼓励学生在课余的时间里从教室里走出来，提高学生的体育锻炼兴趣。在物联网技术下，学校根据学生所需提升的体育技能，发布与之相关的线上"体育竞技"类目，学生在休息时间可在校内或家里设备上参与竞技，通过竞技派位激发学生运动兴趣。

举措二：实施体质健康监测，即时反馈指导学生锻炼。通过可穿戴设备以及学校中的智能健身器材的运行数据，过程性收集学生运动过程中的数据并对数据进行分析反馈，对学生进行更专业的体育锻炼指导，为实现"体魄健美"的中学生的发展目标提供技术保障（如图4所示）。

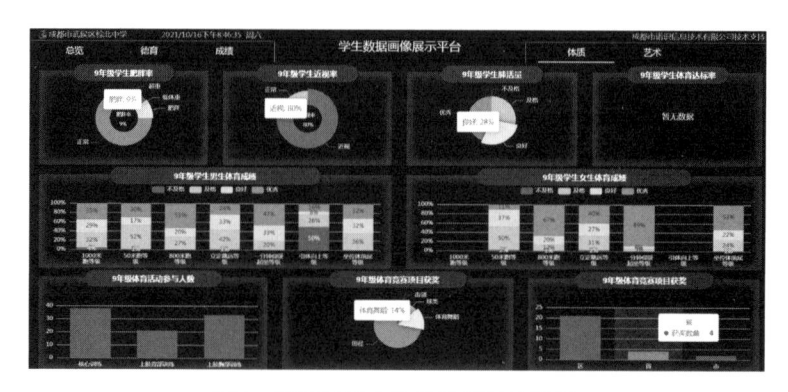

图4 某年级男女生体质情况总览图

4. 智慧家校共育

在学校平台上开发针对初中学生的家校共育平台，开设符合学段学生家长特点的共育频道，家校沟通主体通过不同频道的线上活动开展，弥补线下沟通的缺憾，满足学习提升、活动直播、交流沟通、心理关怀等"共育"需求。

频道一：家长课堂。学校将始终坚持以学校教育为核心，以家庭、社会为依托，通过线上线下、直播录播相结合的方式，开展立足棕北学子实际的家长课堂，借力社会心理咨询力量，开辟家长论坛，打破时间空间限制，最大限度地实现家庭教育、学校教育的有机结合，提高家庭教育水平。

频道二：活动直播。利用校园电视台和学生家中电视机，开展学校和班级各类活动的直播推送，家长可以通过直播或回放了解孩子参加的各种活动，增加家校链接路径。

频道三：心声连话筒。基于共育平台，学生、家长、老师都可以匿名发表自己的心声，让共育主体能互相了解彼此的情绪、状态、烦恼和期望。同时，通过留言互助的方式疏导问题、便于及早排查学生的心理状况。

频道四：线上心灵调解室。依据共育平台运行的账号活跃度及数据分析，甄别有心理健康问题倾向的学生及家长，学校心理健康教师及时与之沟通，开展个别心理辅导及家庭治疗，为学生成长的心理健康保驾护航。

频道五：共画未来。由学生发起自己的生涯规划畅想，对指定人群开放权限，邀请家长、同学、老师加入自己的"未来规划"，共同完成设计，互相提出发展建议，提升学生对未来规划的自主思考力和执行力。

学校除了对学生成绩、德育等数据的记录外，还对学生能力和相关兴趣进行统计和整理。学生在校外参加的兴趣班以及相关技能证书情况，都可以通过技术实现家校互通。学生家长可以自主完善相关信息并形成汇总分析数据，在大大减轻班主任工作量的同时，形成科学完整的学生相关维度数据（如图5所示）。

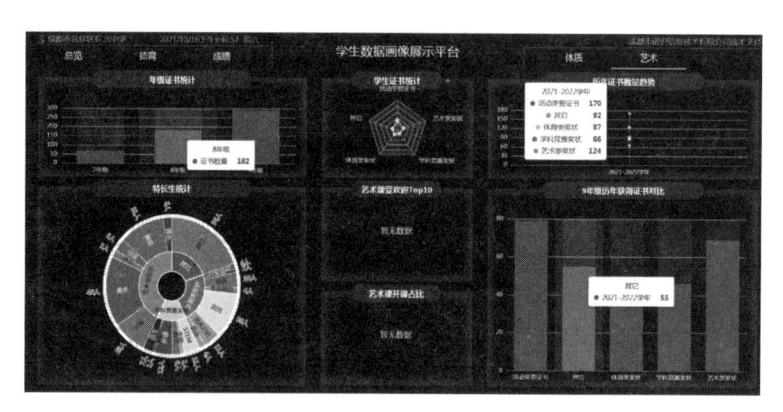

图5 各年级艺术相关证书统计情况总览图

五、实施成效

把大数据分析和教育教学深度融合，师生间进行有温度的交流，做好"互联网+"时代的核心素养发展，必然让学生的心灵得到更多解放。

在智慧校园建设中，棕北中学的数字画像应该是在应用技术上通过定性的评价，让教育更加具有针对性，指导并帮助学生实现"取长"（从优秀到卓越）+"补短"（从不合格到合格优秀），并最终为同学们的充分发展奠定基础，促进学生全面而有个性地成长。

基于采集的过程性数据和行为数据分析结果进行个性化的学生多元评价，涵盖学校、家庭、教师、自我等不同评价主体对其的形成性、发展性、增值性和综合性评价。例如，在五育由并举走向融合的"棕北之星"评价体系中，本人自荐、班级测评、班主任和科任老师评价、家长意见等环节充分体现了评价主体的多元性，"棕北之星"评选包括了思想道德、礼仪健康劳动、学习、艺体科技、管理服务等学习生活各个方面，其评价所表现的增值性和发展性给所有学生都提供了成长的无限可能。

大数据背景下的智慧课堂从以教师为中心强调知识传授的传统教学转变为以学生为中心强调能力培养；课堂的师生、生生交流更加立体即时，教学进程从"先教后学"到"先学后教""以学定教"。通过数据驱动的因材施教和个性化教学方案供给实现自适应学习，通过无感动态采集教育数据生成学生分层分类画像，为学生的全面发展提供了很大帮助。在学习质量不断提高的基础上，学生的创新思维能力得到进一步提高，在各级各类创新类比赛中取得优异成绩；教师的教学幸福感也得到进一步增强。

互联融通场景资源　赋能学生个性成长
——武侯区教育资源供给新模式探索

成都市武侯区教育技术装备与信息中心　敖静

《教育信息化2.0行动计划》明确提出："推动教育专用资源向教育大资源转变，努力构建'互联网+'条件下的人才培养新模式，发展基于互联网的教育服务新模式。"武侯区作为首批"全国智慧教育示范区"创建区域，在变革教育资源服务供给方式中，创新探索，实施教育场景资源开放共享，探索学生"跨校选课走班"，将分布在不同学校、隶属于不同部门的区域教育场景资源融入智慧教育育人体系，服务学生全面而个性化的发展，支持高质量教育体系的构建。

一、"大教育观"引领"大资源"建设

智慧教育的实践是一项系统工程，需要以系统变革的气魄和思维去重塑教育生态，冲破现有"条条框框"的束缚，从根源上发现并解决教育的难点、痛点。这一高端教育形态在现实中落地成型需要实实在在的变革创新。立足培育面向未来的新时代人才，树立社会参与、全域共育的"大教育观"；坚持互通共享、支持变革的"全开放观"；聚焦人全面而有个性发展的"大素养观"，重构教育服务体系。当学习方式从标准化的"班级授课制"向差异化的"个性化学习"逐渐过渡时，学习场所也远不止课堂和校园，而是扩展到了个体所处的整个生活领域和空间。开放互联的城市学习环境和资源供给尤为重要，将整个社会城区作为终身学习的资源汇集地和学习应用场所，为满足不同层次的学习需求提供丰富的教育资源公共服务。

开启教育信息化"三通两平台"建设以来，我们将资源建设重点放在公共数字资源上，各级各类教育公共服务平台上，已有海量资源存在。重复建设不仅耗时耗财耗人力，建设成果也很难得到老师们的认可，数字资源数量众多但适切性不高的问题一直存在。所谓"大资源"，不仅要突破资源的内容和形式，而且要突破资源的服务功能，不仅要促进学生学科学习，而且要服务学生的健康成长。教育资源建设的任务不仅要丰富以书本为代表的传统资源，完善学科化数字资源，而且要与时俱进，创新适应时代特征的课程资源，新增满足个性化学习的场景资源。因此，未来资源建设的思路，将从"汇聚数字资源"向"开放实体资源"，从"资源开发投入"向"资源联通应用"进行转变，于是有了成都市武侯区"学校场景开放，学生跨校走班"的探索实践。

二、互联融通场景资源的意义

（一）促进学生个性成长

各类实践活动是学生获取知识的重要途径，情境丰富、可供选择的跨校资源可以满足不同学段、不同身心特征的学生需要，培养学生的兴趣爱好和实践创新能力。

（二）提升校园育人功能

开放共享是"互联网+"背景下社会资源流动的主流趋势，通过开放学校的特色场馆，提升管理的技术和艺术，充分发挥这些校园资源的使用效益和功能价值。

（三）提供"双减"解决方案

国家"双减"政策实施以来，为学生提供多层次、多类型的活动课程选择，不仅缓解家长的恐慌和焦虑，满足学生个性自由发展，而且跨校学习的新鲜感也更符合青少年学生的心理特征。

（四）创建智慧城区

多元供给能力是智慧城市建设的主要内容，通过联通分散在不同学校、不同部门的博物馆、实验室、实践活动基地等教育服务资源，为学生提供适应的、畅行的、自选的学习场景，创设"人人愿学、时时可学、处处能学"的学习型和智慧型城区。

三、探索实施的主要思路

武侯区教育场景资源开放融通项目为学生提供多课程的菜单式自主选课，通过搭建自主申请、过程记录的管理平台，为学生发放"一人一码"的电子门票，实现多个场景统一预约，集中管理，满足不同学段学生个体和学校团队的参观参与活动需求。通过区域集中建设和学校自主申报，建立协同管理机制，逐年打造、开放若干个"武侯区中小学智慧学习实践基地"，匹配符合学生年龄和认知特点的体验性课程活动，实施"跨校选课走班"。

四、推动"跨校走班"的具体举措

（一）挖掘场景资源，匹配特色课程

实施一项新的探索，首先需要摸清底数。每所学校都有若干的教育教学特色空间，彰显了学校育人目标和办学特色，包括校园微博物馆、特色教室集群、创新实验室、运动场馆、主题教育文化区域等。以武侯区为例，2018年武侯区教育局根据《建设"文创武侯"行动计划》，制定了《校园微博物馆建设工作方案》，鼓励学校结合实际，开展校园微博物馆建设，分类、分批建设了一批品质优良、文化深厚、教育性好的校园微博物馆。

这些学校充分挖掘校内教育场景，结合中小学生认知规律和学校自身特色，结合语文、思政、美术、科学、体育等课程教学和综合实践活动，研究开发人文类、艺术类、科技类、体育类等系列活动课程，培养学生的兴趣爱好，丰富学生知识，拓宽学生视野。2021年3月，武侯区制定了《跨校资源开放实施办法》，要求试点开放的基地学校要将活动课程与教育场景特色相结合，与中小学生认知规律相结合，优化教学活动设计，拒绝传统讲授式课堂，增强学生动手操作，以实践活动为载体丰富学生体验感，让学生来有所获。

（二）线上整合融通，支持跨校走班

校园向外校学生开放，面临安全管理难、责任风险大、教师负担重等一系列问题，我们利用信息技术作为工具载体，运用"互联网+"思维，搭建教育场景资源管理共享平台，服务外校学生跨校参观和学习。参与各方以"政企校"合作模式，共研共建，按照角色清晰、操作便捷、数据开放的思路，研发了集资源展示、自主选课、考勤评价、数据收集分析等基本功能于一体的"武侯乐学通"系统，并获得软件著作权登记证书。这也是"业务部门提供设计需求、企业提供技术支持、学校提供应用反馈"的多方协作、共赢的产物。

学生利用该系统实现线上选课、自主预约，利用生成的一人一码的"电子门票"到校学习；家长手机端会收到4类提示，预约提醒、孩子扫码进校、扫码出校、上课表现的评价。学校方则可以随时在系统上发布、更新课程信息，实时查看预约情况和学生信息，课后及时评价学生表现。所有这些考勤和教学活动数据通过接入区域数据枢纽，既方便管理评测这些场景的开放现状和问题，也为"学生数字画像""教师数字画像"提供了真实可靠的参考依据。

（三）完善保障机制、确保有序运行

由于校园场景开放事关学生安全，涉及面广，还存在一系列管理属性问题，更加需要教育行政部门、业务指导部门、学校和运维企业间建立联动协调机制，确保这一创新探索平稳安全。

区教育行政部门是项目实施的行政牵头单位，负责制定中小学生跨校实践活动的政策制度，落实资金保障，确保活动的教育性和公益性；区相关直属业务部门作为推进指导单位，应对学生活动场景指导规划，遴选基地学校，对教育活动的内容和形式进行把关，指导学校完善运维制度，提升改造活动空间、研发课程设计、组织活动实施、做好师资培训等。

学校是项目实施的主体责任单位，要将场景运维管理和活动课程服务统一规划，统筹设计，从门禁管理、卫生保洁、设施维护、学生管理、教务管理等维度制定"一校一案"的管理制度。在设计实施陈列、展览项目时要充分考虑青少年教育需求，设置适合学生身心特点的活动空间，配备必要的教育设备、学习资源和专业人员。学校还要强化场景资源开放的安全管理制度，加强对各类活动的组织管理和安全保障，研究制定安全预案，明确管理职责和岗位要求，开展师生安全教育和安全培训，加强场馆内设施设备的安全检查，确保活动安全有序开展。

运维企业作为课程服务提供方，要探究学生跨校自主学习运营机制和服务机制创新，研究课程设计的科学性和针对性，协同学校制定管理方案、进行周末驻校服务，配合学校完成学生考勤、信息收集统计分析等工作，确保项目有序运行。

（四）创新运维机制，调动参与热情

场景资源和课程的服务对象是学生，一切要以满足学生学习需要为前提。为了调动学生参与的积极性，除了提升课程本身吸引力、丰富教学活动形式以外，还需要从管理的精细化和评价方式多样化入手，激励学生参与热情。

1. 丰富教学形式，严把质量关

在活动课程设计时，以促进学生自主学习为中心，综合运用解说导览、专题课程、互动游戏、角色扮演、动手实践等方式，增强学习的趣味性、互动性和体验性。吸引学生参与活动，培养学生解决问题的能力、人际交往能力和创新思维能力。

2. 实施积分激励，调动积极性

通过预约、打卡、评价等方式可赚取积分，也设立扣分机制，对毁约、迟到、缺勤等行为进行约束。教师对学生的课后等级评价，也并入积分统计。积分及时推送能有效满足学生学习获得感，更能激发学生对后续课程的学习愿望。

3. 鼓励志愿服务，评价有依据

鼓励学生参与周末志愿服务，将学生志愿服务情况纳入学生社会实践活动记录，为学生综合素质评价提供基础数据。鼓励学校教师参与服务工作，将教师服务时长纳入个人基层服务信息统计。

4. 发布场景地图，选择更丰富

将教育系统外其他部门所属的博物馆、图书馆、活动馆以及高等院校、社会公益机构等，一并纳入区域教育场景资源预约系统，利用信息技术建立武侯区青少年跨校学习资源库和管理平台，发布"中小学智慧学习实践基地"资源地图，扩大资源的覆盖面，为青少年提供更丰富的选择。

"技术赋能　智慧育人"是当前信息化助推教育高质量发展的核心理念，在以开放、共享、互助为核心的互联网思维引领下，需要全社会一起参与，共同探索基于互联网的教育服务新模式，共同构建"互联网+"条件下的人才培养新框架，共同实践教育大资源融合应用的新举措。

让每一个孩子沐泽"双减"光辉，智慧生长

成都市棕北中学　刘一锦

一、缘起：参横斗转欲三更，苦雨终风也解晴

在激烈的社会竞争中，不让孩子输在起跑线上已经成为众多家长的共识。义务教育最突出的问题之一：中小学生负担过重，短视化、功利性问题没有得到根本解决，一些问题导致学生作业和校外培训负担过重，家长经济和精力负担过重，严重对冲了教育改革发展成果。在此背景下，国家重磅落地的"双减"政策，不仅让孩子不用再比拼谁上的课外班多，让家长不再承受教育内卷带来的焦虑，更让孩子德智体美劳有了全面发展的丰沃土壤，让教育回归本真，使得大家比起关注孩子成功，更关注孩子的健康成长。

在思考如何减负提质的同时，我们发现，在学业发展方面，课堂中"师本位"的情况依然存在，教师无法精准掌握并追踪每位学生的学习情况，其教学容易停留在分层和分类指导上，让教学效果和质量在减负背景下的再度提升出现瓶颈。在更为重要的非学业发展方面，现有的学生评价更多的是基于经验，主观性强，学校无法精确对接学生教育需求的差异，师生、家长对教育的获得感不强等现实问题也日益凸显。在解决教育短视化、功利化，以及中小学生学业负担过重问题的同时，如何有效低负荷促进学生全面而有个性的发展呢？

二、布局：行前定则不疚，道前定则不穷

为了打破上述困境，棕北中学在"以人为本，面向未来"的办学思想

引领下，以尊重师生权益和降低负担为原则，关注学生个体差异，以智慧课堂变革与绿色评价为切入点，深入思考师生在沐泽"双减"之光的同时，应该如何满足不同孩子的成长需要，促进其智慧生长，营造绿意盎然的教育新生态。

（一）精准把握学情，在绿色课堂中智慧减负

随着信息技术迅速发展及其在学校教育教学中的广泛应用，从早期的辅助手段向与学科教学的深度融合发展，传统课堂向信息化、智能化课堂发展，我们对智慧课堂的认识也在不断深化。以建构主义学习理论为依据，利用大数据、物联网等新一代信息技术打造智能且高效的课堂，并通过"云+端"，全面分析学生动态学习数据，实现评价反馈即时化、交流互动立体化、资源推送智能化、教学决策科学化。

基于此，我们以尊重师生权益和降低负担为原则，厘清大数据分析、精准导学、个性化学习的逻辑关系与作用机制，构建数据采集的校本标准和操作路径、数据分析诊断的应用原则和指标体系，深度融合信息技术与课堂教学，全面把控学情，动态掌握学生成长和发展规律，形成精准引导学生个性化学习的教学机制、教学策略和教学路径，促成以"精准地教"支撑"个性地学"，变革"学与教"的方式，逐步推进大数据支持下的分层导学、分类导学和个体导学，打造生机勃勃的绿色课堂，促进"全人"的个人模样和"全纳"的群体模样培养。

（二）注重全面发展，在绿色评价中智慧减负

在新技术辅助解决记忆、分析甚至理解的同时，我们需要重新定义学习，思考技术不能替代的人文精神、社会交往、生涯规划、情感态度、价值观等培养问题。现有的评价多是基于经验、偏重结果，以数据为支撑的精准型综合素质评价体系还未建立，且个性化不足。基层学校无法精确对接学生教育需求的差异，师生、家长对教育的获得感仍然不强。

结合新时代和智能时代创新型人才培养需要，作为基层学校更应该遵循教育规律和人才发展规律。棕北中学坚持以学生成长为核心，以"立德树人、五育并举"为导向，以减轻师生负担为原则，依托互联网、大数据等技术，在思想品德、学业水平、身心健康、艺术素养、社会实践等方面探索科学绿色的学生评价，构建具有武侯特点、棕北特色的学生评价体系，以适应

教育综合改革新任务新要求，反映学生五育发展情况和个性特长。努力为孩子们描绘出一幅幅有骨血、有皮肉的数字画像，陪伴孩子健康成长。

三、落子：行之愈笃，则知之益明

在"行前"谋好了篇，布好了局，才能精准把握方向，才能"知之愈明，行之愈笃"；反之亦然。只有笃定探索方向，潜心实践才能出真知。既关注师生现在，更关注师生未来的高品质学校不仅要"顶天立地"，更要尊重教育和人的成长规律，潜心研究如何有效促进全体学生的全面发展，满足每一个孩子个性化、多元化的发展需求，全面推进素质教育。这不仅是学校高品位发展的需求，更是实现"全人"和"全纳"理念的必经之路。学校一方面通过智慧课堂变革，以"适切"为道，以"精准"为术，使棕北学子"学而有道"，教师"教而有法"；另一方面通过构建学生数据画像，以"框架"为骨，以"数据"为肉，为棕北学子打造"智慧学伴"，陪伴学生健康成长。

（一）"双减"之下的智慧课堂变革实践

1. 聚焦核心素养，建构五育并举的学校课程体系

学校从培养"全人"的角度出发，以整体性和均衡性为原则，以学生经验、个体和社会需要为基础，将国家、地方和校本课程进行整体性建构和校本化开发，形成以学生核心素养为中心的"三三六"课程体系，满足学生的差异性和选择性，促进学生个性化成长。第一个"三"指国家课程、地方课程和校本课程三级课程，第二个"三"指基础课程、拓展课程和特色课程三大类学校课程，"六"指人文底蕴、科学精神、学会学习、健康生活、责任担当和实践创新六大核心素养，如图1所示。

学校坚持做强基础课程，做实拓展课程，做优探究课程。构建信息技术视域下基于平板的"五卡联动"课堂教学模式，充分诠释了核心素养与课程的深度融合的意义，实现了基础课程（国家必修课）、拓展课程（知识拓展、职业体验及社会实践）和特色课程（兴趣特长、潜能开发）的互通互融，把学生培养成为具备人文底蕴、科学精神、学会学习、健康生活、责任担当和实践创新的全面发展而富有个性的人，促进育人模式由知识传授向培养学生核心素养转变。

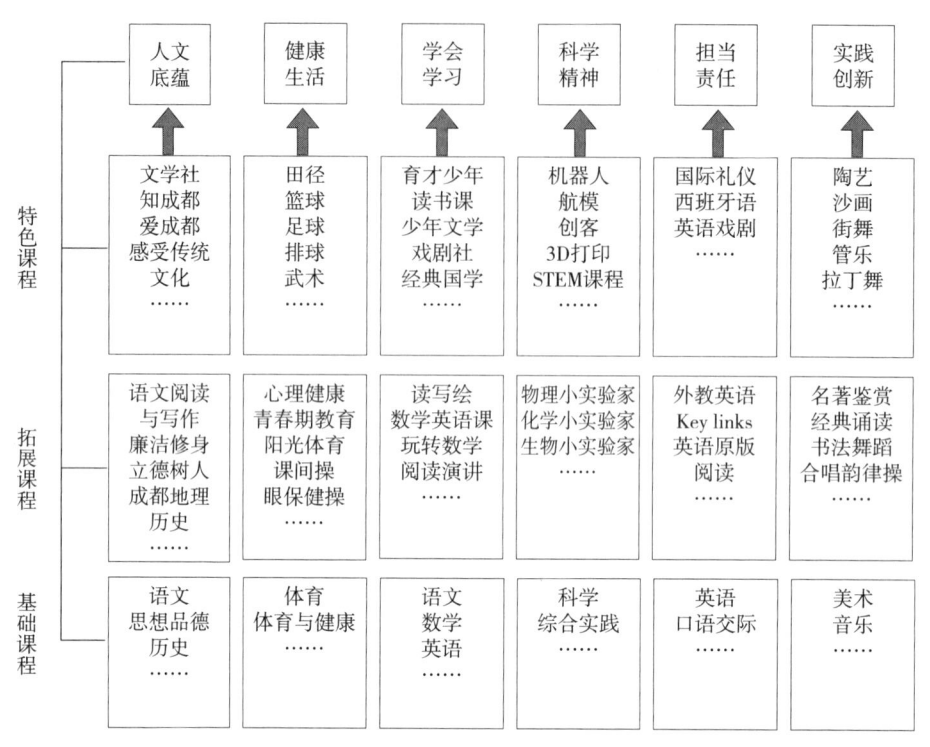

	人文底蕴	健康生活	学会学习	科学精神	担当责任	实践创新
特色课程	文学社 知成都 爱成都 感受传统 文化 ……	田径 篮球 足球 排球 武术 ……	育才少年 读书课 少年文学 戏剧社 经典国学 ……	机器人 航模 创客 3D打印 STEM课程 ……	国际礼仪 西班牙语 英语戏剧 ……	陶艺 沙画 街舞 管乐 拉丁舞 ……
拓展课程	语文阅读 与写作 廉洁修身 立德树人 成都地理 历史 ……	心理健康 青春期教育 阳光体育 课间操 眼保健操 ……	读写绘 数学英语课 玩转数学 阅读演讲 ……	物理小实验家 化学小实验家 生物小实验家 ……	外教英语 Key links 英语原版 阅读	名著鉴赏 经典诵读 书法舞蹈 合唱韵律操
基础课程	语文 思想品德 历史	体育 体育与健康	语文 数学 英语	科学 综合实践	英语 口语交际	美术 音乐

图1 棕北中学"三三六"课程体系

2. 秉持生命在场,深度融合信息技术与教育教学

基于"学生为本"的价值立场,学校依托"云+端",开启课堂内外适应学生个体发展需求和社会发展需要的"双师课堂"。线下课堂中,智能端与教学的相互嵌入和即时评价反馈,让实体教师和"在场"的学生互动效果最大化,还解决了"见书不见人"和"见师不见生"的问题,让课堂成为充盈着生命气息的场所。

在课堂外开放式的学习环境中,学生通过各类平台和同样了解自己的"虚拟教师"进行高效互动,课堂效果毫不逊色于线下教学。例如,疫情期间,师生通过共享一个屏幕进行实验操作模拟,开展探究性学习的方式,实现了零距离交流互动,深受师生喜爱。同时,我们也一直警惕教育技术对课堂教学的僭越,深刻认识到信息技术与课堂教学深度融合的目的是通过个性教学、及时反馈等方式,帮助学生生命个体更好地实现"人在场",而非方便教师控制学生。保持定力和判断力,做到为我所用,而不为其所缚。

3.深挖数据价值，助力提供精准适切的教育服务

在教学中，通过整合各类学习平台，以及智能化阅卷模拟手阅场景，使学生作业、测验数据收集更加全面、动态。一方面，借助数字化学习平台，全面追踪学生的学习行为轨迹，形成全面的学生学业群体画像。通过对学生学业数据的分层分类分析，促进教师精准备课、精准授课，动态调整教学进度与节奏。另一方面，数据分析平台针对知识点的掌握情况自动生成学生个体"专属错题集"。

在获得学生数据分析结果后，学校和教师深挖数据内涵，联合家长、社会为学生搭建可供选择的、立体开放的学校教育选择，提供精准、适切的教育服务，满足学生高阶的、差异的、个性的发展需求。可以根据全面且精准的学生学情画像，针对知识点掌握分析数据，为学生提供个性化的学科学习路径；可以通过分析学生知识点掌握、错题错因，以及学生不同的学习能力，为学生量身定制最合适的学习方案。针对踩线临界生，哪一门学科需要提多少分，这个分落实在哪个知识点上，通过哪类检测实现反馈，最终问题是否得以解决，结合教师的辅导与学校资料的推送，实现教学效果的提升。还可以整合区域教育资源和校际学科资源，根据学生知识点掌握情况和兴趣爱好智能推送给学生个性化的微课、习题等教育教学资源。

（二）"双减"之下的学生数据画像构建

1.以绿色框架为筋骨，让画像"立"起来

注重身心健康，五育并举，以学生全面发展为重点的框架内容是学生画像的筋骨。根据《深化新时代教育评价改革总体方案》《义务教育质量评价指南》《成都市初中学生综合素质评价实施方案》等文件要求，围绕五育并举，聚焦核心素养，涵盖区域学生数字画像指标体系，融入棕北之星评选标准，细化校级个性化指标。形成包括思想品德、学业水平、身心健康、艺术素养、综合实践五大维度，以及诚实守信、理想信念、仁爱友善、责任意识和自主管理五个指标的框架构建。评价主体多元化，其涵盖学校、家庭、教师、自我等不同评价主体对其的形成性、发展性、增值性和综合性评价。

例如，在五育由并举走向融合的"棕北之星"评价体系中，本人自荐、班级测评、班主任和科任老师评价、家长意见等环节充分体现了评价主体的多元性，"棕北之星"包括了思想道德、礼仪健康劳动、学习、艺体科技、

管理服务等学习生活各个方面，其评价所表现的增值性和发展性给所有学生都提供了成长的无限可能。

2. 以流动数据为血肉，让画像"动"起来

常态无碍流动，及时上传下达的学生成长数据是学生画像的血肉。为了让数据能融通流动，首先，学校启动了学生数据画像的"血管"——校级数据枢纽的建设，已接通区校两级数据中心，也是区域内最早申请将成都市学生综合素质评估、武侯区近视防控、艺术测评、学业质量、事业统计等数据从区级数据中心回流至校级数据中心，增强了数据回流效力。其次，严格按照区级数据标准，结合学校实际对既有数据进行二次清洗和分类整理。截至2021年10月底，校级数据库实时数据总量达数万条，其中，学生体质数据6300条、学业数据5928条、学科评价13424条、德育数据13424条、艺术证书数据3459条（审定总数539条）。并已经将校级学生德育数据按要求推送给区级学生画像系统，实现区校两级数据的初步交换。同时，完成了可视化数据大屏建设，提供可溯、可源的数据治理结果，最大限度实现多源异构数据的统一可视化呈现，为学校教育教学质量提升及领导决策提供了科学支撑。

3. 以成长档案为皮毛，让画像"活"起来

建设"棕北中学"应用中台，以APP形式呈现，完善学生成长数据采集。学生个体、家长、班主任、科任教师、管理者等各主体对学生日常参与的各类活动和学习过程等方面的信息进行断点式上传，平台自动收集和整理，包括发展获奖、特别纪念、兴趣爱好等内容。上述过程记录以文字、图片、视频等形式通过APP上传，全面展示学生从初一进校到初三毕业的所学、所思、所想、所感和所得。形成"一人一册"的成长档案，作为孩子初中学习生活的回忆录。初步形成具有武侯特点、棕北特色的学生综合素养评价电子档案库，可以促进学生更加全面和准确地了解和认知自我，也为建立学生个性化成长目标提供了科学依据。

四、可期——竹外桃花三两枝，春江水暖鸭先知

"双减"不仅是教育战线贯彻新发展理念、构建新发展格局、推进高质量发展、促进学生健康成长的重大举措，更是推进公共教育体系重构，大力推进现代教育治理体系加快建设的先手棋。作为基础教育中的排头兵，不仅

要有敢于突破，敢于率先"下水"的创新精神和责任担当，更要有草摇叶响知鹿过、松风一起知虎来的见微知著能力，准确把握政策方向，全面吃透政策精神。学校在"双减"背景下，以智慧课堂变革实践和学生数据画像构建为突破口，取得了阶段性成效和经验，营造了绿意盎然的教育新生态雏形。下一步，以大数据为支撑的智慧探索应延伸至智慧教育服务及智能治理上，以文化浸润，进一步助推学校减负提质。

在智慧教与学上，将进一步深入研究学生身心发展规律，学习方式内容，并促进教师成为改革主力军。加强数据采集方式和内容的深入研究，以及数据之间的关联性分析，使多维度、全方位的学生评价为学生发展和生涯规划提供依据，为正在蓬勃开展的综合素质评价改革提供可借鉴的解决思路。

在智慧教育服务上，依托5G网络通信和物联网技术，实现教育视频高质量传输和教育数据的伴随式采集，有效提升教育服务发展能级，全面升级数字校园，与社会学习场景互联互通，形成良好的智能学习环境。

在智能治理上，借助数字画像追踪学生发展过程，及时调整教学行为，变传统的单一教育管理为数据驱动的多元教育治理。学校的决策从主要依靠经验，向"经验＋数据"转变，提高决策科学性和说服力。优化各类数据结果的可视化呈现方式，分析学生行为特征、建立行为预警模型、制定行为预警策略，实现个性化、智能化、精细化的多元教育治理。

我们相信，随着人工智能时代的发展，教育的过程和手段还会发生迅速更迭，教育也会变得更加精准。但无论如何变化，通过减负教育促进孩子更好地自主成长、健康成长的初心始终不会改变。

"峰—端定则"在学校安全教育中的运用

成都市棕北中学 张东明

安全教育、安全预防、安全处置是学校安全工作的三大核心要件，自1996年建校伊始，成都市棕北中学就以创建一流学校为目标，以"三三六课程"为载体，牢记安全教育使命，在安全工作领域做足自己的功夫，也积累了一些方式方法。

百年大计，教育为本；教育大计，安全第一。安全教育则是重中之重！安全教育纳入必修课程，纳入学校目标考核，纳入寒假暑假作业，成都市率先在全国推出安全教育平台，通过网络课程进行网上安全教育打卡……一系列政策导向，为安全教育指引了方向。然而在学校安全教育实施工作中，幼儿园至中学的安全教育多以说教形式开展，学生却对反复的安全说教产生了一定的抵触心理。一些安全教育活动在设计上十分丰满，方案上异常精致，过程却是累而平淡，结尾可能是大失所望。如每年的防溺水教育，耗费如此大的人力物力，精心准备的专题教育资源库群，却每年以两位数以上的死伤收场，何也？部分学校在安全教育过程中着力点精准度不足！在多年实践总结中，棕北中学将"峰—端定则"引入学校安全教育，收效甚好，在此与大家共勉。

一、神奇的"峰—端定则"（Peak-End Rule）

"峰—端定则"（Peak-End Rule）由2002年诺贝尔经济学奖得主丹尼尔·卡恩曼提出，指出影响人们体验的是两个关键时刻即在"峰"（peak）和"端"（end）时的体验！根据心理学记忆相关理论，个体在正向高峰体验或负向高峰体验时给大脑神经元刺激最大，易形成神经回路，往往记忆深刻，甚至终生难忘；而一天或一段时间最后发生的事情，对这种末端事件的体验感觉很清晰，这是一种近因效应现象，体验和回忆也更鲜活，记忆效果持续长久。"峰—端定则"被广泛运用于各个领域，如宜家、亚朵、星巴克等，撬动千亿产值，为经济学打开了一扇假设之窗，也为学校安全教育另辟新路——重点管理安全教育中学生们的"峰端体验！"即在安全教育的体验之后，所能记住的，印象最深的就是在峰与端时的体验，而在过程中好与不好体验的比重、好与不好体验的时长，对记忆影响甚少。因此，在枯燥的安全教育中运用"峰—端定则"，则可增强育人效果。

学生整体体验评价公式为 $E=(y_1-y_2)+y_3$，如图1所示。

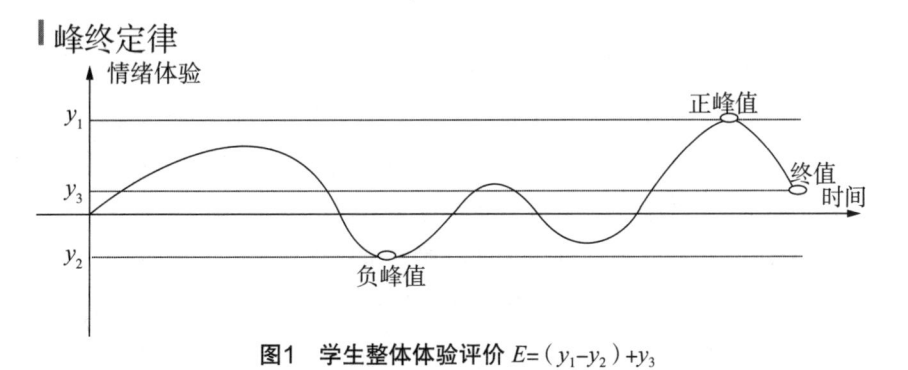

峰终定律

图1 学生整体体验评价 $E=(y_1-y_2)+y_3$

二、"峰—端定则"在学校安全教育中运用的方式

（一）以仪式感催生"峰—端体验"

安全教育的仪式感，让学生产生峰值体验，使学生对之记忆深刻，学校在开展系列安全教育活动中，注重以仪式感来促进学生峰—端体验感。

【仪式1】公开竞选安全纪检部长：学校每年11月开展安全纪检部长竞选。同学们动手制作竞选海报，发表竞选演说，当场计票、宣布竞选结果，在全校集会上就职宣誓。由于是学生主动参选，通过竞选感受了强烈震撼的仪式感和峰—端体验，且经过大选的磨炼，学生干部在安全管理上主动积极，工作能力也得到加强，锤炼了学生安全自我管理队伍。

【仪式2】表彰大会：对于安全教育平台、日常安全工作做得好的师生，在全校集会上予以表彰。表彰分为口头表扬、通报表扬、红榜表彰、奖状证书表彰、奖品激励等。为增强仪式感，我们还聘请颁奖嘉宾，撰写颁奖词，优化颁奖礼仪，仪式感浓重，峰—端体验深刻。

【仪式3】批评警示：关于教师的惩戒权争论较大，但表扬也好，批评也罢，均是教育的有机组成部分。在安全教育中，对于违反安全规则、存在安全隐患的行为，则采取对应的批评警示，如口头警告、通报批评，以及一定的惩戒措施，负面峰—端体验深刻。实施惩戒教育时，要依法依规。惩戒完毕，要跟踪关注学生的心理状况和整改情况，将负面峰—端体验转化成正面峰—端体验。

通过系列具有仪式感的活动，强化峰值（正面的和负面的峰值）体验，使安全教育记忆深刻，甚至终生难忘，达到安全教育效果。

（二）突出重要性，增强"峰—端体验"

俗语说得好，良好的开端是成功的一半；在安全教育领域，良好的结尾则是成功的另一半。把学生安全教育的某一个（段）体验过程设计得特别重要，并让其感受到重要的东西，总是让人印象深刻。教师设计得特别突出的一段体验或者一节环节，学生自然能够感受得到。

如学校在贯彻落实班主任每天放学时安全提示环节中，校团委、学生会根据电影《流浪地球》中安全提示模板，设计制作了《棕北中学放学安全提示语音》——"棕北中学温馨提醒您：回家道路千万条，谨记安全第一条，打扫清洁收拾书包，关好门窗切断电源，一路遵守交通法，平安回家乐开颜。"通过学校广播系统每天放学时自动播放，让人耳目一新，忍俊不禁，从而达到安全提示的效果。

（三）创造惊奇让学生产生"峰—端体验"

平淡生活中偶尔的惊奇总能让人印象深刻。

首先，利用典型安全事故案例创造惊奇，让学生产生"峰—端体验"：全世界每天都有安全事故发生，一些典型安全事故发生后，立即将该事故作为素材对全校进行安全警示教育，事件真实可信，热度高，针对性强。比如暑假防溺水，我们除了发放《防溺水告家长一封信》外，还直接在微信、QQ上给每位家长和学生推送近期国内外新闻中溺水事件，相当直白惊奇，育人效果更直接，安全教育时效性强，家长与学生峰—端体验明显。

其次，利用重要安全节日创造惊奇：4月30日全国交通安全反思日、5月12日防震减灾日，11月9日消防安全日等。比如每年的消防安全日，请消防官兵重装到校参加演习，学生参观消防车、消防装备；模拟火灾场景，现场演示灭火；全体食堂工人、门卫和现场随机抽取学生上台灭火实战。学生能零距离接触消防装备，亲手试用灭火器材，在惊奇体验中培养了防火意识。又如用电安全，学校请四川省电力公司党员志愿服务队为师生讲解、展示，现场还设置有奖问答和VR模拟实践环节，让师生惊奇不断，印象深刻，经久不忘。

三、"峰一端定则"在学校安全教育中运用的步骤

成都市棕北中学丁世明校长强调，学校安全教育重抓落实，强化压实主体责任，既不能仅仅停留在安全教育活动次数，也不仅仅停留在过程资料台账是否翔实，要聚焦学生安全成长的核心素养培育，以实际效果为导向的安全教育才是我们的本真追求。

在安全教育中，以活动为载体，灵活运用"峰一端定则"，应当遵行以下三个步骤：

（一）设计安全教育体验流程图

学校在安全教育设计中，选定安全教育课程实施路线、选定活动起点终点；梳理学生接触点、绘制故事地图；找到峰和端的体验点。通过设计、梳理、反思与集体研讨找到安全教育中的关键节点，并把每一个节点串联起来，绘制一张完整的"安全教育体验流程图"，如图2所示，在安全教育实施前就形成"思维导图"，成竹在胸，条理清晰，步骤明确。

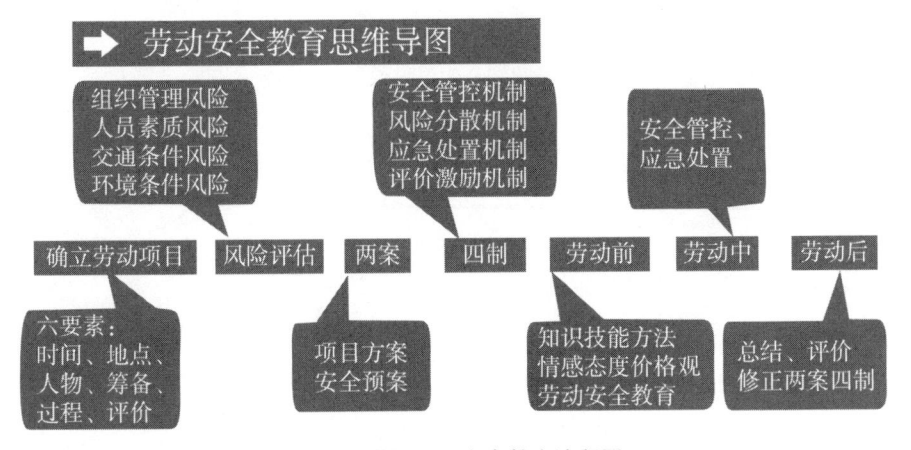

图2 学校心理安全教育流程图

（二）寻找"峰""端"时刻，分析高峰体验及端点体验的费效比

高峰（无论是正向的还是负向的）时与结束时的感觉，是安全教育中学生体验最为关键的时间节点，直接决定学生对于安全教育效果及学生学后评价。根据"安全教育体验流程图"，找到正面感觉（一般、舒服、喜悦区域）的峰值体验点，分析每个节点，同时也需要根据学校的实际情况，根据安全教育的成本控制及定位需求确定峰值关键点的取舍。

（三）强化细化"峰、端"体验，优化安全教育的正峰值及终值时刻

在落实执行安全教育过程中，反复细化、优化、强化 "峰、端"的创造与实施，重点注意以下几个方面，打造并优化正高峰和终值体验：

（1）设计惊奇时刻制造惊奇，给学生超乎期待的体验。

（2）打造认知时刻，引导学生认识自我、突破自我。

（3）创造学生成就感，不断激发学生兴趣。

（4）增强学生与安全教育之间的强链接。

（5）把握学生对安全教育的利益及情感的价值认同。

一次安全教育不一定非要做到十全十美，但是找到那个能够击中学生愉悦体验的最高峰，不断优化到费效极致，最终给学生一个更好的结束体验，把有限的安全教育资源集中花在"巅峰体验"和"终端体验"两个点上，必将收获意想不到的安全育人效果。

"六步"法，让手机管理落到实处
——以棕北中学为例

成都市棕北中学　杨应红

手机既方便了我们的生活和工作，又给我们带来了很多烦恼。经调查，因为手机使用不当，越来越多的孩子不愿意主动参加社会交往和体育锻炼，而是沉迷手机游戏，浏览手机短视频，长时间的手机依赖，让处于青春期的一些青少年内心越来越孤单，心理越来越脆弱；学习上不主动思考，动动手指滑动手机查到答案，孩子手机管理问题已经成为学校教育和家庭教育中的重要问题。

教育部印发的《关于加强中小学手机管理工作的通知》将手机管理纳入学校"五项管理"的重要工作之一，是进一步落实"双减"政策的支撑。成都市棕北中学坚持以人为本，率先做好垂范，协调家校统筹管理，逐步探索出学校的手机管理"六步法"模式，即"管与教""堵与疏""家与校""内与外""爱与行""诫与惩"等方法，助力学生健康成长。

一、手机为什么那么"吸引人"

经过调查研究，部分初中学生手机成瘾，主要有以下几方面原因。

一是"手机里真的好玩"。五项管理及双减之前，孩子除了上课，就是周末补习，真正属于自己的运动时光、人际交往几乎没有，手机成了他们的"知心朋友"。孩子沉迷手机，最重要的原因就是手机里确实很好玩，孩子们通过手机达到放松和娱乐的目的。

二是"手机弥补现实生活"。手机游戏的开发者潜心研究孩子的心理发展和需求，让孩子们在游戏的世界里简单快乐，得到满足；加之排名和适当的奖励，引诱并刺激大脑，让孩子在游戏世界中找到归属感和成就感，所以孩子依赖手机的原因还有对现实生活的高需求。

三是"亲子缺少真正的交流"。除了手机本身的吸引力之外，孩子沉迷手机还有很多原因。例如：亲子之间的沟通较少，陪伴较少。据了解，很多家长忙于工作，孩子忙于学习，很少交流，有事就说事，没事不交流，尤其是初中学生和父母的沟通更少，青春期的涌动，让孩子自己有了主见，有了秘密更不愿意和父母交流。

所以手机"吸引人"的原因很多，但绝不可以为随意使用手机找"借口"。

二、手机危害，到底有多大

有这样一句流行语："如果想毁掉一个孩子，就给他一部智能手机。"近年来，因为手机的管理和使用不当，一些孩子的视力和学业受到了很大的影响，由此引发的家庭教育问题接踵而至，轻者影响身心健康，重则心患疾病，引发家庭矛盾。

一是影响身心健康。长时间使用手机会刺激视网膜，不仅会伤害孩子视力，影响睡眠，而且还会造成颈椎变形等疾病。沉迷智能手机的孩子常常会脸色发白，运动锻炼不积极，免疫力低，血液循环慢，进而影响身体健康。

二是导致行为异常。手机游戏让游戏者深陷虚幻世界不可自拔，让游戏者享受着隔离现实生活的"游戏场景感"，而浑然不觉的"身心塌陷"行为，时间久了，就会使孩子注意力不集中，表现出神情恍惚等异常状态。

三是损伤大脑神经。对于正处于生长发育最重要的初中阶段的孩子，大脑发育还不成熟，长期玩手机会导致他们缺乏理性思考，影响大脑以及神经的发育。

四是耽误孩子学习。当习惯了手机带来的轻松愉悦的信息，对学习感到困乏，学习成绩下降，久而久之，孩子逐渐丧失求知欲，产生厌学情绪，导致认知与思考能力减退，产生思维惰性。

三、入校即静，手机管理"六步法"

成都市棕北中学在教育部《关于加强中小学生手机管理工作的通知》出台前就已经做好了相关的要求，结合学校实际情况，学校通过"问卷星"平台做了线上广泛调查，100%家长支持学校的手机管理规定；线下95%的学生支持学校的管理规定，5%的学生希望学校不要"一刀切"。为此，学校通过家委会给每位家长发出了"中学生使用手机的危害分析报告"，还出台了《成都市棕北中学关于规范学生使用手机管理办法》，形成手机规范使用校级公约和班级手机管理公约。利用升旗仪式宣布手机管理规定、召开班主任会落实手机的管控等多种渠道进行广泛宣传，逐步形成手机管理"六步法"，进一步科学完善手机的管理方法。

（一）管与教相结合的方法

一味强求"管住"，不如做好"管与教"，虽然限制手机是强化了管理，但需要抓住问题根本，加强宣传，教育是目的，管理有依据。依据教育部的文件精神，学校将手机管理纳入学校日常管理，制定了规章制度，利用升旗仪式、大课间、主题班会课强化宣传，班主任为学生在校期间的管理责任人，学生发展中心为督管部门。

（二）堵与疏相结合的方法

加强外部巡查管理，堵住源头的同时，还要及时疏解家长的需要与学生的困惑。如确实需要使用手机，学生可根据要求进行申请，家长签字，班主任审核，学校统一公示申请名单。公示通过的学生，到校后应将手机在关机的情况下交至班级统一的"手机管理箱"进行保管。离开学校后方可开机，在有限制条件下使用手机。

（三）家与校相结合的方法

科学管理手机并非一朝一夕，需要家长和学校紧密配合，相互支持，团结协作。为此，学校解决家长及学生在通信上的担忧，在校内建立热线，让家长与孩子沟通有保障；学校在门卫室设立校内公共电话、保持班主任沟通热线、学生发展中心家校联系热线等多种畅通的家校联系电话，为家长提供便捷联系学生的途径，解决学生与家长通话需求。

签订手机管理承诺书，契约精神约束。城市里很多学生上学放学依然需要在乘坐公共交通以及安全管理时使用手机,这就需要家长与学校齐心协力引导孩子,家庭与学校签署手机管理契约承诺书,科学使用手机,规定手机使用的时间段、使用时长,学校和家长共同监督孩子履约情况。如:申请使用手机的学生进入校园后必须关机;在教学期间,教学楼、办公楼、实验室等所有教学场所不得使用手机等移动通讯工具,学校和班级集队、集会时间不得使用手机等移动通讯工具,否则将没收违纪者手机,情况严重者给予纪律处分。借用他人手机等移动通讯工具在规定的教学场所使用的,一经发现,使用者与所有者一并同样处理。

(四)内与外相结合的方法

对于手机管理,外部约束是标,内在自律是根。除了要加强外部环境管理,坚持落实"双减"政策,老师不得使用手机布置作业,老师减少布置需要用手机完成的作业等外部因素,还要求教师提升作业质量,分层布置,个别指导,让学生会做题、能做题、做得起题;同时还需要充实内在,加强和规范课后阅读,为学生选择主题鲜明、内容积极、可读性强、启智增慧的书籍。最后还可以引导学生参与劳动、家务,做公益等有意义的事。

(五)爱与行相结合的方法

手机管理受多种因素影响,但绝不能缺少的重要因素就是对孩子的教育;父母在生活中要以身作则,做好示范表率,孩子才会对生活充满热情,以实际行动养成手机管理自律、自信的习惯。

(六)诫与惩相结合的方法

12~15岁的孩子的心智不成熟,经过教育还不能做好自我约束的,学校也会根据校纪校规进行诫与惩。比如:

(1)违反手机使用规定或提交未申请就使用手机,手机将由学校收缴并交至家长,情节严重将按学校学生管理规定进行惩戒教育。

(2)取缔其一学期手机使用权,将手机交由学校代为保管一学期及更长时间。

(3)学校及教师对违反手机管理规定的学生,在其未来申请使用手机时有一票否决权。

(4)对违反学生手机使用原则的学生,学校管理部门、班主任和科任老师有权将手机收缴,交给家长保管并不再允许该生申请使用手机;对于多次违规违纪同学，学校将严格按照教育惩戒办法进行处理。

（5）手机使用中违反国家法律法规的按国家法律法规相关规定处理。

四、家校携手，共塑孩子美好明天

（一）家校携手，强化孩子手机管理的意识

约法三章，科学管理手机。对手机的管理不能"一刀切"，和学生约法三章，和孩子约定好使用时长、使用的内容、使用的场所及环境，这样既可以让孩子接受新鲜事物，又不怕长时间使用上瘾，更能养成孩子良好的契约精神。

保护自己，健康使用手机。网络信息鱼龙混杂，良莠不齐，面对各种诱惑陷阱，稍有不慎就会给学生带来严重的伤害。引导学生加强网络安全学习，学会健康使用手机，做好自我保护，增强网络防范意识和自我约束力。

丰富课程，滋养学生成长。学校可以通过开设社团、选修课、讲座、运动、实验、艺术教育等，转移学生的关注点，让学生在忙碌而充实的校园生活中减少对手机的依赖，让学校教育的涵养取代手机中的信息轰炸。

（二）以身作则，共塑孩子美好明天

以身作则，发挥家长的示范引领作用。路漫漫其修远兮，在行为示范中，家长的榜样示范最为明显，家长希望孩子能做到的事情，家长自身也要能做到，例如：希望孩子每天坚持阅读，家长就要带头阅读；希望孩子远离电子产品，家长就不要在家打游戏；希望孩子热爱运动，家长就要坚持运动。希望孩子爱劳动，家长就要带头劳动。

参与劳动，感恩父母增强孩子责任心。家长可以和孩子一起做家务，甚至在孩子面前可以显得"更懒惰"，让孩子主动担起家里担子，参与家务劳动，在劳动中感受多姿多彩的生活，激发起对美好生活的向往。

营造氛围，感受温馨的学习生活环境。手机管控绝不是喊口号、拉横幅、搞惩罚就能解决的事情。学校要利用社会环境中可利用的教育元素加强宣传教育，家长要积极营造家庭浓厚的温暖氛围，让孩子眼里有光，心中有爱，肩上有责，看得到未来和希望。如：多陪伴孩子，多开展丰富多彩的家庭亲子活动，阅读、散步、运动，去电影院、博物馆、徒步走进自然，让孩子感受到温馨的学习生活环境。

双线融合式教学的实践与探索
——成都市武侯实验中学课堂教学改革项目

成都市武侯实验中学 赵毅

"双减"是为了"双增",提升课后服务水平,提升课堂教学质量。尤其是课堂教学质量的提升,需要一次大胆的变革,要在教育理念、教育技术、学习资源、学习工具、学习评价等诸多方面走出实践探索的路径。就学校而言,一是教育理念的变革,从以教为中心,转变为以学为中心;二是转变课堂教学变革思路,从"经验主义"走向"数据驱动";三是拓宽学习的视野,从课内、校内走向课外、校外,走向网络学习空间。

成都市武侯实验中学创办于2003年8月,由原成都市第57中学、簇锦中学两校合并而成。学校秉持"办适合每一个孩子的教育"的办学理念,在"大数据""云计算""人工智能"技术逐步融入教育教学时空的过程中,学校不断反思"停课不停学"期间线上教学的经验与教训,坚持以学生为中心,围绕学生在"课前、课中、课后"三个环节中的困惑,依托网络学习空间、智能批阅技术、微课制作技术等,在课堂教学、项目式学习方向实现"线上线下"的一体化教学设计,逐步打破学习的"时空限制",让每一个孩子都能找到适合自己的学习资源、学习方式,让每一个老师都能在课前获知班级的整体状况,用数据去了解学情、调整教学设计、实施个性化学习指导,逐步让学生成为自己学习的主人。

一、项目的背景

学校从2017年开始,充分利用"三顾云""钉钉"等各种互联网平台,大胆尝试线上线下混合式学习、项目式学习等教学方式，创新现有教育教学模式，提升教师信息技术与课堂教学深度融合能力，深入推进课堂教学改革。特别是在疫情期间，学校探索出"313线上教学管理"模式，即成立3个学部，1个线上教学管理中心，实行3级管理，收集教学日志300余份，保存650节共计26000多分钟直播课，召开云班会120节，校级云家长会2次，完成线上教学问卷调查4200余份，形成4份分析报告。

同时，通过在疫情期间的实践与研究，我们发现线上教学具有学习方式灵活、学习资源丰富、师生互动形式多样、教学过程可记录（可回看）、教学结果易统计等优点，为解决线下差异化教学成本高、效益低和学生个性化自主学习不便利等难题提供了解决方案。为此，学校组建了"线上线下融合式教学""线上线下探究性学习"两个项目组，共107名老师正在积极探索双线融合式教学方式和构建"个性化网络空间"项目制学习方式的研究，加快推进教与学方式实践创新。

图1 地理探究课

二、项目的实施

教育信息化2.0行动计划提出要实现信息技术与课堂教学的深度融合，要实现教学方式和学习方式的变革。武侯实验中学先行先试，从场景化、数据化、智能化的角度入手，大力实施以学生为中心、基于教学实践、聚焦学生能力提升的双线融合式教学实验。

（一）基于问题：解决传统教学场景中的痛点

针对教学场景里的课前、课中、课后三个环节，我们整理出教学实践中的痛点。

1. 课前预习不落实、学情掌握不精准

课前预习，学生要了解学习内容、初步认识学习重难点；从学习的角度看，预习是对学生前置性学习基础的检测，是培养学生自主学习能力的重要载体，是帮助学生建构学科学习结构的有效措施，然而传统的预习方式存在三个不足：一是对学生预习缺乏更有效的指导手段，二是预习效果缺乏有效的检测手段，三是预习结果的反馈不及时。从而导致预习作业形式化、预习检查的随意化、教师备课中学情分析的经验化。

2. 课中学习任务难完成、教学目标难实现

课堂教学是传授知识、形成能力、培养学生思维品质的主阵地。当前教学中，大班教学学生知识水平、能力基础不尽相同，存在分层教学难以实施、个性化教学难以实现；教学目标达成情况反馈不及时、不精准等问题。

3. 课后辅导难及时、知识和能力难内化

课后练习过程中，一是由于时间和空间的限制，碰到疑难问题后，学生无法得到及时的辅导，导致问题难以及时解决；二是学生无法准确评估自己的学业短板，及时做针对性弥补。

（二）双线融合式教学的教学主张，探索差异化教学的模式

双线融合式教学是指线上线下融合教学（Online Merge Offline，OMO），它包括以下两个部分：一个部分是"线上教学"——在线上，跨越教学时间和空间的限制，让每一个学生获得最好的课程资源，学生自主控制学习的时间、地点、路径或进度，进行个性化学习；另一个部分是"线下教学"——在线下，教师针对本班学生进行"自导式"教学，让每一个学生能够获得更适合自己的学习帮助，进行差异化教学。

1. 学校的课堂教学基本主张为"双师双空间"

"双师"是指真实教师和虚拟教师，"双空间"是指教师个性化教学空间和学生个性化学习空间。"双师双空间"必须搭建在智慧教学平台上，实现"课前自主学""课中精准学""课后拓展学"的有机统一。详情如图2所示。

图2

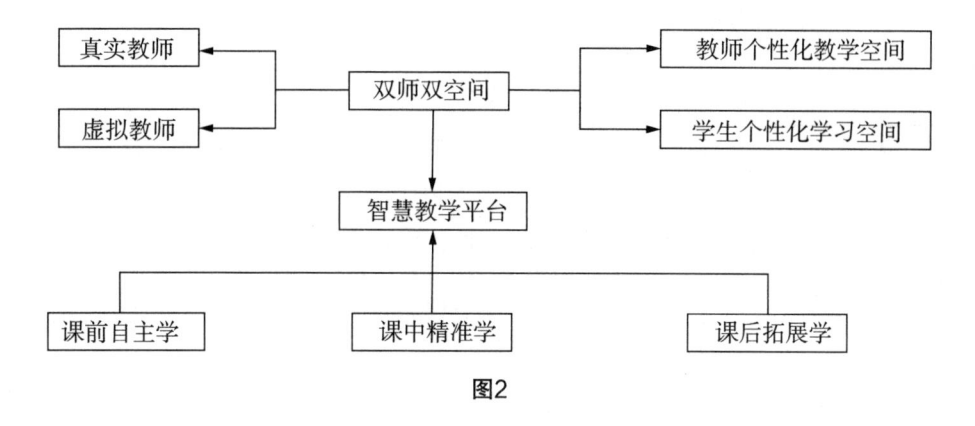

2. 探索出双线融合式教学的课堂教学基本模式和操作流程

第一，课堂教学基本模式确定为课前预学、课中智学、课后促学"三段式"，详情见表1。

表1

教学时场段景	课前	课中	课后
教学场景	线上线下结合	线下为主	线上线下结合
教师行为	布置预习任务，提供预学资预	根据学情，开展现场教学	通过预录的微视频答疑和辅导
学生活动	自主预习	深度学习	巩固和拓展

第二，经过大量实践与研究，总结出双线融合式教学的操作流程，如图3所示。

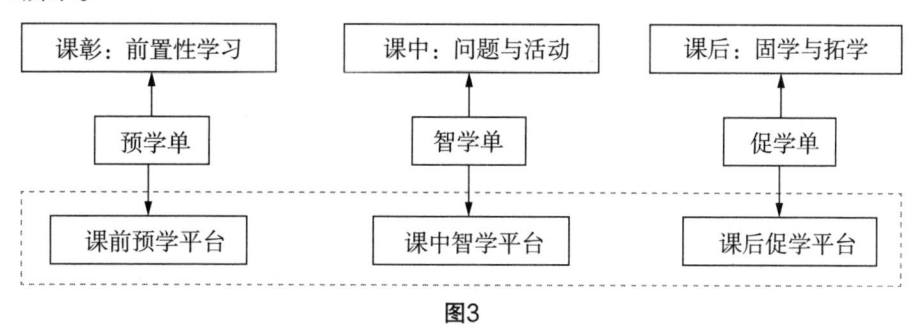

图3

同时，学校细化了课前自主学（六环节）、课中精准学（四步骤）、课后拓展学（两阶段）的操作流程。

一是"课前自主学"六环节（见表2）。

表2

环节1	环节2	环节3	环节4	环节5	环节6
资源推送	自主预学	预学检测	智能批阅	检测反馈	调整教案
教师推送资源预学	学生自主预习	检学测生，完成拍照预上学传	智慧教学平台，完成智能批阅	检测结果自动反馈给教师	教师根据预学效果调整设计教学

二是"课中精准学"四步骤。

步骤一：预学反馈，明确任务。

步骤二：分层推送学习任务，提供学习资源。

步骤三：在"虚拟教师"帮助下，开展个性化学习。

步骤四：根据学习反馈，教师引导学生通过小组合作等方式解决共性问题和疑难问题。

三是"课后拓展学"两阶段（见表3）。

表3 "课后拓展学"两阶段

阶段1：观看习题解析视频，解决疑难问题	阶段2：采集构建学习知识数据图谱，实现自适应学习
①学生完成作业	⑤自动采集学习数据
②教师推送习题解析视频	⑥自动生成个性化知识图谱
③学生观看解析视频，解决疑难问题	⑦完成学生能力薄弱点分析
④学生收集整理错题集	⑧系统智能配套学习资源与巩固练习，突破薄弱点
基本要素：学生通过观看视频解析，及时解决课后作业中的疑难问题	基本要素：学生通过个性化知识图谱找到学业短板，实现自适应学习

（三）基于"个性化网络学习空间"的探究性学习，破解学生个性化学习需求的难题

1. 基于武侯区"三顾云"平台，探索"基于个性化网络空间的项目式学习"

该平台包含13个研究领域，实现了课题研究的可视化、学习过程的实时化、数据分析的精准化、资源推送的智能化；在学习流程设计上，让学生自主选择相关学习领域的指导教师，自主提出学习领域的研究课题，自主组建研究小组，最终实现1个导师团队、1个研究小组、1个研究项目的项目

式学习管理模式。平台实现了学生线上学习空间与线下实践研究的结合（如图4所示），实现了课程资源网上学习、研究过程的线上指导、研究报告的在线生成以及学生研讨的在线互动。学校成立的"探究型课题项目组"有25个项目小组，参与教师共计67名，参与学生342名，学生在"三顾云探究平台"共进行24项课题的立项，共录制微课资源349个、文库资源23个，有效地促进了教师的专业发展。

2. 常态化开展"人工智能在线编程课程"，有序推进编程课程与学科深度融合

为培养学生计算机思维和创新能力，将人工智能在线编程课设置为必修课和模块课，实现"人工智能在线编程课程"全覆盖，依托在线编程平台实现：学生学习过程数据的全流程记录，分析研判学生的学习特质和智能特征，个性化地为学生推送不同层次的编程问题。同时成立编程与学科深度融合项目组，全面提升学生核心素养。

图4 基于个性化网络空间的项目学习

（四）通过"智慧评价"促进教与学的变革

学校建立基于数据的学生学习效能、教师教学效能绿色评价体系。针对每一次的学业水平测试，自动生成学校考情简报、班主任简报和学科简报。通过考情报告逐步形成学生的成长档案及教师专业发展报告。梳理形成学校考情报告整体设置框架，包括年级整体考情报告、班级考情报告、学生个人学情报告；结合每次学情分析形成学生绿色学习效能评价体系，包含学业测试报告、学生认知负担负荷情况、学生学习时间分布情况等，让教师和家长全方位了解学生学习状况，为学生下一阶段的学习提供更具针对性的计划和辅导，形成教师教学效能分析。

学校形成年级整体考情、班级考情、学生个人学情报告共6000多份，采集日常作业6356次，统一测试300次，网上阅卷份数61万份，校本试题6082套，校本试卷406套。全面了解学生知识板块得失情况、班级学生成绩分布情况、学生的达标上线率、班级学科之间的均衡发展程度等维度，全方位评估教师的阶段性教学效能，指导下一阶段的教育教学工作。

三、取得的效益与反思

（一）取得的效益

经验推广。学校荣获教育部2020年全国网络学习空间普及应用优秀学校和2020年四川省网络学习空间普及应用优秀学校称号，在教育部科技司的"互联网+教育"在线调研工作会议、四川省教师线上教学管理者网络培训会等会议上推广学校网络学习教学经验；学校面向全国各地的学校推广形成典型经验与案例。

教研成果。近三年，荣获全国赛课"教学改革创新"特等奖；"一师一优课"，13人获评市级以上奖，2人获评部级优课，3人获评省级优课；全国中小学创新课堂教学实践应用活动中37人获奖，1个全国一等奖，5个全国二等奖，2人荣获示范课例，6人入选典型课例。2名教师参与教材编写。

其他影响。学校承办全国第十八届新教育实验研讨会，接受四川省教育厅、成都市教育局等领导的视察和指导线上教学工作。因我校表现突出，2020年9月，时任四川省委副书记、省长尹力一行到学校慰问教师，关心学校发展。

（二）进一步的反思

教育信息化的关键在于信息技术与课堂教学的深度融合，重点在于课堂教学方式和学生学习方式的变革，学校在"智慧教学"的实践与探索中，教师在教与学的方式上做出一些改变与尝试，教学过程中教师讲得更少了，引导学生环节更多了，但需要对双线融合式教学进行再梳理，逐步形成具备学校特色的融合式教学教育模式。另外，教与学方式更应该关注人的培养，关注学生核心素养的提升，依托校外的专家资源，充分研究双线融合式教学模式的可行性与推广性，特别重点关注双线融合式教学与基于"个性化网络学习空间"的探究性学习对提升学生核心素养方面的价值。

总之，在"互联网+教育"的探索实践中，学校将进一步推动数"智"校园建设，完善"双师课堂、个性化学习空间"建设，实现一空间通学，推进信息技术与课堂教学的深度融合。

打造多彩课后服务课程
——西昌宁远学校课后服务探索实践

西昌宁远学校　江宇　何光洪

为推进"双减"政策落实，推进校内课后延时服务，西昌宁远学校以服务学生和家长为工作导向，不断创新措施，挖掘校内外资源，突出学生兴趣培养，打造多彩课后服务课程。

一、规范组织管理，确保课后服务高质量

本着为家长排忧解难，促进学生健康成长的目的，学校按照"自愿参加"的原则，采取"学校组织、班级管理、校内实施、有效监管"的方式，通过向学生家长发放一封信等形式，介绍学校课后服务内容、时间安排及管理要求，引导学生积极参与，将有课后服务需求的学生全部纳入，应收尽收，做到课后服务全覆盖。明确课后服务时间，将每天下午放学后时间纳入课后服务范围，课后服务结束时间与家长下班时间实现无缝对接，解决了家长接送难、监管空档期等难题。

二、实行三类课后服务，确保服务深入开展

（一）"学习时刻"，让作业成为学生美好的期待

"学习时刻"，鼓励学生在校完成作业，在课后服务时由学科老师轮流看护，并对有需求的学生进行查漏补缺式辅导，帮助学生养成良好的作业习惯和思维品质。严控作业总量和时长，构建"基本作业+弹性作业+实践作业"模式，注重学生的个体差异，增强作业的层次性、适合性和可选择性，

促进作业教学的多样化和个性化，确保学困生"管饱"，学优生"吃好"，切实减轻学生的课业负担，让学生感受到作业有意思，让作业成为学生美好的期待。

（二）"艺体时刻"，体育美育促技能培养

充分挖掘和整合教师、社会资源和网络课程资源，从学科能力拓展、优秀文化传承、多元智能发展、创造力提升等方面出发，充分结合学生的身心发展特点和学习兴趣，系列化开发满足学生多样化成长需求的课后服务课程，促进学生个性化发展的田径、篮球、足球、乒乓球、排球等体育类课程，以及舞蹈、书法、围棋、美术、创意手工、少儿趣味英语、电子琴等课程，布置实践类、探究式、体验互动式、户外运动等活动，让美育体育活动成为课后服务的重要载体。

（三）"社团时刻"，打通学生个性发展通道

为满足学生的个性化需求，学校开设了三大社团课后服务特色课程。

足球社团：提升学生体能、力量、协调性和灵敏度、柔韧性等身体素质，培养学生对足球运动的兴趣，并在教学中加入足球运动的基础知识、战术意识培养等。

舞蹈社团：训练学生有一个良好的体态，加强腰腿的柔韧和力量训练，加强肌肉能力和动作感的训练，使学生具有较强的控制能力和稳定重心的能力。训练时强调姿态的准确和舒展，提高基本能力，提高技巧水平。

音乐社团：掌握基本乐理知识，在培养兴趣的同时，训练学生自信地演唱歌曲的能力、合作能力。让学生能够表现歌曲的意境，运用分组、个人、齐唱、领唱等多种形式引导学生积极参与音乐表现活动。

社团活动为学生提供了自由发展的空间，学生在社团活动中充分发展特长，展示个人才华。孩子们收获了成长的快乐，得到了知识的积累、艺术的熏陶、身心的健康和思维的升华。

三、发挥教师专业优势，确保课后服务能力提升

学科教师在课后服务的辅导中进一步了解学生学情，发现教学困惑，调整教学思路，提高课堂效率。音体美等艺体教师利用课后服务时间，开展与本专业相关的系列活动，并邀请校外专业教师进行指导培训和交流，为自己

的教学提供丰富的体验和素材。

西昌宁远学校还将继续提升管理服务和教育教学水平，进一步拓展课程资源，推进课后服务工作提质增效，打好"双减"组合拳，增强"为民办实事"活动成效，切实提高办学满意度，打造更有温度的教育。

依托项目制改革，推进学习型学校建设，回应"双减"价值追求

——以双线融合课堂教学改革项目为例

武侯实验中学　赵毅

"双减"最终是实现"学习负担降低"，其本质是学校教育"提质"。学校教育的关键在教师，学校的核心竞争力是教师队伍的专业化水平。教师要发展，激发其发展意愿是起点。结合教师发展和教育学学科特征，教师发展必须是"事上练"，必须在实践中摸索，在边工作、边反思中发展。"双减"背景下，对教师的教学要求不是降低而是提高，如何激发教师通过实践性和创新性的劳动，提升课堂教学质量，是学校"提质增效"、学生"科学减负"的着力点。

一、学校管理困境及发展方向

从理念上看，学校管理或者学校领导肯定是"服务型领导"。学校服务不仅仅是对学生发展服务，更是首先为教师发展服务。

从学校组织的类型上看，它的特性相似于管理大师彼得圣吉提出的"学习型组织"。从学理的角度上分析，学习型组织是与传统"控制性"组织相对的概念。传统控制型组织，强调科层，关注"制度+流程"；关注标准，关注品质、更倾向于关注结果绩效，忽略人在工作中的主体性地位，强调人力是资源，忽略人的成长性，整个组织结构是以领导为核心的科层式管理方式，领导自身的修炼水平，直接决定了组织的发展高度。在此过程中，这个组织是层级式的、命令式的管理，自上而下的管控居多，自下而上的分享偏

少,并且在制度上也缺乏自下而上的机制建设。

随着社会科学的发展,管理学领域越发强调"治理",其实就是强调组织内成员对组织事务的"参与";传统的靠一个人或几个人的核心经验来带动组织发展的情况越来越不适应快速变化的社会,越来越需要组织内团队智慧的汇集、转化。未来成功的组织,将是那些发现有效途径去激励人们真心投入,并开发各级人员学习能力的组织。作为学校,要探索"建立新型的、分散式、非等级性的组织,不仅重视绩效,也重视员工的成长与福祉"。通过管理观念的改变,学校要造就一个学习型、创造型的教师团体,努力建构学习型学校。

二、双线融合项目推进学习型学校建设整体设计思路

教师的主体性的激发,首先是对教师创造性的激发,其次是对教师发展的福祉的考量。教学本身是一件个性化的事,每个成熟教师都有自己的教学思考和方式,但是多数教师又都会在工作中碰到很多相同的问题。这就是教育的魅力所在,如何激发教师在习以为常的问题中去发现解决问题的不同路径,本身就是激发教师不断创新的起点。只有存在于教学日常的创新,才能让教师"期待课堂、享受课堂、反思课堂",这样教师才能在常规工作中实现个性化的成长。学校紧扣当代课改"融合"理念,在学习内容、学习方式、教学行为上实施多种融合创新,尤其是针对信息技术与课堂教学的深度融合开展课堂教学改革探索。

(一)双线融合教学改革的缘起

双线融合式教学是混合式学习的一种教学实践探索。混合式学习是在线学习与面对面教学(课堂教学)的结合,是教师主导与学生主体的结合,它不是两种形式的简单组合,而是要充分发挥和利用在线学习和面对面教学的优势,同时通过"混合"促进传统教学模式的变革。在经历新冠疫情后,在线教学的大规模实施,为混合式学习的开展奠定了较好的实践基础,同时《中共中央国务院关于深化教育教学改革全面提高义务教育质量的意见》提出要促进信息技术与教育教学融合应用,推进"互联网+"教育发展,按照服务教师教学、服务学生学习、服务学校管理的要求,发展义务段各年级各学科的数字教育资源体系,探索基于互联网的教育。应该说,无论是教育改

革的政策依据，还是改革的实践依据都相对成熟，为学校"课前、课中、课后三段一体式"的双线融合式教学模式改革注入了实践和价值的依托。

（二）对教学流程的优劣分析判断

课堂是学校育人的主阵地，课堂改革是教育改革的深水区、核心区。改革之初要追问这样几个问题：一是课堂的关键要素及其相互关系和作用；二是课堂教学改革的基本方向；三是学校课堂教学面对的主要问题，尤其关注从事物的现象层分析走向"原因层"分析。

课堂包含教师、学生、教材（亦可以说叫课程）、媒体等核心四要素。当前课堂教学改革的核心价值取向是"融合"，在融合中就包括了教学方式和手段的融合，信息技术与课堂教学深度融合就是现在信息化课堂变革的主要方向。传统"信息技术手段"应用更多呈现在"多媒体"手段上，当前随着人工智能、大数据、云计算等信息技术发展，智能批阅工具、在线课堂师生交互工具、在线视频回放、在线讨论互评等工具，逐步为师生所熟悉。这些技术大大拓展了师生交流的时空范围，为学生提供了课堂疑难问题再次反刍的机会，为教师提供了"智能助手"，将教师从一些机械性、重复性的劳动中解放出来，为教师分析学情、开展教学设计、问题设计、师生互动提供了有效的帮助。

传统教学改革专注于课堂高效，主要通过分层、合作学习等手段解决教师差异化教学问题，而学生的个性化学习更多靠教师单对单或一对几的个性指导。这些形式对差异化教、个性化学的解决起到了一定作用。但教师毕竟时间、精力和能力有限，面对班级大规模的差异化教、个性化学还是存在困难，所以一直以来信息技术都被认为是解决"大规模差异化教、个性化学"的关键猜想。但在传统的信息技术应用课堂中，处理电子白板、多媒体甚至平板教学等，都还是更多地将之作为"展示工具"，并没有有效地发挥技术本身的价值。那我们认为在线教学期间信息技术有哪些优势？主要包括：学习方式灵活、学习资源丰富、视频可回放、数据易统计、师生交互方式多且灵活等。同时，线上教学也存在对学生学习干预不足、师生交流感弱、学法指导落实不到位等问题。传统课堂教学教师具有的对学生面对面指导，更准确地交流、管理、引导和互动等优势，恰好能与线上教学的弱势互补。学校创新性地提出在"课前、课中、课后"分别融入适宜的信息技术，提升学生的学习体验，提升教师的教学效果的假设。

（三）学校实施改革的整体框架设计

改革确定了方向，就必须抓准问题，分析问题，找准成因，明确改革目标，规划实施路径。在双线融合教学改革实践中形成了"五步推进策略"：顶层设计、结构假设、实验论证、形成经验、逐步推广（如图1所示）。在整个改革实践中都充分体现学校管理的价值引领和实践领导。在充分考虑现实基础、实施条件、实施方式、人员组织、过程修正、经验总结的基础上来系统设计学校教学改革。

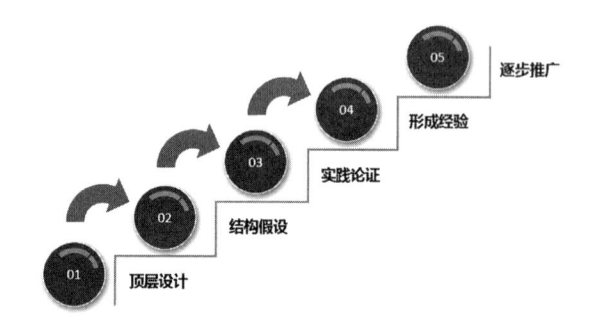

图1　改革推进结构图

三、双线融合项目实践流程

理念和观念是突破问题的开始。从管理角度，好的理念如何落地实践，根子上还是要集中集体智慧，要抓住教师的实际需求，所有的工作思路来自"真实问题""实施现状"。以信息技术与教学深度融合为例，往往存在建得多、用得少；展示活动多、常态应用少等矛盾。突破这些就要抓准问题，一是信息化投入建设的产品并不符合教师需求；二是产品可能满足了教师的部分需求，但是很少有教师和学校研究这些功能的组合应用；解决产品"适用""好用"两个问题，就要解决教师"需求问题"、教师成长问题。

（一）对教师课堂教学中的真实需求的追问

大家在谈论学校工作的时候，往往关注"减负"，而这个"减负"常常聚焦于学生。其实，教师也是课堂双主体之一，那么在教学中，教师的负担到底是什么呢？是否也需要"减负"？笔者认为主要是解决一组矛盾：共性学习和个性学习问题。所谓共性，是课堂的主要问题，全班一个教学目标，要求所有孩子都要在本节课达到这个目标。这种整齐划一的安排必然违背教学的规律和学习规律。要实现这样的目标，在分析教学绩效时，必然要求老师把眼光放到班级的中间层次人群，以他们作为教学目标达成的主要参照。这样的对标方式，会出现优生吃不饱、弱势学生吃不进的情况，久而久之弱势学生越发弱势，优等学生的发展潜力又无法激发。这是矛盾一，差异化教学需求满足问题。矛盾二，其实也是基于此，学生的能力基础、知识基础均不相同，每个学生学习内容应该是不同的，只有在满足不同的、个性的学习需求前提下，学生学习的自主性才能得到有效激发。但是，我们应该明确，在大班额状况下，教师的差异化教、学生个性化学是很难实现的，这在课前、课中、课后三个环节都给教师的教学制造了较多的压力、很大的负担。

在综合研究在线教学过程中，至少看出信息技术手段的几点功效：一是有讲解视频，学生可以反复回看，作为其获取知识的再次补充；二是有分类推送，可以给不同层次学生推送不同的学习内容，进行分类监测；三是简单试题的智能批阅功能，能帮助教师最快得出题目完成情况统计，可能遗漏的知识或能力点统计，帮助教师快速调整教学设计和进度。在其中，明显可以看到视频交互、信息处理、分类管理的技术，它们都有利于个性化学和差异化教的开展。

（二）对于教师所需的"极简"教育技术开展追问

从教学平台和智能技术上看，要解决教学视频制作、传输，学习结果的智能批阅统计，按照不同层次完成学生分组分配任务等问题，虽然这类功能不复杂的产品相当多，但我们思路还是在"减负"两个字上，这个阶段的"减负"就是要减少教师使用技术的学习沉没时间，降低学习成本。要解决这个问题，就要充分开展调研。首先，信息化建设中存在问题很多，但主要矛盾还是在于应用系统太多、应用之间相互融通少；其次，应用的功能强大，但满足教师实际需求的"小功能"却体验感差；最后，信息系统功能多，很多系统"隐藏技能"教师使用得不多，或者是根本没有发现。由此开展必要的调研，其目的在于确定适宜的应用平台、找到"极简"的应用技术、学到应用技巧。于是学校组织了三层调研。第一层，走向主要的系统集成公司，走进企业调研，了解产品的主要功能、后期服务等；第二层，面向教师征集小应用，走进课堂观察教师使用的小应用，了解教师需要的小应用；第三层，走向发达地区，观摩信息技术应用课堂，发现发达地区学校信息化建设主流方向和主要的有代表性的应用场景。通过三层调研，基本上确定了学校产品的选择方向、确定教师的核心诉求，也坚定了学校下一阶段信息化建设的主流思考。

（三）引领教师双线融合课堂开展价值追问

橘生淮南则为橘，这样的事情在教学改革中屡见不鲜。前面的所有"需求分析""问题分析""环境分析"是改革领头者推进改革的"观念和实践基础支撑"。一项改革要在学校推进下去，前提是有一帮敢干、愿干、能干的教师。如何调动一批教师参与改革的关键还是改革引领者的"领导力"。改革者的领导力或者说学校管理者的领导力，主要来源于"价值引领""实践引领"。

一是如何实现价值引领。教育是人与人之间关系的学问，其实对于学校管理来说也是同样的道理。要推动一项改革，就必须要影响部分教师，思考应循序渐进、久久为功，这样很多方向正确的事情必然能在学校开花结果。在学校双线融合改革中，我们首先与部分有开创性的教师在沟通过程中达成共识。教师的创造性本身就来自教师的需要，在与教师交流中，我们逐步达成共识"小视频""智能批阅""平板支撑下的差异化教学"，确实能达成学生辅导、判断学情精准、课中差异化教学的目标。学校在教学观念基本相同的前提下，动员教师自愿形成项目组。为调动教师积极性，实现项目假设双自主"项目成员选择自主""实施环境建设自主"。"双自主"其本质就是解放教师思想，解放管理者思想，从具体管理走向具体服务，服务于项目建设、服务于改革任务。并最终确定下"项目式推进改革的机制"。

二是如何实现实践引领。项目式推进不是什么新鲜管理思路，但为什么在一些地方能成功、在一些地方不能成功？回顾我们的推进过程，其实就在于"项目实施过程中"是否坚持"价值引领""实践引领"。坚持价值引领，主要是为方向"纠偏"，当实践方向发生偏移时，需要及时调整思路；当实践路径不清晰时要明晰实践路径。在双线融合改革中，实践路径怎么走，其实需要"领导"。在项目实施初期，结合当时的情况，就提出了"课前、课中、课后"三段一体的设计理念，学习其实是一个螺旋循环上升的过程，只有做好课与课的衔接，才能做好单元与单元的衔接，才能真正落实大单元教学。于是，我们总结了课前教师、学生需要解决的核心问题，基于这些问题选择了技术手段和学习任务的设计方式（展示三段的教学流程和问题）。在这一过程中管理的领导力体现在对于"教学设计的假设"，项目组考虑的是对"教学设计假设"的实践和改进。

（四）应用推广探索形成实验项目校内推广机制

任何改革探索都必须考虑在实验有效的情况下，如何从"试点实验"走向"推广研修"。局部试点起步，在局部试点成功基础上再逐步推广应用应该是我们开展工作的核心经验。但恰恰是这样的经验，经常面对的是"一直试点逐步走向消亡"。那么一个项目之所以没有全面推广，可能存在两种情况：一是项目本身通过实验效果并不好，不值得推广；二是项目本身有推广价值，但是没有实现用一群人影响另一群人。为什么会是这样？重点还在于学校配套机制的建设问题。这些机制应该包括：项目推广机制、项目保障机制、项目成果的评价机制等。

首先，项目推广机制怎么建？学校的主阵地在课堂。对课堂教学的研究是极具实践性的。课堂教学不能仅仅是观念的灌输而更应该采用"现场示范"的方式，应首在重"形"，先知道怎么做。传统上，我们在理解教师培训时候都能把握住"以实践为主"，但是怎样才能让更多的教师从"看客"变为"参与者"，这需要学校去设计针对教师专业发展的"活动"。

1. 围绕教学活动设计教师活动

教师中心是学校设计教师研修活动的立意。什么样的教师研修，才能让教师接受、让培训者成长、让被培训者获益呢？学校的经验是搭建展示平台，同时要丰富校内展示平台的形式。对于每一次平台展示活动，不求全、但求精，也即是把最有效的那个部分展示给教师，让教师"看得见""想得到"，还要激发兴趣"愿意做"。于是根据不同类型的教师、不同的时间段，开展不同形式的教研课展示模式。

一是教学片段课展示模式。片段是教学中最精彩的部分。这种活动的目的是把我们认为最有效的学科教学手段传递给教师。设计上包含片段展示、设计思路说明，就专注于一个小问题，精讲精练。

二是专项赛课活动。常见的校内教师赛课、信息化教学大赛、骨干教师示范课等，从安排角度要求必须考虑双线融合模式在教学中的应用。使用的深度和长度由教师自己来确定，重点是关注我们应用这一线上技术要关键性地解决什么学科学习的问题，如何能有效地提升学生的学习效益。

三是学科活动周展示。传统的活动周、教学节都是专项的活动，学科活动周往往是学科成果的展示活动、学生参与学科学习的趣味活动，但学校认为学科活动周也应该是教师交流的平台。结合双线融合课堂改革深入，教师们有很多新鲜小技术在课前、课中、课后的应用，在学科活动周上开辟教师技术分享论坛，将全校优质的学科应用，在全校教师面前分享，让教师们能用、善用、愿用，彻底激活教师发觉技术价值的兴趣。

2. 围绕项目推进完善保障机制建设

学校的中心在课堂。针对信息技术与课堂教学深度融合的课堂，本身就具有创新性。与传统课堂相比，还存在资源环境的不确定性，教学模式的模糊性等问题。双线融合课堂改革作为改革项目，必然具有明显的不可预知性。如何将教师改革热情持续保持、如何为教师扫平改革路上的绊脚石、如何将教师实践成果总结提炼形成个性化的教学模式，这就是整个制度建设的核心。

一是完善"3个团队"——环境建设团队、教学计划团队、研究总结团队。三个团队主要工作就是围绕信息化环境建设，课时计划安排，研究方案的制定、执行、反思和总结展开。形成横向制度全覆盖。

二是完善改革项目的评价机制。评价是最好的导向，也是最有效的激励。从管理心理学上看，不间断、公平、针对性的评价能有效地固化愿景目标、坚定操作路径。学校建立了以学期为周期的改革项目评价机制，包括对优秀个人、团队的评价。此外，要形成固定的方式，就必须考虑从实践经验上升为理论层面，学校形成了教学案例评选机制，带领核心教师，持续开展教学研究，形成对研修论文的总结提炼机制，并形成正式出版物，为教师专业发展做必要的佐证和支撑。

四、项目管理的经验反思

双线融合项目得到有效推进，项目组从11人发展到100余名，占全校教师人数一半，发展为学科内项目组、跨学科项目组、班级学科教师项目组，双线融合项目正走向全面实施阶段。并且梳理形成了校内项目制管理机制，包括项目申报（申报、答辩、订立协议书、立项并公示）、项目实施（四定：定人、定时、定地点、定形式）、项目评估（部门评价+成果梳理=项目绩效）运行模式。将科层式、部门式管理与项目管理结合起来，部门工作主要在于引导、服务、评价。

项目管理考虑教师"成长和福祉"，关注教师工作激情的激发，对于激活学校学习型团队、自组织团队建设起到了较好作用。同时，我们也应关注，学校的发展目标要与教师的项目实践结合起来，在此过程中要考虑学校的"领导力"问题，以学校整体工作规划为引领，在教学实践现场去发现教师工作激发点；要充分发挥传统科层式组织的服务功能，将组织、督促、激励等形式落实得更具体，以帮助教师团队良性发展，引领教师团队持续性地钻研某个专项工作，真正深挖、吃透，固化效益高、创新性的工作主张。

"双减"是基础教育的重要转向，减负提质是基础教育的长期追求。学校在面对外部需求发生改变的情况下，唯有紧抓教师、课堂、学生三个核心因素，其中尤其以教师发展为根本，才能持续将"双减"要求落地。项目制改革不是新的管理方式，项目管理在校内落地关键是既要关注"绩效"，更要关注"意愿"，要通过这种"授权性""合作式"的工作方式，引领教师发现教学中的"创新点"、激发工作热情、在工作中追求高品质的常变、常新，切实提高每一堂课的质量，使师生经历一种幸福的教育生涯。

STEM教育：育人方式变革的有效途径
——合江中学STEM教育实践

四川天府新区合江中学　蒋万军　贺　礼

推进教育高质量发展是"十四五"期间教育领域的战略任务。育人方式的变革是当前基础教育改革的重难点问题，涉及家校社教育的方方面面，素养导向是核心。传统的传授式学科教学无法支撑起素养培育的重任，无法撬动家庭教育的优化，更无法联动社会。新的时代要求教与学用新的方式和路径激发学生的自主学习，实现从知识本位到素养本位的教育进阶。合江中学以STEM教育为抓手，通过Science校外联动，Technology和Engineering比赛带动、项目驱动，Mathematics校内互动，深入实践学科融合教学，重构教育生态。

一、打造教师团队为变革奠基

STEM教育对学校教师而言是新生事物，为增进教师对STEM教育的了解，学校在全校范围内开展了读书活动，以通识性阅读打开教师视野，形成共同成长的发展共识。在阅读后，老师们争相交流阅读成果，比如，科创李超老师以微讲座的形式为大家解读《STEM课程内涵》；数学贺礼老师基于"M"与大家交流读《数学思想概论》的心得。

为了推动STEM教育在学校的高效落地，学校积极送种子教师外出参加相关培训，种子教师培训后，返校对课题组教师进行内培。近一年，参加市级及以上相关培训的教师人数占总人数的130%。相较于学科教学，STEM教育没有统一的课程标准和评价方式。结合学校实际情况，学校采取了项目驱动，比赛带动的方式。根据区、市发布的相关比赛，以每一次参赛为一个项目，学校每个部门负责牵头，开展教学及研究活动。

在此基础上，学校聘请专家入校"看诊"，对项目进行精准指导，及时调整项目推动节奏，准确把握STEM教学研究方向，保证项目的高质量推进。2021年3月，德育处牵头的项目组准备策划风筝节，涉及了数学、物理、美术等学科，项目方案初稿形成后，邀请天府新区科创教研员满天老师"把脉"，满天老师结合项目实际和时代背景，建议大家改为学生更容易操作，并且容易取得获得感和成功感的风帆小车项目。

学校根据满天老师的建议进行了修正，开设了风帆小车项目并实施，规避了风筝项目可能出现的困难，精准地推进了项目，该项目在青年科普创新实验风能利用组比赛中成功突围三次，获得了四川省一等奖并代表四川省参加了全国总决赛。

二、多方联动为变革拓路

学校借力STEM教育的综合性，以从单个学科学习向综合素养生长为愿景，以多方联动的改革思路，项目驱动STEM教育校本化推进，形成了基于学科融合的STEM教育"4动"研究模式、四层六步项目驱动实施途径、"三结合"的培养模式等成果。

（一）基于学科融合的STEM校本教育"4动"研究模式

Science校外联动：受困于校内科学实践教学资源的匮乏，得益于学校倡导的基于问题解决的工作理念，学校借助馆校合作、亲子协同，整合了教育资源、拓宽了教育边界。在四川省科技馆的馆校合作项目中，学校组织学生到科技馆研学，开阔师生视野，激发学生求知欲、求真欲。比如科创实验班全体同学参加了四川电视台《科学大求真》节目录制，极大地调动了学生对学习的兴趣（图1）。科技馆也会送资

图1 STEM教育

源到学校，搭建微型科技展，夯实科技基础，保证全校学生人人可感知，人人可参与体会科学的魅力。

Technology和Engineeing比赛带动、项目驱动：这是学校STEM教育的核心部分，在现行没有STEM统一课程标准的情况下，学校选择科技比赛项目来带动STEM教育生根落地。每一个比赛，我们以项目的方式推动，项目式运转让师生都动了起来，他们都可以根据自己的兴趣爱好以及发展需要选择项目。在项目推进中，学校已形成了项目推进的模式，现运转良好，效果突出。这些项目很好地弥补了学校在技术和工程领域的教育短板，帮助教师在实践中形成了跨学科教学的意识，打通了学生各个学科学习的脉络，学科融合为学生的素养生长提供了沃土（图2）。

图2　学科融合为学生的素养生长提供了沃土

3Math校内互动：数学对学生科学精神、创新思维的养成有着不可替代的作用。为了让学生感受数学的好玩、数学的严密、数学发展的历史、数学竞技的精彩，每年3月，学校数学组会筹办数学π节。在π节，数学会有精彩纷呈的互动，脑图拼图、魔方、数独等游戏纷纷上阵，数学演讲、数学竞技轮番登场，极大地激发和唤醒了学生对数学学习的兴趣。受此影响和启发，理化生项目组举办了"理化生"活动周和科技节。11月的"理化生"活动周上，学生可以接触更多的有趣现象，能在项目组老师的协助下，动手参与感兴趣的实验。每期一次的科技节上，科技馆会送资源到学校，同时，学校也会对优秀的项目作品进行展览，在鼓舞学生的同时，吸引更多的学生参与。此外，学校家校共育项目组还开设了亲子搭建项目，借力STEM教育，沟通家、校、生三方，缓解青春期的亲子冲突，加深家校合作。

基于此，学校形成了STEM教育校本框架，详情如图3所示。

图3　STEM教育校本框架

跨学科是STEM教育的最主要特征，也是STEM教师与传统学科教师最主要的区别。

（二）"四层六步"项目驱动实施途径

项目驱动的核心于在落实，在比赛带动的背景下，学校形成了STEM项目实施的"四层六步"模式，详情如图4所示。"六步"是每一个项目推进的六个步骤。第一步是指接到比赛通知后，学校层面发布项目任务，各个项目组根据本组特点申领任务。第二步是项目组解读项目任务，制定项目导引。STEM教育活动的起点往往是真实的生活情境任务或问题，教学或学习都围绕着问题或任务的解决展开。教师需要引导学生分析问题、解析任务，同学生一起提出问题或任务的解决方案。第三步是项目组的教学实施环节，这样的教学并不是围绕着某一学科领域的知识体系开展的，而是围绕问题解决中如何应用学科知识而进行的。第四步是项目反思、深入实践。在此基础上进入第五步项目创新，师生设计作品。最后是将设计搭建成现实，进行技术应用。STEM教育将教师从传授者转变为学生学习过程的引导者、组织者和支持者。STEM教育的开放性使学生和教师成为一个共同体，师生相互支持、相互帮助，共同为完成一个目标而努力。

项目推进的六个步骤指向了基于自主、自学、实践、推广的四个层次。第一层确定项目、双选人员，体现了高度自由和自主，项目组确定项目后，师生进行双选，为双向奔赴的教育确定起点。第二层人员培训、组织参赛，需求和要求同驱，推动学生的自主学习。第三层深入实践、拓展创新，在学习基础上进行实践，在实践的过程中发现问题，在问题导向下，进入更深层次的学习，再进行二次创新，搭建螺旋上升的学习脚手架。第四层反思总结、渲染氛围,在项目的尾声,师生共同回顾全程,反思不足、总结所得,以优化不足为动力,进入下一项目的研究,以展示所得为要求,向全校推广经验,渲染学习和研究的氛围,用成就感强化责任心,用责任心保障学生的全面发展。

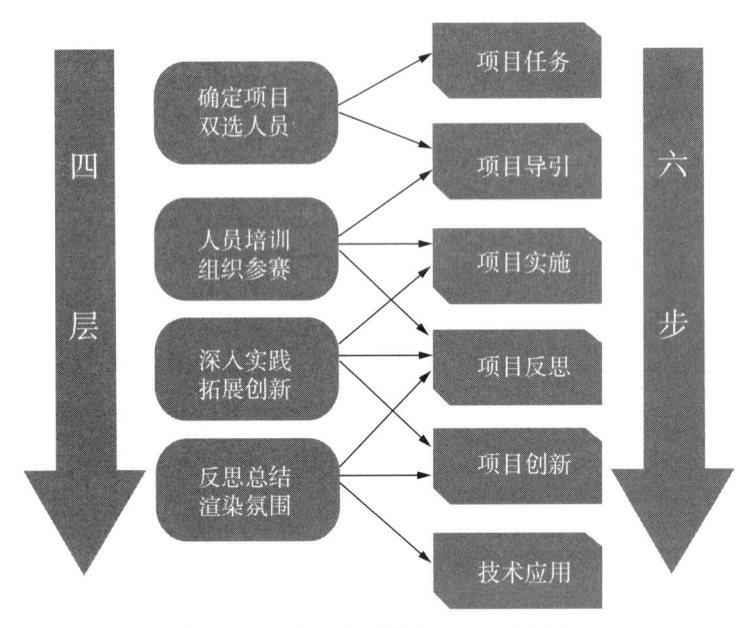

图4 STEM项目实施的"四层六步"模式

（三）STEM教育"三结合"的培养模式

在项目驱动下,学校采取了"社团+学科渗透+科创实验班""三结合"的培养模式（图5）。平时的社团课、周末开展的公益课堂科创实验班以及各个学科的课堂,都是我们实施STEM教育的阵地。这样的培养模式保证了

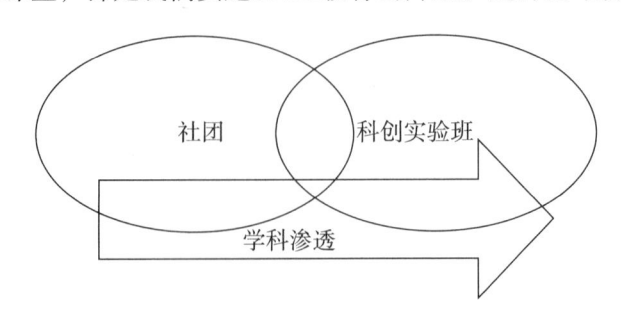

图5 "三结合"的培养模式

每个孩子有选择的权利，有参与的时间，有施展的空间，从而能在选择上有所获。科创实验班核心教师为学校外聘专业科创教师，学校科创教师为助教，教师寓教于学，师生共同成长。

三、多维评价为变革添彩

教学评价一直是一个重点和难点，在STEM教育的校本实践中，学校建立了过程性评价、多维度和多主体的三维评价体系。关注学生从项目招募开始，到项目结束的反思总结和校内展演中的过程表现。从语言、人际关系、自我认知、逻辑和创新五个维度关注学生的素养生长，采取互评和个人自评的方式进行评价。评价的主体包括学生个人、项目辅导教师、项目组同伴以及家长。基于项目的三维评价体系如图6所示。

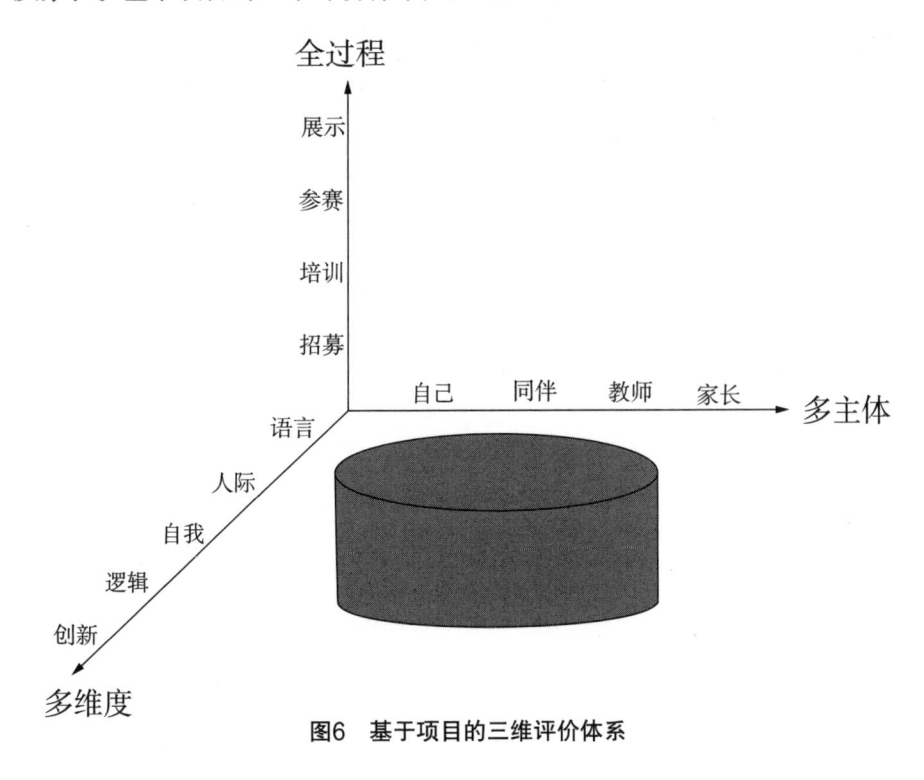

图6 基于项目的三维评价体系

STEM教育的实施，帮助学生认识了知识的作用，逆向寻找了知识的形成过程，对于理科及实验操作科目的影响尤其积极，学生的学习观得到了改变，学习的主动性转变明显，学习兴趣越发浓厚，思维能力也得到了提升，学科教学质量得到显著提升。参与STEM项目的学生出勤率达100%，学生乐在学校，乐在学习。学生的学习兴趣和学习观的改变也促进了家长观念的转变，他们由原来的反对、疑惑逐渐转变为接受、支持乃至亲自参与，极大地促进了家校协同。

教师方面，观念被更新，研究能力明显提升，对STEM教育，教师当初是不理解的，他们大都带有抵触的情绪，通过培训、学习，教师们了解该课程对学生科学精神、创新能力的培养有积极的作用，部分教师试着参与进来，随着研究的进行，参与的教师越来越多。教师们边学习边研究，不仅对课程本身兴趣提高，更可喜的是在这个过程中，教师教育观念也在发生改变，教育指导策略和能力增强，指导策略凸显习惯养成、自主学习能力培养，日常教学逐步"从教走向学"，从知识本位走向素养本位。多名教师在STEM教育的实施中，教学热情被激发，教学研究的激情被唤醒，他们及时将自己的实践反思梳理成文，先后发表获奖论文十余篇。学校被评为区"科技创新教育十佳学校"，获得成都市第36届青少年科技创新大赛团体一等奖等肯定。

综上可见，合江中学的STEM教育实践取得了较好的成效，引发了教与学方式的转变，重构了家校社协同育人关系，促进了学校育人方式的变革。今后，学校将进一步加强STEM教育，开发学科融合教学校本课程，进一步凸显课程改革的素养导向。

赋能教师，保障"双减"持续有效
——新津区普兴初中"双减"背景下的教师队伍建设

成都市新津区普兴初级中学　刘荣

2021年7月中共中央办公厅、国务院办公厅印发了《关于进一步减轻义务教育阶段学生作业负担和校外培训负担的意见》（以下简称《意见》）。《意见》对学校减负作出具体而明确的要求，"双减"就是要减去学生过重的作业负担，要增强对作业的研究和精心设计，要开展好延时服务进行作业辅导，要提高课堂教学效益保证减负提质。

要让"双减"政策在学校落地生根，任务就会聚焦到教师身上，教师是完成学校"双减"任务的关键要素。教师要摒弃传统思维、旧有观念和方法，明白这场改革的重大历史和现实意义，需要实现三大转变：思想认识转变、教育观念转变、教学行为转变。没有高质量的师资，绝不可能有高质量的教育，而教师的高质量主要表现为思想素质高、师德修养强、专业能力高。学校聚焦教师队伍三大素质提升，进一步加强与棕北中学的融合互动，开展有计划的交流、互动与学习，立足校本实际展开师德师风建设，推动校本教研，取得了成效。

一、学校教师队伍现状

新津区普兴镇初级中学建于1968年，是一所历史积淀较为深厚的农村单设初级中学。学校占地面积50亩，地处天府新区南区产业园的新津区普兴街道，地理位置优势明显，距离成都主城区直线距离仅30千米左右，交通便利，有成雅高速连通。学校环境优雅、景色秀美、绿树成荫、鸟语花香、具有先天发展优势。学校几代人苦心经营，创造了辉煌的历史，使学校教育质量在区域内农村学校居于领先地位，享有良好的声誉。一些优秀的教师脱颖而出，从学校走到区县机关和兄弟学校担任领导干部，有人说普兴初中就是新津的"黄埔军校"。一所农村学校，能有如此佳绩，实属不易。

二、教师建设方法与路径

（一）站在高点，把握"双减"前行的方向

教师的认知水平和思想觉悟，决定了其教育教学行为。学习党的大政方针、习近平总书记讲话、教育法律法规就显得非常必要。

教育要与党中央保持高度一致，培养什么人，为谁培养人，怎样培养人是我们要确立的基本价值追求，必须清楚为国育才、为党育人是教师的使命和担当。把党建和党史学习与学校的具体工作相结合，同解决实际问题结合起来，紧紧围绕建党100周年开展党史学习教育活动，组织收看习近平总书记在建党100周年重要讲话，用党的光荣传统和优良作风坚定信念、凝聚力量，用党的实践创造和历史经验启迪智慧、砥砺品格。

组织教师学习《新时代中小学教师职业行为十项准则》以及《中小学教师违反职业道德行为处理办法》《中华人民共和国未成年人保护法》（2020年修订）、《中华人民共和国教育法》（2021年修订版）。在学习中明确当代教师的权利与义务，规范自我的从教行为，明白教育的底板和边界。

组织教师学习习近平总书记关于教育的重要讲话精神，特别是关于减轻义务教育阶段学生作业负担和校外培训负担重要指示。集中学习、解读、讨论中共中央办公厅、国务院办公厅印发的《关于进一步减轻义务教育阶段学生作业负担和校外培训负担的意见》，思考和分析我们的教育教学中还存在什么问题？怎样破解？带领老师读懂文件、悟透精神，在思想上予以高度重视，并转化为教育行动，引导教师置身时代洪流，与时俱进，把握前行方向。

（二）突出重点，强化"双减"之下的师德修炼

良好的教育思想素养，是教师职业素养的核心内容，教师的职业道德是教师在从事教育工作中应遵循的行为规范和准则，它是教师道德结构中的主体部分，在培养教师的道德品质上面起重要作用。为此，一年来学校主要从

以下七个方面推动师德建设：

一是向楷模学习，组织教师观看在央视综合频道CCTV-1播出的2020年《感动中国》年度人物颁奖典礼。微信推送教书育人师德楷模：张桂梅、窦桂梅、丁海燕、孙浩、肖敏等先进育人事迹。让老师们在这样的学习活动中获得精神食粮，补充养分，找寻自己前行的方向，追求更高理想。

二是向身边榜样学习。设立党员示范岗、名优教师光荣榜激发教师积极进取，争先创优，一年来发展青年党员1名，培养区优秀青年教师1名。

三是设立普兴教师讲坛，示范影响和引领老师做"四有"好老师，开展6期讲坛，兰波、李政、韩丽萍、罗晓梅、杨玉洁、龚静涛等6位老师分享教育教学的心得。

四是严格纪律，行为示范。以每周师生共同参与的升旗仪式为抓手，要求全体教师整齐、端庄、肃穆，突出身教示范。严格集会纪律和工作纪律，让遵守制度成为一种文化自觉，而不是一种简单约束。

五是开展警示教育活动，规范教师从教行为，廉洁从教。近期观看警示教育片2次，通报教育系统违规违纪案例4次，并适时组织教师学习相关要求，做到警钟长鸣，不触底线，不越红线。

六是启动教师阅读计划，农村学校外出培训、学习机会不多，阅读是一种很好的丰富内涵的途径。推荐任正非《什么时候出发都不晚》、洛克《教育漫话》、夸美纽斯《大教学论》、苏霍姆林斯基《给教师的建议》《陶行知教育文集》等书籍，鼓励教师读教育之书，悟教育之法。

七是引导教师进行职业规划，每个教师制订未来成长规划，分步分阶段实现自我发展目标，引导教师追求职业理想，享受职业幸福。

（三）破解难点，促进"双减"之下的专业提升

"双减"政策就是实实在在地落实和贯彻党的教育方针的重要举措，在学校教育中不仅要明白减什么、怎么减的问题，还要清楚增什么、怎么增的问题。不同的学校具有不同的校情和学情，不可能是千校一策，一切都得从学校实际出发，对普兴初中而言，尽快提升教师专业能力乃当务之急，其最好的路径则是借外力和练内功。

一是借外力，充分发挥名校的辐射引领作用，挖掘潜力，用好用够名校资源，形成稳定的互联、互通、互动有效的运行机制：稳定干部派任机制、

常态互动联络机制、师徒结对牵引机制、跟岗研修培训机制、联合教研运行机制、课程资源共享机制。积极组织干部教师参加结对牵引、跟岗研修、联合教研、共享资源等。具体做法如下。

组织普兴初中全体干部参加每学期开学前的集团发展思路研讨会，提升干部的理论认识和实践能力，借鉴集团的管理和运作模式。

组织全体教师参加集团开展的毕业年级教师岗前培训和起始年级教师上岗培训，明确工作目标、工作方法和工作策略。

组织班主任参加主题交流，学习班主任班级管理方法和技巧，学会处理好班科教师协作共育的关系，掌握家校良好沟通、配合的基本策略。

参加棕北中学名师示范课、青年教师赛课、新教师汇报课、学科教备组集体备课、常规研究课等教学研究和交流活动，在联合教研中普兴教师加深了课标理解，提升教材教法的把控能力，对教学设计和课堂创新有了一些改进。

二是练内功，积极开展校本教研，把外驱力转化为内驱力，激发内生动能，建立健全校本研修机制，以教研组为单位每月一次集体备课——研究新课标、研究教材教法、研究考试走向、研究双减策略（作业布置）；一次课堂观摩——每次一名教师承担观摩课、全组教师观课议课；一次跨区学习——走进棕北中学等观摩学习；一次主题交流——各组做好交流安排，进行小课题研究。

三、成效与思考

（一）主要成效

教育教学质量稳步提升。学生综合素质得到发展，参加各级竞赛取得优异成绩，艺术体育均有获奖，体育篮球每月一赛男女分别获得新津区亚军、冠军；学业水平成绩优异，中考一次合格、全科合格、普高上线居农村初中第二；学校党支部获得区教育系统优秀基层党组织等荣誉；在教育督导综合评估中获得新津区教育局表彰。

教师专业能力提升，一年来，45名教师有32篇教师论文获市级奖励，2名教师参加市级教学技能竞赛，1名教师获得区青年优秀教师荣誉，1名教师在区名优教师考核中获得优秀。

学校声誉和社会口碑不断提升,办学规模进一步扩大,2021年7月金华初中,在校生人数近600人,成为区域内规模最大的农村单设初中。

互动联盟取得新的进展,逐步形成稳定、常态的运行机制。每年度开展两次案例分享和经验交流活动。

(二)思考未来

教师的专业素养和专业能力的提升非一朝一夕之事,需要持续不断用力,一方面依靠借助外力(联盟学校)的持续输血,另一方面更要加大学校自身的造血功能,才能引导学校健康、持续发展。把外驱力转化为内驱力,激发内生动能,需要健全和完善激励机制。当前校本教研平台基本建立,学科教研活动已经开展起来,也得到了教科院一些好的评价,但离真研究、高质量还有很长的一段路,需要不懈努力。

促进教师队伍发展的形式和内容还比较单一,还需要进一步拓宽思路、丰富内涵,比如开展一些团建课程等搭建一个队伍建设的基本框架,引导老师变被动为主动,积极主动地自我革新,把自我提升作为内在需求。

研究现代信息技术手段运用,以希沃白板平台为支点,促进课程、课堂变革,促进教育观念更新,促进教育教学方法改变。

未来可期,借助"双减"政策的春风,普兴人以自己特有的朴实的教育情怀,秉承"教天地人事,育生命自觉"的教育追求,坚持"奋斗就是生活,人生唯有前进"的人生信念,以观念更新、课程建构课堂变革为支点,持续着力于"双减"政策的落地生根。把学校建设成为教师舒心、学生喜欢、家长满意、社会认同的家门口的好学校,这就是普兴初中不懈奋斗的价值追求。

"双减"下的体育教学与学生体质健康发展

棕北中学西区实验学校 林庭矗

国家下决心要全面压减作业总量和时长，减轻学生过重作业负担，从健全作业管理机制、提高作业设计质量、加强作业完成指导以及科学利用课余时间几个方面，全方位地帮助义务教育阶段的学生减少作业压力，规范教师职责，让教育回归学校，彰显教育的本质。体育新中考从原有的50分变为60分，体育课时增加，更多的体育项目纳入中考……"双减"之下，学校体育该如何发力？怎样助力初三学生圆满完成体育中考，校内体育会有怎样的变化？怎样教会三大球、怎样抓住拿分点，怎样有效练习？

一、转变思路优化备课

体育新中考给所有体育老师提出了新的要求，对学生提出了更高的身体素质标准。家长也越来越关注孩子的身体健康和身体素质的发展，也更加重视孩子的体育锻炼。学科核心素养是学科育人的重要目标，分析研读教材，就是要对准学科核心素养这个靶心，确定"把学生引到哪里"，只有全面把握体育新中考和教材的前后联系，深入挖掘教材蕴含的学科核心素养要素，才能使课堂教学实现有的放矢。

"双减"政策下，学校和体育教师应该做到：研究中考考点，研究学情与教材，提高备课实效。在基础学科减轻作业负担以后，学生利用空余出来的时间，进行身体锻炼和做体育项目的特长发展。这样可以避免家长担心孩子放学后因为作业减少，而晚上一直玩手机的焦虑。

备课是教学流程的起点，抓减负，要首抓备课。为提高备课实效，学校教师按年级组备课，在学期伊始各年级在备课组长的带领下，老师们把期末要考核的内容先拟定出来，然后根据教材所要求的必修教材和选修内容，再进行合理分配。把每个项目对应的课时数清晰明白地规划到本期的体育教学中，这样每一个体育老师就可以得心应手地完成自己的教学安排和调整自己的教学进度。

学校在六年级、七年级实行基础体育行政班，在八年级实行走班制，在九年级进行行政班+合班课的结合。这样开展起来，在学校就读的学生可以在低段打好体育基础，比如田径类的各项身体素质的练习，到了中段就进行球类的分类学习和选项，到了高段的九年级就进行针对中考的身体素质练习和球类拿分练习。每个年级的体育老师都认真研究学情与教材，而不是"复制粘贴"电子教案，全组14名体育教师手写教案，备重点，备每节课的核心锻炼点，根据年级特点和体育项目特点仔细做好各年级教材备课工作。这样可以找到体育学科更多拿分点，也可以提高学生的有效练习。

二、分层次布置体育家庭作业

体育学科恰恰避免了基础学科的超前学和过量家庭作业等问题，能给学生减压，还可布置身体锻炼类和亲子运动的家庭作业，又轻松又愉悦。减轻了基础学科作业负担，就可以在完成书面作业后参与体育锻炼的学习与探究。

教师可以分层次给学生安排体育锻炼的运动方式，有针对性地让学生在不同方面进行提升。比如有的同学需要减脂，有的同学需要提升上肢力量，有的同学需要提高下肢肌肉力量，有的同学需要提升身体的整体协调性，有的同学需要提高耐力练习等，这样真正去实现体育学科的因材施教。同时亲子运动的引入也能弥补部分家长和青春期孩子的关系，协调家长与孩子的关系，从而让父母多去陪伴和关爱自己的孩子，而不是让孩子觉得家长只给他们心理压力只要求文化成绩。这样一来孩子也愿意放松心情，在体育锻炼的时候和家长沟通和互动。

此外，体育教师还应研究作业管理效能，提升课后作业的"质"，把握中考考点，准确把握学科性质，积极开发利用课程资源，创造性地使用教材，将作业设计作为课题来研究。例如系统设计符合年龄特点和身体特点、身材特点、体现素质教育导向的体育锻炼性家庭作业，积极尝试分层作业和个性化"运动处方"作业等多种开放式作业形式，因材施教，杜绝机械重复的无效性体育锻炼及体罚性作业等。

设计指向性作业，强化反馈功能。体育教师不仅要从作业总量上做到"科学合理"，也要从作业形式上做到"丰富多样"。在教学实践中，教师可以根据班级学情，通过布置分层、个性化作业，为学生提供更多的作业菜单，让学生回家后拥有选择作业的权利和机会。

在开展教学过程中，教师既要从质、量、形上做好家庭锻炼作业的布置，也要及时做好家庭锻炼作业的反馈。一方面对锻炼有困难的学生和有畏难情绪的学生，加强正面的引导；另一方面对这一部分学生锻炼作业进行相对简单的动作练习，并及时激励表扬，不断增强其学习自信，对有亲子运动的家庭进行肯定和表扬，让体育家庭作业成为学生晚上回家展示的平台以及亲子关系的好桥梁。

亲子运动是实现家校共育的有效途径。如果说教师的教学能力是家长信任教师的前提，那么良好的共情体验和有针对性的讲授能力，则是获得家长信任的重要条件。作为教师，精准解决学生困难、培养自主解决问题能力离不开学生父母的携手努力。教师要注重和家长进行沟通，给予家长科学实用、容易操作的家庭教育方法指导，让家长做好学校教育的有效"助攻"。

三、组织深度练习，培育核心素养

笔者认为，"双减"政策下的体育课堂教学，应聚焦学科核心素养，突出学生的主体参与，组织学生开展深度练习。深度练习不是"深"在体育项目难度上，而是要精心设计问题情境和探究活动，激发学生主动探究的欲望，引导学生借助已有体育技能和经验，开展探究性学习。

当学生带着积极的情感"愿参与"，借助已有认知经验"能参与"，通过多种感官或行为"真参与"，学生获得的不仅仅是知识技能，而是能够带得走、用得上的学科素养。学生在课堂上实实在在用3分钟获得的发展与提升，是课后进行10分钟的补习也得不到的效果。

因此，一线教师要用好课堂教学的每一分钟，增强课堂教学的目标意识和效益意识。课堂学习的效益高了，学生在体育课上获得了身体得到锻炼、方松的愉悦感，就可以促进身心健康发展，带着愉悦的情绪、饱满的精神投入到其他基础学科的学习中。

教师引导学生在校期间充分利用大课间的休息时间进行深度练习，提高大课间锻炼的质量。学校采用分年级的大课间形式，九年级的强度比其他三个年级都大一些，先密集跑；然后由九年级的一名体育教师带领大家做核心身体素质的深度练习，同时监督个别可能偷懒和对动作质量完成不到位的同学。七、八年级大课间做常规广播操，然后结合密集跑，让八年级同学慢慢过渡到九年级的强度中。六、七年级做广播操加跳绳，这样既充分利用了低段学生活泼爱动的特点，又充分利用好了学校的操场。

为保障大课间的锻炼效果，在大课间期间不仅有体育老师到各年级指导巡视，还有学生会体育部的同学会在每个年级进行每天锻炼情况的登记和反馈，及时在队伍后面提醒和向班主任反馈，这样起到了很好的作用。

四、对学生多元评价，实时调整教学内容

在"双减"背景下，教学上进行创新是必要的。随着学生体育课时的增多，教师只有用创新的教学手段，才能实现学校教育的多样性，提升学校教育的质量，让学生愿意上体育课，且锻炼效率有所提升。

其一，从小处着手。比如改变教与学的方式，运用高效、趣味的授课工具，新颖创意的教育方式（微课、VR）提高授课质量和学习兴趣；也可以用平板电脑录制下学生的锻炼片段。例如行进间投篮练习，把学生整个运球投篮过程拍摄下来，然后进行分组学习的时候，让每个小组自己观看组内同学的运动技能，让他们互相纠错和相互指导，达成效果比预想的更好。

其二，精心研究学情。研究每节课学生"在哪里"，研究教材，就是要研究每节课应把学生"引到哪里"。"双减"下的体育课堂教学应让学生有更轻松的心态来参与体育课，让课堂教学更加生动而有实效。

其三，学习形式多样。课堂上除了教师的讲解，还可以组织同伴互助、小组共学，让每个孩子都"在场"。在保证孩子掌握基础运动能力知识的基础上，还要通过学校教学培养学生的多元体育运动能力，在有限的课时中开展创新课程，这对教师来说任重道远，也是教师专业能力提升、开放心态眼界的过程。

其四，以评促建。教师需要对"多元评价"的内容、维度、标准有更深入的了解，为学生制定科学的评价方案，用增值性评价客观判断不同类型学生的成长，让学生"看见自己"，努力做最好的自己。同时，教师还要适时向家长解读孩子"多元评价"结果，从学生的性格特点、特长爱好、人际关系等多方面给出反馈，通过家校携手，为学生全面、个性化的发展做好规划。

五、丰富多彩的校园运动会，提升学生体育素养

棕北西区实验学校的运动会有室内素质操比赛、有年级的篮球比赛、有田径运动会、有武术操比赛。室内素质操比赛全班参加，年级篮球比赛由班级的篮球队组队参加，田径运动会更是丰富多彩，其中有集体的接力赛、有拔河，还有集体投篮、足球绕杆、跳长绳、趣味两人三足、赶小猪，等等。经过一系列措施，学生全员参与、全员协作、互相帮助、互相鼓励，不再是运动场边的看客，不再是跑道边默默无闻的旁观者，大家都成了运动场上的主角，尽情享受运动的快乐：考验灵敏度和协调性的"我是大力士"、充满趣味的"赶小猪"、唤起童年回忆的"夺冠高手"、团结协作才能胜利的"拔河"、欢声笑语的"滚大球"、融合了篮球与短跑的"抢地瓜"、带来阵阵笑声的"车轮滚滚"、紧张刺激的"穿越火线"、齐心协力才能完成的"丢沙包"……一队又一队意气风发的少年在赛场的中央拼搏，一阵又一阵加油助威的呐喊声在赛场的周围响起，全员运动会的12个项目各具特色、丰富多彩，场上的每一个人都动起来了。

通过运动会的开展，可以选拔校队人才，培养体育尖子生，形成5%左右的精英队伍，代表学校参加区、市、省比赛，各班级都有体育苗子，通过比赛，形成了各班的班队文化。

"双减"后，让同学们比以前更自信，更阳光，更活泼，体能变得更强，更有耐力。在运动中，沉重的思维得到锻炼，反应更灵活，对学业提升也有帮助，学习更专注认真，态度更积极主动，遇到困难总能主动出击想办法解决。学校的体育教学助力学生的中考，也让学生的体质更上一层楼，并让学生养成主动参与体育锻炼的意识，受益终身。

第二篇 "双减"的探路

从"双减"迈向"双赢"

成都市棕北中学 丁世明

为全面贯彻党的教育方针，落实立德树人的根本任务，学校教育既要做好减轻学生过重作业的减法，又要做好课堂提质增效的加法。棕北中学追求从双减到双赢，赢在师生双方都要全面、健康、个性的发展。自建校起棕北中学始终坚持师生双主体发展，把教师发展作为学生发展、学校发展的基础，形成了一支"德高""学高""能高"的高素质教师队伍，致力培养"健康体魄，丰满人格，国际视野，扎实学力，全面素质，可持续发展"的中学生。

一、以牢记教育的初心与使命为方向，驱动教师的专业发展

华东师范大学课程与教学研究所所长钟启泉教授认为，教育改革的核心在于课程改革，课程改革的核心在于课堂改革，课堂改革的核心在于教师的专业发展。课程建设和课堂改革离不开教师的成长，学生的发展维系于教师的成长，学校保有生命力在于教师的成长。

棕北中学在25年的办学历史中逐渐形成个性化的教师专业发展"密码"——"三研""四学""五课""四训"。"三研"（常规教研、主题教研、课题研究）是基础，"四学"（学课标、学教材、学理论、学网络技术）是根本，"五课"（练兵课、推门课、汇报课、竞赛课、示范课）为要点，"四训"（走出去培训、请进来培训、校本培训、师徒结对的帮扶培训）则是重要突破口。这一组"密码"，助力棕北形成集团内、学校间、区域内的多层次教师能力提升体系。

依托政策指导，明确课堂教学规程。为落实教育部"让学生在校内学足学好"的要求，切实提高学校干部教师的认识，把思想和行动与中央、省市区委、政府关于"双减"的部署要求相统一，棕北中学注重全面提高课堂实效，不断深化课堂教学改革，推进低负荷高效率教学，学校教学部门将各级各类教育主管部门下发的文件、法律法规集结成册，校长通过"校长讲堂"、名校长工作室等契机，为教师解读政策，带领教师深入学习逐项落实。学习+交流的政策学习模式，用政策引领教师的教学行为，作为衡量教学效果的一把尺子。有政策保障，教师感受到有法可依、有据可循，课堂教学更加得心应手。

系列措施使学校众人高度统一了认识，学校以"三大工程"建设为抓手，助力教师专业发展。

一是卓越教师孵化工程。充分应用六个名师名校长工作室、教育科研、教改项目研究等载体，做实教师四项关爱计划、五项教师职业幸福计划、校长职级制改革、名师优师评选、教育影响城市EPC年度盛典等活动倾力打造卓越领军教师群体。

二是骨干教师提升工程。其一，加强课程课堂改革实践，引领骨干教师精研课堂教学、提升课程实践能力；其二，在充分利用现有的各级师培师训平台的基础上，为骨干教师拓宽专业发展道路；其三，建立师大博士站，积极推进教师学历提升，深入开展教师阅读活动，做实教学反思和教育叙事，全面促进骨干教师专业精进素养提升。

三是青年教师培养工程。以"一年适应、两年入格、三年成熟"为青年教师成长目标，以一对一名导师制师带徒助力培养，以课程与课堂实践为核心，通过多元研训模块，促进青年教师快速成长。

二、以追求教育最优化和效果最大化为目的，驱动课改创新

学校发展全面融入新时代，深刻理解"双减"政策，认真落实"五项管理"，实现教育现代化的重大转型。我们持续聚焦核心素养、核心能力（即"双核"）培养，深度理解与落实新课标与质量标准，系统完善多元评价机制，深度推进五育并举、五育融合、"三三六"课程系统建设和融合实施，成就育人新高度。

学校全面深入推进"以学习者为中心"的现代课堂建设，深化双线融合式课堂改革，强化学科课堂的育人价值，坚持先学后教、以学定教、分层分类教学，通过"五卡联动"融合式学本课堂创生，积极构建高品质课堂，形成智教乐学新生态（见表1）。

以学习者为中心的"双线融合式"现代课堂，强化学习共同体合作互助、大力倡导实践探究和体验学习，坚持两个关注的课程观（既关注师生现在，更关注师生未来），倡导"五卡联动"教学思想，实施"五卡联动"，通过收集课堂真问题到解决问题，让课堂从散点走向系统、从浅表走向深度，从知识讲授走向素养培养。

表1 "五卡联动"

预学卡	课前预学系统精心设计前置性学习单，让师生不打无准备的仗，凡事预则立，不预则废
问题卡	基于每节课核心问题及系列子问题设计，采用1+N模式，突出重点，突破难点
智学卡	当堂理解及学会应用新知识、新理念、新方法，学科育人落地，追求理解的教学设计
激励卡	适时发现，小试牛刀，突出闯关和激发兴趣，任务型检测当堂课学习效果
拓展卡	运用多元智能理论，知识拓展和迁移，指向核心素养核心能力，满足更高层次学习要求，个性化地制定任务学习单，实现学生"吃得饱""吃得好"

三、以双减为新突破口，抓实作业管理，驱动依法治理

针对出台的《中小学作业设计与实施指导意见》，我们要求作业设计凸显素养导向。作业设计既要体现基础知识、基本能力和基本素养，又要体现综合运用不同学科知识和方法分析、解决问题的能力；突出应用性、创新性，强调学以致用，培养批判性思维和创新性思维，帮助学生巩固知识、形成能力、培养习惯，引导学生形成正确的必备品格、关键能力和价值观念。

作业设计还必须树立系统观念。坚持"教·学·评·测"整体推进，

系统设计各学科、各学段序列化作业。统筹教学目标、教学重难点、教学内容、作业设计、作业实施、批改反馈、评价改进等要素，确保课程、教学、作业、考试等全面育人的系统性和一致性。使学校教育教学质量和服务水平进一步提升，作业布置更加科学合理，学校课后服务基本满足学生需要，学生学习更好回归校园。

学校以提升作业品质为核心，以"备作业"为抓手，以优化作业设计为手段，聚力深化作业改革，努力走上作业品质增、效能高、总量减的轨道。通过组建学科作业研究小组，优化作业设计。教师要提前试做拟布置的作业，在作业形式、难度、类型、数量和结构等关键环节做精做细。作业布置上，重难点指向明确、表述规范、便于操作，题型题量合适，难度适切。避免机械、无效训练，严禁布置重复性、惩罚性作业。不得使学生作业演变为家长作业。每天书面作业完成时间平均不超过90分钟。周末、寒暑假、法定节假日也要控制书面作业时间总量。

作业批改要认真及时、工整规范。既要关注作业的结果，更要关注作业过程与作业习惯，发挥作业的教育效益；既要落实作业的全批全改，更要分析学生作业错误的原因，优化教学过程。做到点面结合，集中批改与当面批改相结合，探索课堂作业互评互改，指导学生及时订正作业。

学校课程与教学中心指导落实教师优化作业设计与实施。在由武侯区教科院各学科作业督查小组的指导下，学校创建双优质学科组，组织开展优秀作业评选与展示交流活动。实施分层分类教学，分层分类布置作业，学校规范了《作业日志》《作业公示制度》《优质作业展评制度》《作业辅导过关督查制度》《作业分层布置要求》《作业批改督查制度》等规章制度，深入贯彻落实《中华人民共和国义务教育法》《中华人民共和国未成年人保护法》等法律精神，在法律的框架内明确各项政策，做到有法可依、依法实施。

为了优化创新作业类型，学校通过选择重组、改编完善、自主创编等方式，提倡情境化、活动化、趣味性、综合性、主题式、大单元和跨学科综合性作业，合理布置相应的科学探究、艺术欣赏、劳动体验、社会实践等多种类型作业。综合实践活动着眼生态文明建设，擦亮劳动服务、研学旅行和职业考察体验等优质课程品牌。

四、以教学视导和教育督导为保障，驱动督导考核科学化

落实双减离不开评价改革。有什么样的评价指挥棒，就有什么样的办学导向。按照中央相关决策部署，必须紧紧抓住教育评价改革这个"源头"，"双减"政策才能真正落地见效。

首先，强化综合评价，突出素质导向。要通过完善德育评价、强化体育评价、改进美育评价和加强劳动教育评价，切实引导学生坚定理想信念、厚植爱国主义情怀、加强品德修养、增长知识见识、培养奋斗精神、增强综合素质。条件成熟时，要把综合素质测评与学业考试成绩提到同样的分值和权重上来。

其次，重视过程评价，改善教学效果。要加强学生课堂参与和课堂纪律考查，在积极引导教师和学生树立良好教风、学风的同时，通过增强课堂观察、完善成长记录档案、运用二次评价及延迟判断、改进过程考核方法等途径，建立师生沟通渠道，健全教学跟踪机制，促进教学相长、提高教学效果。

再次，改进考试评价，缓解学生压力。今后，针对义务教育阶段学生的考试测评，要进一步体现素质教育导向，注重考查基础知识、基本技能和教学目标达成情况，不出偏题怪题，减少机械记忆性试题，防止试题难度过大，以真正降低学生重复刷题和过度培训的压力。

最后，探索增值评价，激发学习动力。增值性评价是通过关注学生一段时间内在原有基础上的进步程度，衡量教育效能的高低。在基础教育尤其是义务教育评价上，我们可以积极引入增值性评价，在学校教育和社会实践各个环节上，探索建立起各具特色的增值评价体系及相应的激励机制，对学生德智体美劳各个方面的每个进步、每点提升、每次飞跃都给予客观记录、全面汇总和及时褒扬，最大限度激发学生内在动力、点燃学生持久热情，从而推动形成健康向上的学习氛围和生动活泼的教育局面。

为切实保障减负提质增效，棕北中学通过集团视导制度和责任督学督导、区教育局督导制度，通过过程性质量监测评价，视导组和责任督学发现问题，学术委员会反馈问题，责任处室整改问题，责任督学回头看检验落实这一完整、闭环式链条，积极构建教育治理新秩序（见表2）。通过督导

整改、科学作息、作业适度适量、手机管理、近视防控等方面的问题迎刃而解。学校荣获武侯区督导考核一等奖，校长作为成都市人民政府教育督学，荣获成都市优秀督学光荣称号。

表2　棕北教育集团视导工作安排表

时间	工作内容
7：30	视导组长在被视导校区行政办公室指定地点（桐梓林校区二楼会议室）领取相关评估表格和资料，召集齐组员后开展视导工作
7：30—8：00	学生入校情况、班主任到班情况、学生保洁、早读前班级秩序和早读情况等
8：00—12：00	到班听课2～3节（课后要及时与上课教师反馈），视导教学、德育、校园文化环境、行政管理、后勤服务与安全等情况，深入教师办公室检查备课与作业批改情况，与老师沟通交流、了解教师工作情况、氛围，了解教师对学校各部门工作的意见和建议
12：00—14：00	了解学生午餐与午休情况，各组汇总视导情况，做好反馈发言准备
14：00—15：30	（1）由被视导校区组织全体行政干部、教备组长、班主任会议，各视导小组组长向参会成员集中反馈视导工作中发现的问题（每位组长发言时间为10～15分钟） （2）被视导校区负责人发言（10分钟） （3）校长总结

视导主要以"聚焦高质量发展，聚焦品质提升"为目的，从学校发展角度出发，一是发现问题、正视问题、解决问题；二是发现经验与亮点，通过完善管理、夯实细节，帮助被视导校区更好地实现内涵发展、助力高品质发展。

五、以家庭、学校、社会合力共建为途径，驱动教育共同体助力

高质量的教育体系，应该是家庭、学校、社会协同育人，各归其位，充分发挥自身的教育职责，同时彼此理解、支持和配合，促进家庭培养孩子的目标与国家人才培养的目标相平衡，以及孩子当下成长的需要与未来持久发展的需要相平衡。

学校引导家长充分认识孩子的独特性，尊重孩子成长规律，合理设定孩子成长预期，科学安排孩子学习内容和方式，关注孩子身心健康，在孩子的习惯、能力、素养、观念和品行的培养与塑造中充分发挥家庭教育的功能。学校以作业管理为切口，建立家、校、社良性循环和互动的教育体系，合力共建理性的教育质量观，共同营造有利于孩子健康成长的环境，如图1所示。新时代背景下，国家将家庭教育由传统"家事"上升为新时代的重要"国事"，使重家庭、重家风、重家教的观念深入人心，进一步提升家庭、学校、社会共育质量。让学校成为师生健康成长、和谐发展、智教善学、持续进步、幸福生活的精神家园，为武侯建设"国际商务高地·人文宜居武侯"贡献棕北教育力量。

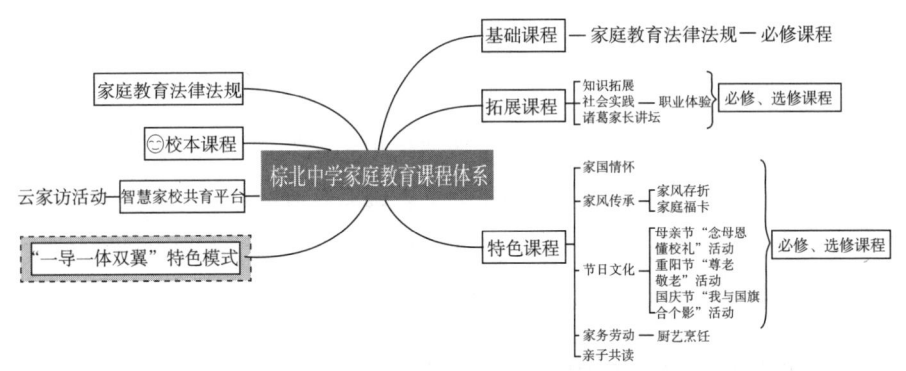

图1　棕北中学家庭教育课程体系

为加强家庭教育管理，学校建立完善了相关规章制度，如"家庭教育校务委员会岗位职责""家委会章程""家长开放日制度""家长试餐制度"等，使各项工作做到有计划、有目的地进行，减少了随意性和盲目性。有针对性地开展"送关爱、送学法、送温暖"的家访活动，尤其是疫情期间，学校坚持做好"见屏如见面　温暖心连心"云家访活动，做到"一家一访一策"，收效甚好。"双减"目标不能只靠家庭和学校任何一方的努力去实现，教育现象的背后，是一个家庭、学校和社会各界环环相扣的，包含理念、方法与机制的复杂系统。只有家庭、学校、社会协同发力，"双减"才能真正落地。

"双减"我们这样做

西昌宁远学校 易华德

有效减轻义务教育阶段学生过重作业负担和校外培训负担，学校要发挥教育主阵地作用。学校要坚持以学生为本，遵循教育规律，着眼学生身心健康成长，开足、开齐、开好所有课程，整体提升课堂教学质量，加强作业管理，全面开展课后服务。

一、开足开齐开好所有课程

家长之所以花时间精力让孩子参加校外培训，少部分原因是顺应孩子爱好，培养兴趣特长，更多还是觉得学校的课程设置不能满足学生成长发展需要。学生参加的校外培训，很多还是音体美等艺术熏陶课。而这些课程，在相当多的学校，特别是欠发达地区学校，由于编制等方面的原因，音体美专科专任教师严重不足，由语文、数学老师兼任的情况很多。有些学校专业音体美教师，也被动员去上了语文数学等所谓的主科。许多学校的音体美课要么被占用，要么成了摆设。学校教育不能满足孩子兴趣爱好发展的需要，家长本着"不能输在起跑线上"的观念，也许经济并不宽裕，也咬牙让孩子报名参加校外培训。下午放学后及周末节假日，学生主动或被动地奔走于各个培训学校或家庭式辅导机构，身心疲惫，这增加了家庭的负担和社会的焦虑。

要减少学生校外培训负担，学校要开足开齐开好所有课程。特别是要开足开齐音体美微机科学等传统意义上的副科，想办法聘用专业教师上好专业课，组织好大课间，开展体育节和艺术节，让全体学生在学校受到良好正规的教育。同时开展丰富多样的社团活动，让那些有兴趣爱好的学生发展其特长。西昌宁远学校在存在音体美等学科教师不足的情况下，也尽量想办法开足开齐所有学科，加强课程管理，上好所有素质课程，让学生得到全面发展，让大部分家长安心于学校教育提供的素养保障，主动放弃课外培训。

二、整体提升课堂教学质量

学生作业负担和校外学科类培训负担过重，还有一个重要因素就是学校教师的课堂教学质量不高。一些教师个人专业素养不高，教学管理能力不强，教学方式单一，对自己的课堂教学缺乏自信，又想要提高教学质量，只是一味地多布置作业，试图通过题海战术让学生接触尽可能多的题，增加碰到考题的概率从而得到高分。同时，部分家长对教师的教学不满意，为了提高孩子的学业成绩，报名让孩子参加校外学科类培训。学生放学回家既要完成学校老师布置的作业，又要完成校外培训学校老师布置的作业，作业负担重自不待言。

课堂是学生学习的场所，是育人的主阵地，是学生身心成长的沃土。课堂教学是学生在教师的引导下眼界开阔的过程，体验加深的过程，生命成长的过程。落实"双减"，学校要整体提升课堂教学质量。

健全教学管理规程。要把对教师上课的一些基本规则和流程梳理明确，特别是要把新课程理念融进规程里，引导并要求教师按规程教学，避免教学的各行其是，缩短青年教师自行摸索教学规律的成长时间周期，引导教师从教学的经验主义者转向先进理论的自觉践行者。

要引导教师围绕新课程理念三维目标开展教学。教学是培养人，不是培养学习的机器。在教学的过程中，眼中一定要有人，不能把学生当作盛装知识的容器，不能把学生当作教师获取成绩的工具。要讲清重点，突破难点，要教育学生掌握基本的知识与技能，教学中要联系学生已有学习和生活经历及体验，帮助学生理解并加深印象。学习过程也是学习的重要组成部分。教育者不要太心急，要等学生去体验、去尝试、去发现，逐渐形成自己的学习方法，掌握一些生活的技能，触动自己的情感体验，形成一些对人对事的态度，养成正确的价值观。

要引导教师重视复习巩固所学课堂知识的过程。课堂教学要讲授新知，也要重视引导学生复习巩固。根据记忆遗忘规律，如果学习不及时复习练习，掌握的知识很快就会忘记；如果及时复习，遗忘的速度就要慢一些。不重视复习的学习，不论教师课堂上讲得多么精彩，考试成绩多半不理想。复习巩固是提高阶段性学习成绩的一个重要环节。复习巩固在教学环节上表现为新授前几分钟对旧知的温习，也表现在新授后的练习巩固。要综合运用复习巩固的方式：回忆、背诵、练习、综合实践等。重视学业的复习巩固，学生成绩自然能提高不少。也有一些教师虽平时上课生动有趣，深受学生欢迎，但对复习巩固重视不够，教学成绩自然也不太理想，所以复习巩固必不可少。

三、加强作业管理

中小学教育要求学校要遵循教育规律，着眼学生身心健康成长。过重的学业负担，不利于学生的身心健康。学生一天到晚待在教室赶作业，下课很少出教室。周末和节假日忙赶作业，不看风景，难得玩，难得锻炼。久而久之，孩子体质下降，眼睛近视，性格孤僻，这肯定不符合我们教育的培养目标。教育要为党育人、为国育才，要培养社会主义事业的建设者和接班人，我们要培养德智体美劳全面发展的时代新人。学校教育，不能把学生的大部分时间放在完成学科作业上，否则就会挤占学生锻炼的时间、与同学交流沟通的时间、探究思考的时间、发展兴趣爱好的时间，甚至学生休息睡眠的时间等。

学校要加强作业时效管理，切实减轻学生的课业负担，尊重学生的成长规律，保护学生的休息权利。

加强对作业数量和时长的监管。学校设计作业明细单，要求作业布置时老师要预估作业时长，由班主任统筹，每天在教室和家长群里公示，然后上报学校双减管理办公室，学校再对各班布置作业情况进行检查。

提高作业设计质量。学校在三年级以上年级尝试开展学科家庭作业设计活动，以基础性作业为主，设计适量的创新性、探究性、活动性作业。坚决杜绝重复性、惩罚性作业。

四、提升课后服务水平

为减轻家长接孩子的实际困难，减轻家长因孩子参加校外培训的资金压力，满足孩子完成作业需辅导的需要，培养学生的兴趣特长，充分发挥学校育人的主体责任，国家要求义务教育阶段学校全面开展课后服务。学校开展课后服务，是切实增强人民群众的获得感、幸福感的一件民生实事。

学校要在主管部门的指导下全面实施课后服务，并提升课后服务水平。

明确课后服务内容。课后服务时间教师主要督促并辅导学生完成学科作业，对学生进行个别教育，不讲新课。同时学校在课后服务时间对学生穿插进行音体美学科能力拓展训练，丰富学生课后服务时段的学习生活。另外，学校为一部分学科作业完成快，有进一步发展兴趣特长需求的学生开设了社团课，请专业老师对他们进行专业训练。

加强课后服务管理。学校有专门部门和行政负责课后服务工作，定期检查教师开展课后服务的状况，对课后服务中存在的问题及时研究解决，同时，要求社团在学期末进行成果展示。

"双减"，减的是学生过重的作业负担和校外培训负担，增加的是学校责任的担当和管理的落实。落实"双减"政策，学校担负起教育主体责任，勇于改进，开拓创新，我们才能打造让人民更加满意的教育，才能培养更加全面的新时代接班人。

"双减"背景下家长如何科学看待孩子的学习成绩
——适度期待 科学引导 确立目标

成都市棕北中学 林灵

从"双减"的指导思想不难看出家长对于孩子的教育充满焦虑情绪，这种焦虑情绪的产生会对孩子的成长造成一定的影响。望子成龙、望女成凤的迫切之心是每个家长都有的，那么如何看待学业成就？如何确定孩子的学习目标呢？这些都与孩子学习的目标取向密切相关。本文将从目标定向的角度切入，与家长共讨如何科学看待孩子的学习成绩，如何科学引导孩子树立自己的目标等问题，从而激发孩子的内部动力，促进孩子的全面发展、健康成长。

一、孩子自身的目标取向会影响他们的学习行为

目标是个体从事某项工作想要完成的事情。目标是引导和保持孩子动机的方法之一。教育学家将目标导向分为：学习目标、表现目标、回避工作目标和社会目标等[1]。

学习目标又称掌握目标，指孩子追求学业上的成功或成就的主要目的或原因是：对知识的理解与掌握，提高自己的能力，发展新的技能。

表现目标又称成绩目标，指孩子在学习中关注于自身的成绩比较和能力比较，力图做得比别人出色或超过一般标准，以小的努力来获得比较大的成就，是为了向他人证明自己的能力或者表现自己。

---

[1] 陈琦、刘儒德：《教育心理学》第二版，北京：高等教育出版社，2011年，227页。

孩子的目标取向会影响到自身的学习行为。一般来说掌握目标取向能直接影响学习的内部动机，有利于孩子学业成就的产生；而成绩目标取向主要影响学习的外部动机，不利于孩子学业成就的产生。掌握目标取向还会通过影响学习过程、学习策略或其他因素提升孩子的学业成就感；成绩目标取向往往会让孩子对学业产生失败感和焦虑感，严重的会出现厌学情绪。

"双减"的工作原则之一是"坚持学生为本、回应关切，遵循教育规律，着眼学生身心健康成长，保障学生休息权利，整体提升学校教育教学质量"。要使孩子在减轻压力的同时提升教学质量，其根本还是要回归孩子本身，激发孩子自身的内部动机，因此教师在引导孩子确定目标时更需要关注掌握目标取向。

二、家长对待孩子学习成绩的态度将影响孩子的学习行为

社会竞争日益激烈，家长都拥有望子成龙望女成凤的迫切之心，因此往往过度关注孩子的学习成绩，而非孩子能力和素养的提高。家长过度关注成绩的态度让孩子产生只有成绩好才能获得父母的关爱的错误信念。被过度关注成绩的孩子容易产生错误的自我评价，敏感于成绩的起伏，一旦成绩下降就会感到强烈的自责感、对自我的否定感和无以承受的压力。这些孩子很容易对学习产生厌倦情绪，形成恶性循环。家长只关注学习成绩和排名，很容易让孩子将目标取向确定为成绩目标取向。

家长总是想让自己的孩子不输在起跑线上，并一直领先。为此家长给孩子报各种兴趣班、培训班，使得孩子们缺失了他们这个年龄阶段应有的乐趣。不仅如此，为了孩子的学习，有的家长放弃了自己的事业和工作，全心全意地照顾孩子读书；有的家长为孩子就近入学租房买房；有的家长为照料孩子导致自己工作迟到早退。家长们再三强调自己为孩子做出的"牺牲"，要求孩子以"听话""学业优秀"作为回报，这不仅会给孩子带来巨大的压力，还容易让孩子丧失发现学习乐趣的机会，孩子很难将目标取向确定为掌握目标取向。

可以说家长对学习的态度和价值观将直接影响孩子，如果家长对学习的心态是功利的"敲门砖"心态，那么家长会不自觉地去比较孩子、关注成绩。即使家长关注孩子的其他方面比如人际关系、情绪等，也仅仅是认为

"成功人士"一般都具有好的人际关系和高情商。这样的一种功利性的学习态度，很难让孩子将外部动机转化为内部动机，孩子无法体验到学习过程本身带来的快乐。如果家长对学习的心态是成长导向的，家长认为学习是成长的过程和途径，是享受精神生活的过程，学习可以构建幸福人生的精神内涵，那么孩子会更关注于成长并体验学习的过程带来的快乐。

只有家长把对孩子学习的关注从关注成绩转变为关注孩子成长，不用成绩来评判孩子而是从多元智能的角度看待孩子的成长过程，孩子才更容易确定掌握目标取向的目标，从而激发孩子的内部动机，增强孩子的抗压能力。

三、家长科学地帮助孩子确立目标的建议

（一）与孩子谈未来打算，不要急于否定孩子的想法

家长需要和孩子谈论对以后的打算，交流时不要急于否定孩子的想法，我们需要去了解孩子的想法，引导孩子思考要实现想法需要做些什么准备，这一点非常重要。

在学校心理辅导中，有家长求助："我的孩子没啥压力，他根本没有考虑过以后怎么办。""不知道孩子为什么没有动力，不想学习。"家长很着急。但其实孩子并非没有自己的想法，当我问孩子："你对未来有什么打算？"无论是成绩优秀的孩子还是调皮捣蛋的孩子无一例外都有自己的答案。但问到孩子："你给家长说过你的想法吗？"有的孩子会说，家长觉得这个想法没出息；有的孩子会说家长觉得是异想天开；有的孩子会说，家长说先把成绩提上去再说别的；还有的孩子讲，根本就不会给家长说。孩子对自己的未来是有考虑的，但他们的想法不被家长理解或接受，甚至会直接遭受否定或打击，这时孩子往往会消极对待家长的要求，表现为"被迫"学习，学习目标不明且缺少学习动力。

由此可见，家长在与孩子谈论目标时，需要了解孩子的想法，需要尽可能的理解孩子，联系发展实际和孩子探讨怎么样才能实现这个目标，孩子可以做些什么，以及他们需要做些什么来帮助自己向目标前进。

（二）适度期待，让孩子决定自己的人生

家长期待的本质应该是想要让孩子自觉地建立起对自己的期望，并为之激发出强大的力量，成为前进和发展的动力。"望子成龙、望女成凤"本无

可厚非，但家长的期待一旦超越孩子的实际学习能力，目标高到孩子跳起来都达不到，就会给孩子造成过大的学习压力，成为孩子厌学心理形成的重要原因之一。[1]家长想让自己的高期望成为子女的动力，就需要使孩子认识这种高期望的价值，更需要考虑孩子本身是否具有接纳期望的可能性，即家长期望值是否符合孩子的实际状况，如身体状况、心理素质、学习基础与学习能力等个体发展特质。[2]

家长首先要做的是觉察自己的情绪和心理状况，关爱自己，处理好自己的情绪。焦虑往往是因对未来的不确定性产生的内心不安。目标越重要，实现的概率越接近"中位数"，焦虑的程度就越高。家长如此，孩子亦如此。所以家长需要调整心态：平常心。家长需要充分了解孩子当前处于什么发展阶段、个性如何、兴趣所在，以及孩子自身能力的高低等，在了解孩子自身情况的基础上对孩子有所期望和要求。如果这个期望是基于孩子实际状况的合理的期望，实现的概率是比较大，那么家长的期望就会转化为孩子的动力而非压力。另外家长的要求一定是比较具体的、有可行性、可量化性的。比如：提高3分，每天背5个单词。

教师在与孩子谈论目标时可以提出自己的想法，但更需要明白目标一定是孩子自己的，目标的确定必须符合孩子的实际情况，需要考虑孩子的兴趣、能力、个性等特征。而且目标并不一定就是终点，它更像是孩子行动的方向，是改变现状的起点。所以即使孩子暂时没有实现短期目标，也不要批评指责惩罚孩子；目标的形成过程本身就具有激励性，教师可以看到的是孩子为此付出的努力和进步，并以此来激励孩子继续行动。让孩子自己决定自己的人生，他们才会对未来生活充满希望。老话说得好：七十二行，行行出状元。为什么一定要把孩子限定在独木桥上呢？孩子可以有无限未来。

（三）积极归因，停止比较

当孩子考试结束后家长常常会忍不住问："考得怎么样？"而这个"怎么样"往往针对的是分数和排名。这就在无形之中给孩子们传递出"成绩目

---

[1] 王振宏：《中小学生厌学心理形成的原因及其克服策略》，西安：陕西师范大学出版总社有限公司，2015年，第85页。
[2] 宋保忠、蔡小明、杨珏玲：《家长期望教育价值的思考与探索》，《唐都学刊》，2003年第19卷第3期，第153~156页。

标定向"的信号。这样的引导方式存在一定的问题,它一味地着眼于最终产物,而没有关注实现最终产物的过程。家长忽视了孩子为实现目标付出努力的整个过程,学习、听课、钻研书本这些行为本身才是成长的根本。

考后结果的归因会影响孩子对自己的评价,消极的自我评价容易产生消极情绪。有研究表明:归因将导致人们对下一次成就行为结果的期待发生变化。[1]比如:孩子将失败的原因看成是自己能力差,就会认为努力也没用,为了避免以后的失败打击,很容易陷入消极情绪或自我设障中。归因还会使人出现情感反应。比如,孩子将考试失败归因为自己的内部原因,很容易感到自责、内疚和产生羞愧等情绪。

因此家长在引导孩子对学习结果找原因时,要避免归纳原因为要手机、学不进去、笨、不努力等因素。家长需要冷静地和孩子一起客观地寻找原因,如分析学科优劣势以及试卷失分点。在孩子专心学习时,有哪怕有1分的进步,应及时给予孩子肯定和鼓励。家长需要关注孩子在这一阶段学到了什么。试卷反映出孩子掌握了哪些知识、孩子还有哪些可以改进提升的空间。家长不能一味只看排名和分数,排名和分数只能是一个横向参考,一味地比较只能让孩子想方设法逃避,从而适得其反。

孩子的成长发生于过程中,而不是冲过终点线的瞬间。考试仅仅是孩子人生考验中的少部分,也可以说是一个试验场,孩子在考试中接受考验会变得更加智慧和坚强。所以在考试中没有失败者,家长需要在考试的考验中教会孩子如何经受考验、如何面对挫折、如何整合经验再次挑战或跳出固有思维寻找新的方向。

当考试结束后家长需要引导孩子顺其自然接受现实,孩子付出了努力,考试也结束了,任何猜测、忧虑都无济于事,因为不可能再对答案做出修改。那么留出自由的空间,让孩子给自己一些奖励,比如睡懒觉、看电影、约同学玩,让孩子能有一些享受愉悦和放松的机会。

---

[1] 张大均主编:《教育心理学》,北京:人民教育出版社,2003年,第93~94页。

"双减"政策助力学校艺术教育高质量发展

成都市棕北中学　王波

中共中央办公厅、国务院办公厅印发的《关于进一步减轻义务教育阶段学生作业负担和校外培训负担的意见》（以下简称"'双减'政策"）强调，让学生能够在完成作业的同时，还能够有时间参加非学科类的拓展学习，有机会参加自己喜欢的文艺类、体育类、科学类社团，在活动中培养自己的兴趣。成都市棕北中学作为四川省艺术教育特色学校，在艺术教育实践中，始终坚持做面向全体学生的优质艺术教育。在新学期伊始，学校闻令而动，针对如何切实的减负增效，推进学校内涵发展与高质量发展，促进学生的全面发展与健康成长，制定了一系列的方案和制度，其中"充分发挥政策的引领推动作用，成就学校高品质艺术教育"成为学校新学期的工作重点。

一、立足课堂改革，加强学科渗透

要落实"双减"政策，教师要转变工作作风，这不是简单的不留作业，而是要改进课堂教学，激发学生兴趣，提升课堂效率，向40分钟要质量。学校将围绕"功在课前、力在课堂、注重训练、提高素质"的思路，努力形成"秩序严谨化、课堂研究化、效果目标化"的管理机制。一是加强集体备课，二是注重观摩交流，三是落实教学反思，让高质量的课堂成为培养学生欣赏美、鉴赏美的主渠道。

课程改革是一个探索的过程，问题很多，需要每个教师都参与研究，课改为有效解决过去那种科研和教学"两张皮"的现象提供了很好的契机，基于这一认识，学校提出了"人人参与课改，人人都有课题，让课程改革课题化"的口号，要求每位教师都撰写适合自己学科的课题方案。

与此同时，学校倡导打破学科壁垒，加强学科渗透。在语文、数学、英语、班会、思品的学科中有目的地进行小品排演、课本剧表演、英语故事表演、英语演讲、朗诵等的尝试，着力营造校园文化艺术氛围。

二、引进专业团队，丰富艺术社团

随着"双减"政策的出台，各个学校都在积极探索适应教育新要求的课后服务。如何以高品质的课后服务，更好地达成教育的使命，棕北人给出了自己的思考。

首先，在时间上，打破原有各科培训集中在一天的定式，改为周三、周四的课后服务主要满足学科类培优和校外教师指导的社团，周五则主要设置艺术、体育、科技等素质选修课程。这样做，既解决了场地不够的问题，又避免了以往学科类培优和艺体类课程因时间重合导致学生鱼和熊掌不可兼得的矛盾。

其次，倡导大力引进第三方优质资源，缓解学校教师人手短缺以及素选科目不足的难题，让学校素选课程丰富、多样、优质，尽可能覆盖到全体学生。学校毗邻四川音乐学院、四川大学、中国科学研究院成都分院，社区资源丰富。为了充分利用好这些优质资源，在新学期，学校引进全国知名的话剧社团"开心麻花""四川川剧院"等专业团队。专业的事让专业的人来做更见成效。以"开心麻花"团队为例：他们将根据孩子们文化学习的内容，和孩子们一起进行文化探索，在探索的过程当中，将美育文化融入戏剧，形成具有原创特色的戏剧学习模式，在此基础上，由四川大学文艺学博士、四川师范大学戏剧教授担任戏剧编创顾问，通过深度探索文学艺术，以戏剧作为文化载体输出，将中华传统文化与国际经典文学作品传递给棕北学子，并最终在专业的剧院，面向社会进行展演。整个过程中，孩子们不仅是演员，更是剧目的编剧、舞美的创作者、戏剧的导演，他们不仅仅是演戏，更是在创造他们的文化世界。

三、创设艺术空间，陶怡高尚情操

空间一，办好校园艺术节。为了更好地展示学生的艺术才能，学校广泛开展"艺术节"和"艺术月"活动，要求人人参与，班班发动，在以年级组为单位展示汇报活动的基础上选拔优秀节目参加学校层面的汇演。学校每年定期举办的艺术节，包括舞蹈、声乐、器乐、美术、书法、表演、主持等项目，如器乐专场比赛、校园歌手大赛、小品相声专场比赛、演讲比赛、插花创意大赛、书法（毛笔、硬笔）比赛、会徽设计大赛、班旗设计大赛、综艺大舞台（文艺汇演、才艺大比拼）等。

空间二，营造校园艺术氛围。在校园广播站，由音乐教师选取适合校园播放的歌曲进行午间播放，让歌声引领学生健康成长；在校园钢琴角，由艺术特长生每天进行现场弹奏、名曲赏析，让高雅艺术走进学生生活，丰富学生内涵；在每天午间十分钟，每个班级根据自己的喜好，由班级音乐课代表从音乐教师主编的《红歌集》中选择歌曲，进行班级合唱，提升学生精气神。

空间三，开展班级才艺大比拼。每年学校德育处组织进行班级艺术大比拼，如：运动会班级摄影比赛、艺术节班级插花比赛、班级红歌会、校园书法比赛、班级海报比赛、班级黑板报评比等等。在这些活动开展过程中，学校艺术教师担当大任，起好组织和引领作用，如在班级中进行专题培训、在特长学生中进行个别辅导、在比赛中担任评委、在比赛后组织进行展示等等。

空间四，加强校社艺术融通。每年结合"六一节""教师节""建军节"等重大活动，举行师生艺术节目会演，并向学生家长开放。"五四青年节"学校共青团还发动团员到养老院为孤寡老人表演节目，送去欢乐；到武警三中队与官兵共庆，开展学校文化送军营活动。通过这些活动的开展，促成学校艺术教育活动与社区活动的共建共享，使学生习得的艺术才能在社区服务中有了用武之地，在社区精神文明共建中发挥作用。

空间五，省市区艺术节风采展。搭建一个舞台给学生提供一个机会，让学生获得一份自信。中小学生艺术节级别高，项目多，竞争激烈。学校将不遗余力组建队伍积极参加，努力把学生推向更高的展示舞台。

空间六，科技艺术大融合。将艺术与科技活动紧密衔接，积极组织学生参加四川省头脑创新大赛，用艺术的形式表现科技。学生参与这项活动，既要关注艺术表现形式，又要关注科技创新思路，是一种科技与艺术融合的难得的历练机会，对其艺术审美能力和科技创新能力皆具有非常重要的培养价值。

四、实施多元评价，成就"艺术之星"

立德树人、教书育人的成效，最终需要通过学生学习能力和水平来证明。"双减"背景下的高质量学习评价，应全面综合地评价学生素养的发展水平。艺术教育强调实践和体验，很多的艺术表达应各美其美，没有唯一性和标准。因此，在评价的过程中，教师不仅要评价学生做什么，还要评价学生在"做"的过程中"想"什么，以及最终的结果如何。其表现的方式和手段多种多样，例如课堂中学生的积极表达、小组创作表演、作品展示，各级各类艺术活动的表现等。在这样的体系下，"歌唱之星""舞蹈之星""书法之星""绘画之星""喜剧之星""话剧之星"等也就应运而生，星满棕北。

棕北中学的艺术教育，顺势而为，脚踏实地，不忘初心，方得始终。在"双减"政策的背景下，学校将在原有的基础上，树高标、创高效，让每一位学生都能充分追求艺术教育的高远理想，共同成就学校艺术教育高质量发展。

"双减"背景下提升课后服务水平

成都市棕北中学 徐进川

针对义务教育阶段学生的减负减压政策，减轻学生过重作业负担和校外培训负担、家庭教育支出和家长相应精力负担，促进学生全面发展、健康成长。双减政策印发以来，成都市棕北中学聚焦于提高作业管理水平、提高课后服务水平、提高教育教学质量、提升学生发展水平等四项核心任务，开展了大量教育教学实践，本文就如何提升课后服务水平做以下总结。

一、把握工作原则

课后服务坚持"学校为主、自愿选择、公益性和非营利性、安全第一"的原则：

学生家长自愿参与、主动申请，学校根据实际统筹安排实施；

课后服务坚持以学校为主原则，服务内容以学生作业辅导为主；

课后服务坚持公益性和非营利性（以政府投入为主）；

课后服务安排在校园内进行，学校提供场所和后勤安全保障。

二、坚持育人理念，明确目标

树立"安全第一"的意识，确保学生在校安全。

鼓励教师积极参与课后服务管理。

严格执行课后服务时间，各年级学生离校时间为18：10。

规范课后服务工作管理。学校不得强制或者变相要求学生参加课后服务，不得提前放学延长课后服务时间，严禁借机组织开展学科性集中教学，严禁以辅差培优等名义组织或变相组织集体补课，严禁在课后服务期间上新课，严禁以课后服务名义乱收费。

三、明确职责，责任分工

（一）课后服务工作领导小组

工作领导小组的职责是根据成都市教育局等五部门联合印发的《关于印发〈成都市中小学生课后服务实施意见〉的通知》（成教函〔2019〕17号）和成都市发展和改革委员会、成都市市场监督管理局联合印发的《关于我市相关区中小学生课后服务收费标准的通知》（成发改收费函〔2019〕125号）文件精神，制定符合学校实际的延时服务方案。

（二）课后服务工作小组与监督小组

工作小组与监督小组职责分别是根据学校课后服务工作方案，具体落实课程设置及人员安排；监督在延时服务实施过程中的课程、师资及经费使用的合法性、合理性、公平性等。

四、健全服务课程设置，保障工作有序开展

课程设置方面，主要内容是精准的作业辅导，辅以开展体育、艺术、素质选修等课程。

保障工作方面，课后服务人员主要有辅导教师、班级管理人员、安全值班人员、学校管理人员、财务后勤人员等。

辅导教师每班每天设2个岗位，每个岗位计1个课时，其主要岗位职责有：精心开展课后作业辅导，清点、报告学生参加人数，课后服务期间的应急处理，放学安全提醒等。辅导教师提前候课，按时上课，不迟到、不早退。辅导教师不得随意调课，如有特殊原因，需报教务处安排好代课工作，并报安全值班员登记。

班主任管理每天每班1个岗位，每个岗位计0.5个课时，周五下午综合素质选修课后的安全教育计0.5个课时，一周总计3个课时。其主要岗位职责有：课后服务到堂清点学生人数，做好组织工作，并将情况报告给安全值班人员。服务结束安排、组织班级做好清洁卫生及关灯关门等工作，做好家校联系工作，负责与学生家长沟通交流。组织家委会成员代收课后服务费等。

校内安全值班人员每6个班设1个岗位，其主要岗位职责有：记录每班学生出勤情况，登记上课教师情况并与上课教师一起处理突发事情。课后服务结束后，巡视教室并检查反馈各班清洁扫除、关灯、关风扇、关电脑等情况，督促学生放学回家注意安全。

管理人员每天1个岗位，每个岗位计0.5个课时，其主要职责有：全面负责课后服务工作，统筹安排协调等。每天参与学校课后服务管理工作，实行首席接待制。对当日课后辅导工作负全责，督促辅导教师、班主任和安全管理人员到岗、有效工作，负责当日应急事件的处理，在当日18：10之前将当日课后服务情况报告副组长或组长。

财务工作人员，设1个岗位，每周计3课时，其主要岗位职责有：按财务管理相关要求做好课后服务的财务工作，参与课后服务所需物资的准备等后勤保障工作。

放学时段校园周边安全巡查工作，每天设两个岗位，每个岗位计一个课时。其工作职责有：具体负责每天下午延时服务结束后18：10—18：40期间校园及周边的安全巡查工作，预防并消除各种安全隐患。

五、提升学校课后服务水平，满足学生多样化需求

提高课后服务质量。学校要制定课后服务实施方案，增强课后服务的吸引力。充分用好课后服务时间，指导学生认真完成作业，对学习有困难的学生进行补习辅导与答疑，为学有余力的学生拓展学习空间，开展丰富多彩的科普、文体、艺术、劳动、阅读、兴趣小组及社团活动。主要通过以下六个方面开展。

（一）人文底蕴

人文积淀：具有古今中外人文领域基本知识和成果的积累，能理解和掌握人文思想中所蕴含的认识方法和实践方法等。

人文情怀：具有以人为本的意识，尊重、维护人的尊严和价值；能关切人的生存、发展和幸福等。

审美情趣：具有艺术知识、技能与方法的积累；能理解和尊重文化艺术的多样性，具有发现、感知、欣赏、评价美的意识和基本能力；具有健康的审美价值取向；具有艺术表达和创意表现的兴趣和意识，能在生活中拓展和升华美等。开展的特色课程是：阅读《红楼梦》、阅读教学《大观园的青春叙事》、七年级语文学习指导、俄语、西班牙语、日语、法语、古代诗人与诗歌、未来问题解决等。

（二）科学精神

理性思维：崇尚真知，能理解和掌握基本的科学原理和方法；尊重事实和证据，有实证意识和严谨的求知态度；逻辑清晰，能运用科学的思维方式认识事物、解决问题、指导行为等。

批判质疑：具有问题意识，能独立思考、独立判断；思维缜密，能多角度、辩证地分析问题，做出选择和决定等。

勇于探究：具有好奇心和想象力；能不畏困难，有坚持不懈的探索精神；能大胆尝试，积极寻求有效的问题解决方法等。开展的特色课程是：Photoshop设计与应用、创客棕北、信息学竞赛班、人工智能等。

（三）自主发展

乐学善学：能正确认识和理解学习的价值，具有积极的学习态度和浓厚的学习兴趣；能养成良好的学习习惯，掌握适合自身的学习方法；能自主学习，具有终身学习的意识和能力等。

勤于反思：具有对自己的学习状态进行审视的意识和习惯，善于总结经验；能够根据不同情境和自身实际，选择或调整学习策略和方法等。

信息意识：能自觉、有效地获取、评估、鉴别、使用信息；具有数字化生存能力，主动适应"互联网+"等社会信息化发展趋势；具有网络伦理道德与信息安全意识等。开展的特色课程是：银杏管乐团 3D影视欣赏、陶瓷彩绘、中国写意花鸟画、演讲与主持、原创话剧、探索地球奥秘、影视制作、心理电影赏析等。

（四）健康生活

珍爱生命：理解生命意义和人生价值，具有安全意识与自我保护能力，掌握适合自身的运动方法和技能，养成健康文明的行为习惯和生活方式等。

健全人格：具有积极的心理品质，自信自爱，坚韧乐观；有自制力，能调节和管理自己的情绪，具有抗挫折能力等。

自我管理：能正确认识与评估自我；依据自身个性和潜质选择适合的发展方向；合理分配和使用时间与精力；具有达成目标的持续行动力等。开展的特色课程有绳采飞扬、排球、田径、武术太极、篮球（男、女）、舞动青春、足球、乒乓球、羽毛球、毽球、健美操等。

（五）社会责任

社会责任：自尊自律，文明礼貌，诚信友善，宽和待人；孝亲敬长，有感恩之心；热心公益和志愿服务，敬业奉献，具有团队意识和互助精神；能主动作为，履职尽责，对自我和他人负责；能明辨是非，具有规则与法治意识，积极履行公民义务，理性行使公民权利；崇尚自由平等，能维护社会公平正义；热爱并尊重自然，具有绿色生活方式和可持续发展理念及行动等。

国家认同：具有国家意识，了解国情历史，认同国民身份，能自觉捍卫国家主权、尊严和利益；具有文化自信，尊重中华民族的优秀文明成果，能传播弘扬中华优秀传统文化和社会主义先进文化；了解中国共产党的历史和光荣传统，具有热爱党、拥护党的意识和行动；理解、接受并自觉践行社会主义核心价值观，具有中国特色社会主义共同理想，有为实现中华民族伟大复兴中国梦而不懈奋斗的信念和行动。

国际理解：具有全球意识和开放的心态，了解人类文明进程和世界发展动态；能尊重世界多元文化的多样性和差异性，积极参与跨文化交流；关注人类面临的全球性挑战，理解人类命运共同体的内涵与价值等。开展的特色课程有时政论坛、中外历史人物评说、法律讲堂、法治影视赏析、中华传统戏曲文化欣赏、模拟联合国、国防教育、国旗班等。

（六）实践创新

劳动意识：尊重劳动，具有积极的劳动态度和良好的劳动习惯；具有动手操作能力，掌握一定的劳动技能；在主动参加的家务劳动、生产劳动、公益活动和社会实践中，具有改进和创新劳动方式、提高劳动效率的意识；具有通过诚实合法劳动创造成功生活的意识和行动等。

问题解决：善于发现和提出问题，有解决问题的兴趣和热情；能依据特定情境和具体条件，选择制定合理的解决方案；具有在复杂环境中行动的能力等。

技术运用：理解技术与人类文明的有机联系，具有学习掌握技术的兴趣和意愿；具有工程思维，能将创意和方案转化为有形物品或对已有物品进行改进与优化等。开展的特色课程有劳动服务班、职业考察体验、3E研学课程、天府水韵园实践活动、种植园地、七年级数学张景中院士班、八年级数学张景中院士班、九年级数学张景中院士班等。

课后服务一般由本校教师承担，也可聘请退休教师、具备资质的社会专业人员或志愿者提供。教育部门可组织区域内优秀教师到师资力量薄弱的学校开展课后服务。依法依规严肃查处教师校外有偿补课行为，直至撤销教师资格。充分利用社会资源，发挥好少年宫、青少年活动中心等校外活动场所在课后服务中的作用。

拓展优质免费线上学习服务。教育部门要征集、开发丰富优质的线上教育教学资源，利用国家和各地教育教学资源平台以及优质学校网络平台，免费向学生提供高质量专题教育资源和覆盖各年级各学科的学习资源，推动教育资源均衡发展，促进教育公平。各地要积极创造条件，组织优秀教师开展免费在线互动交流答疑。各地各校要加大宣传推广使用力度，引导学生用好免费线上优质教育资源。

通过落实"双减"政策，拓展教育空间，提升课后服务水平，真正释放学生天性，培养具有学科核心素养的优秀棕北学子。

落实"双减",设计"智慧"作业

凉山彝族自治州德昌县民族初级中学 赵艺童

加强并优化学校作业管理,探索减负增效新举措,科学有效地提高教学质量,为学生综合素质的提升和可持续发展打下坚实的基础,是当下学校教育的重要内容。这关系到国家的发展,关系到人才的培养,更关系到学生的人生。

一、指导思想

"双减"工作关系到青少年健康成长,关系到教育的根本,关系到国家民族未来发展。学校全体教职工进一步贯彻落实有关"双减"工作的文件精神,以国务院办公厅印发的《关于进一步减轻义务教育阶段学生作业负担和校外培训负担的意见》为准绳,按照四川省、凉山彝族自治州、德昌县教体科局的相关文件要求,学校以切实减轻学生课业负担为突破口,以精细化管理为抓手,以课堂教学为主阵地,以强化德育、提升自主学习能力为重点,深入探索增效的策略方法和途径。

学校聚焦家长所急所需所盼,不断探索实践,不断改进创新,逐步建立和完善"双减"的长效机制,推动"双减"工作落地落实,将学生从作业负担和校外培训负担中解放出来,将家长从高额教育支出中解放出来。

二、跨出困境的具体措施

（一）基于实际的模式创新

1. 制定相应的作业管理制度并认真检查落实

各年级、备课组和任课教师严格遵守上级规定和学校制度，依据学生学习和生活规律科学地安排教学进度、布置作业。例如，要求教务处每天通过作业公示栏检查各科作业量，对不符合要求的科目要求及时整改。通过对学生进行问卷调查或面谈的形式，了解学生真实的作业量，把减轻学生作业量这一举措落到实处。

2. 系统推进，扎实开展

坚持有效性、科学性、层次性和发展性，兼顾自主性、开放性和多样性。如在布置作业时，力求形式多样，分层布置，充分挖掘学生的潜力，发展学生的思维，培养学生的能力。实行班主任负责制，负责协调语文、数学、英语等各科作业总量，初中生每天完成作业的总时长不能超过90分钟，小学生每天不能超过60分钟，小学一、二年级不能布置书面作业，努力使不同学段的学生都能获得最大的发展。

坚持发展性原则。发挥教学诊断和改进功能，淡化学生间的横向比较。既关注作业的结果，更要关注学生的作业态度、作业习惯和作业过程，严禁教师布置惩罚性的作业，发挥作业的多方面教育效益。

坚持时效性原则。作业布置要兼顾巩固知识和提高能力的目标，达到帮助学生巩固知识、形成能力、培养习惯的目的。

严格落实"一科一辅"政策和教辅订购与使用的自愿性原则，教师不得违规向学生推荐或指定购买教辅读物，禁止用教辅读物代替学生作业。

最后，创新作业模式。推进作业模式的改革创新，重视作业的实践性、综合性，鼓励以家庭劳动、阅读欣赏、体育活动、社会实践等活动类作业代替书面作业。针对学校是寄宿制学校的特点，学校图书馆对学生全面开放，并将这类作业布置在周末或假期，以便学生能顺利完成。

（二）基于名著阅读的实践探索

为有效落实"双减"政策，实现作业设计轻负高质，进一步激发学生学习兴趣，提高其完成作业的积极性，结合学校具体情况，以初三语文为例，从课内常规性作业和课后语文阅读素养两个方面出发，以巩固课堂教学质量，减轻课业负担为目的，推出了名著阅读《水浒传》的"智慧"作业。

1. 坚持课堂为主

阅读名著，学生能够体会到语文知识的宏大精深、中华文化的源远流长以及无处不在的睿思哲理。只有在平时的阅读教学中培养学生的整体思维，学生才能在解决实际问题时探索出相对完善的解决策略。组里教师利用每周教研课时间认真进行集体备课，并对六单元的四篇小说认真研讨，精选例题，课堂上讲练结合，打造高效课堂；在讲完相关知识点后，教师们在PPT中准备了一些相关练习让学生当堂完成，以此掌握学生学习情况，及时查漏补缺。

2. 自主阅读《水浒传》

首先，学生通过自己准备和到图书馆借阅两种方式备好书，教师每天布置阅读任务，并要求学生每天按时完成；其次，利用周末观看电视剧《水浒传》，多种方式了解剧情；最后，利用微机课或周末查阅作者施耐庵的相关资料及写作背景，为以后的分享做准备。

通过以上方式让学生多途径了解名著，既激发了学生阅读名著的兴趣又增强了对名著的认知。新课程标准倡导"生活有多广阔，语文就有多广阔"的理念，要求学生不仅在课堂上学语文，还要在生活中学语文。语文是从根本上与生活密切相关的，作为课堂教学的外延，也应该是生活的外延。把语文作业仅仅封闭在课本内，一切为了语文课本服务，切断学生与社会与家庭的联系是不可取的。因此，布置作业时应该把语文学习与现实生活联系起来，让作业内容生活化、社会化。

3. 关注学生能力提升

这一阶段，要注重分享查阅到的相关知识；谈自己的读书方法及感受；整理课堂笔记，试着完成《水浒传》的思维导图（选做）；完成练习册上的专题练习。

作业形式要呈现多样化，传统的让学生去抄、去写、去机械记忆的方式会扼杀学生的学习兴趣，效率低下，不利于学生正确学习方法与学习观的形成。因此，语文作业设计应让学生手脑并用，会看、会说、会写。

4. 纵深深入文本

作业示例：要求学生从《水浒传》中了解施耐庵生活的社会，与家长一起探讨《水浒传》中人物性格特征，为水浒英雄写传记或为水浒英雄画像（选做）。语文作业要注重学生人文精神的培养，要在培养学生基本语文能力的过程中，渗透思想教育，使之生成正确的人生观、价值观，从而形成正确的情感体验。这些活动通过学生和家长一起探讨《水浒传》中的人物性格特征，增强了学生与家长之间的交流，既能让学生获得知识，又弥补了寄宿制学校学生与家长缺少交流互动的缺憾。

5. 成果展示：办一期手抄报

作业设计是一门艺术，更是一种创新。它作为日常教学的重要一环，不应是机械性的，脱离学生实际的，毫无新鲜感、挑战性和趣味性的。而应该让不同水平的学生在"跳一跳就能摘到桃子"的状态下都能比较顺利地完成自己的作业，获得成就感，树立不断向更高层次攀登的决心。从真正意义上的减轻学生的课业负担，激发他们学习的积极性和自主性，发展他们的个性，提高语文能力和素养，为语文学习增添活力，增添魅力！

教师是立教之本、兴教之源，千难万难，提高质量最难。千改万改，培养能力和好的习惯最难。学校一定会迎难而上，一定会牢记教育初心，不忘育人使命，始终关注不同层次学生的需求，加快提高课堂教学质量，提升学生综合素养，关注教师成长发展，认真贯彻落实"双减"政策，以实际行动奋力书写新时代"奋进之笔"，为推动"双减"取得实效贡献教师力量，争取攀上更高的"双减"之峰！为学生健康快乐成长撑起一片蓝天！

落实"双减"办好教育的学校行动策略

重庆市綦江区永城中学　袁海龙

伴随我国"双减"行动的逐渐推进，学校育人主体地位得到了强化，提高了对构建教育良好生态的重视程度。"双减"作为国家的重要决策，其意义在于消除教育功利化与短视化的弊端，强调立德树人的重要意义，大力开展素质教育，继而为促进青少年的健康成长提供了完备条件。

一、"双减"与教育之间的紧密联系

教育是包涵智慧、幸福和美的事业，想要充分发挥教育优势、提高教学质量，就应在坚定的教育信仰基础上强化教育工作者自身的教育情怀，继而朝着正确的教育方向行进。良好教育基础是一系列"双减"工作的落脚点，而"双减"工作也为夯实教育基础提供了必要条件，二者之间呈现互相促进的关系[1]。智慧与艺术并存是良好教育任务的展开特征，从事教育事业的教师同样能够在为学生未来人生奠基的过程中感受到来自职业的幸福。如此一来，学生在感受到学习独特魅力的同时，教师也能够真切体会到劳动之美，具有全面发展核心素养的实践特征。

二、学校行动目标与原则

（一）行动目标

"双减"行动的最终目标就是将学校教学质量与整体服务水平进一步提

---

[1] 梁宏：《落实职业教育国家教学标准的行动策略探究——以重庆市轻工业学校为例》，《教育科学论坛》，2019年第3期，第3页。

升,保证作业布置的科学性、合理性以及有效性。此外,学校为学生所提供的一系列课后服务也应围绕全面满足学生需要为主要方向,让学生的日常学习过程能够更好地回归到校园[①]。"双减"行动的目标是,以往学生所承受的过重作业负担、校外培训负担等,能够在一年内有效减轻,并在两年内获得预期的减负效果。

(二)行动原则

首先是基础性与科学性并重原则。从学生作业的布置角度来看,应依据课程标准并强调核心素养培养的重要意义,将课程性质予以充分体现。其次是统整性与协同性原则。凸显"五育并举"策略的重要地位,确保"双减"与五项管理工作在系统整合后持续推进[②]。明确学校、班级以及家庭等管理工作的协同推进方向,并维持各项管理与指导工作的常态化效果,为获得预期行动效果奠定坚实基础。再次是公益普惠原则。需要不断探索家长与学校均支持的"双减"行动展开的成本分担方案,需要在不营利的根本思想指导下筹措行动所需的相关经费。最后是学生为本原则[③]。应将目光更多地放在促进学生健康成长与保障学生休息权利方面,在整体提升教育质量的同时,以积极的态度回应来自社会的期盼,同时将家长负担减轻,为"双减"工作的平稳且有序地推进奠定基础。

三、好教育应具备的基本特点

(一)规范管理保证教育本色

作为一类特殊的实践活动,学校教育的特殊性体现在其主体对象为学生,而教育的本质决定了其最终目标就是促进学生的健康成长并成就其终身幸福。因此,教育过程应严格遵循学生的成长规律,给予学生主体性足够的尊重,让每一个学生均维持其和谐发展与健康成长状态[④]。学校教育管理是否规范,决定了教育能否获得良性生长的基础条件。对于学校来说,是否有

---

① 王小刚、胡平、何伦:《公办中小学校办学自主权落实的区域推进策略与分析——基于成都市武侯区"两自一包"改革经验》,《现代教育》,2020年第10期,第4页。
② 章荣:《推动新学校快速发展的策略与行动》《中小学管理》,2019年第11期,第2页。
③ 邓国辉:《寻找智慧管理的钥匙——小学综合实践课程的学校实施管理策略》《新教育时代电子杂志(教师版)》,2019年第45期:第25页。
④ 王文博:《课改行动,首先要"心动"——2018年学校"有效课堂"课改行动反思》,《中国校外教育》,2019年第15期,第2页。

一套较为成熟的管理体系极为关键，在提供具有系统性与科学性特征的制度的同时，也应保证其严谨且规范的运行状态，且需要在这一环节严格遵循以学生为本的基本教育理念，围绕为学生提供促进其全面发展的服务为核心，继而奠定学生在校学习与生活的优化基础。从这一角度来看，"双减"的落实是充分反映学校规范管理水平的关键因素。

（二）丰富课程满足多元需求

学生所学习的一系列课程，均应围绕促进其全面发展这一中心，并提高学生个性成长对教育的实际需求。每个学生均具有其特殊性，良好的教育基础是给予学生足够的尊重，以维持个体的健康成长状态[1]。这就要求作为学校应在推进国家标准课程教育进程的基础上，为学生提供具有多样性、可选择、可持续发展的校本课程，设定满足学生对学习的个性化与差别化的需求目标，为达到学生的个性化发展和综合素养提升提供完备条件，这也是作为教育应具备的基本特点。而想要实现减轻学生课业负担和提升学校课后水平等教育目标，就需要学校为其提供丰富的课程支撑，从而展开具有科学化与校本化特征的课程研究和持续开发工作。

（三）针对性辅导照顾学生层次差别

"双减"要求将教育质量最大限度地提升，让学生能够在校内学习的过程中满足其对于夯实自身知识基础、提升自我综合素养的实际要求。而想要达到这一目的，关键在于强调因材施教这一问题的重要意义。所谓因材施教，其关键点不应仅仅理解为某种教学方法，而是应将其摆到核心教育理念的位置[2]。良好教育的最终目的是为学生提供充分发展的基本条件，这就需要强调因材施教这一重要的教育原则，让教师能够从学生性格、能力以及兴趣爱好等角度出发，确保教学过程中所展现出的深度、广度以及精度，均能匹配每位学生对个体知识水平的要求，保证教育内容和课程推进效率在学生自身接受能力范围内。如此一来，必然能够让每个人的才能与品性获得最佳的发展机遇，继而实现学生对作业、日常实践以及特长提升等个性化学习

---

[1] 石鹏：《推进学校高品质教育的思考与行动——以南宁市第十四中学八年办学实践为例》，《广西教育》，2020年第26期，第4页。
[2] 王冰：《点线面相结合　构建融合式教研——学校联系点制度的实施策略》，《中国学校体育》，2020年第9期，第2页。

需求的发展目标。

（四）有效评价激活学生自我管理

良好的教育是培养学生终身学习与自我管理能力的重要基础，最高的教育境界是让学生进行自我教育。对于教育实践活动来说，应保证科学有效评价策略的配合效果，强化对学生习惯养成、态度培养、能力提升的引领过程，强调学生学习自觉性和自我管理能力的提升，为学生迈向未来、走向社会必备的基础能力与素养提供条件。

四、落实"双减"学校的行动策略

（一）上好每一堂课

"双减"就是指对学科类培训机构应执行严格的审批制度，并对培训类别与时间予以严格限制，同时应对培训行为予以规范，禁止超标与超前教育，保障学生充足的休息时间，避免出现节假日补课现象。无论是学生自身的学习效果，还是家长对学生的培养期待，均应明确其与学校教育质量之间的紧密联系。

此外，需要强调教育质量主场（课堂）的重要意义，将上好每一堂课，让课堂中的每一分钟均得到高效利用，让每一位学生均能获得最佳的培养条件作为教师不断努力的教育方向。

作为保证"双减"工作质量的核心要素，教育、教学以及教研是当下课堂实现高质量发展的重要基础，也是达到学校精准化与精细化教育管理目标的前提条件。需要将健全制度、严格管理作为学校落实教育管理方案的核心内容，继而对制度与责任做进一步的细化处理，严格监管教育过程，确保"双减"落到实处，以实现设定的课堂教育目标。同时，应夯实教师专业素养基础，拓宽教师专业发展渠道，搭建促进自身发展的广阔平台，从而奠定整体教学质量提升的坚实基础。

（二）留好每一次作业

"双减"政策背景下想要将学生课业负担减轻，缩减作业总量与耗费时长，避免出现重复性作业情况，就需要提高作业的整体质量。要求学校需要强化针对作业的研究、管理以及改革，做到教育因材施教与作业的因人而异、因学而异。

除了校方需要针对作业管理环节予以持续探索与总量控制，也对教师提出了更多有关作业的选择、批改以及评价等环节要求[1]。在展开作业调研评估过程中，需要严格依照学生与家长的反馈，强化教师作业设计质量。如此，即可将实践性作业与常规性作业相结合，综合口语、笔记、预习、复习等多类作业形式，保证作业多样化的同时，也是全面提升学生素养的重要基础。

（三）优化每一天课后服务

"双减"政策落实背景下，师生在校园的实践大大增加，如何在有限的时间内让教师作出更多成就，给予学生更多能够促进其长远发展的空间，继而让师生在"双减"背景下获得来自于教育、学习以及生活的提升条件，实现各得其所与各有精彩的发展目标。为达到这一目标，就要求学校针对课后服务做好顶层设计工作，强化各个教育环节内容整合与实施。

如此，将实现课后服务的全员覆盖目标，给予学生促进个人全面发展的更多机会，并在与校方所推行的课程相结合后制定丰富的个性化定制课程[2]；如果能够将其与答疑解惑环节相结合，就将起到对课堂教学不足与漏洞予以弥补的作用；如果与所展开的主题教育活动相结合，就能够更好地发挥立德树人理念的贯彻优势；如果与体育锻炼环节相结合，就将为学生的未来学习提供良好的身心状态和身体素质条件。具有丰富性与优选化特征的课后服务，将为师生创设一个清新的校园学习与生活环境，凸显教育自身的品质与品位，奠定良好教育生态的构建基础。

（四）研究每一项评价

作为助力学生学习的重要品质，自觉性与自主管理能力的培养极为关键，"双减"背景下此种自觉品质就显得越发珍贵。而想要达到培养自觉性的目的，最为关键的就是评价与引领过程。保证对每一名学生进行全面有效地评价，围绕这一评价支点，针对学生进行自我教育的重任撬动，进而反映出了对每一名学生全方位关爱与主体地位的尊重。

---

[1] 庞锡兰、蒋英彬：《义务教育均衡发展背景下乡村小学教师专业化发展的行动策略——以玉林市玉州区为例》，《广西教育》，2020年第24期，第6页。
[2] 李庆九：《落实"五育"并举促进学生全面和谐发展——兼谈高品质学校的核心指向及其行动方略》，《教育科学论坛》，2019年第29期，第6页。

作为学校，应建立具有科学性与系统性特征的完整评价体系，贯彻落实五育并举思想，联系立德树人的基本教育理论，以更好地发挥教育育人优势，为促进学生个性且全面的发展提供完备条件。如果能够对过程性评价予以强化，将围绕日常评价对学生的成长记录进行深入分析，就能达到多元主体参与的目的。此外，应强调发展性评价与增值性评价的重要意义，依托科学评价建立以"双减"为核心的教育体系。

（五）强化学校育人主体地位以满足多样化教育需求

第一是提升课后服务水平。这一过程主要包括规划的整体设计、服务内容的丰富以及菜单式课后服务项目与内容的提供，为学生提供资源选择条件，从而将课后服务吸引力予以强化[1]。首先是作为学校需要将课后服务时间予以充分利用；其次是应将服务渠道进行拓展，在课后服务体系中引入更为优质的师资力量以将课后服务优势予以充分发挥；最后是强调线上学习服务的重要意义，基于传统教育体系建立线上的公共教学平台，创建双师课堂以保证课后服务条件提供的实时性目标。

第二是提升校内教育教学质量。首先是需要将优质资源的覆盖面进一步扩大，将城乡之间的教育距离缩小，为义务教育的均衡发展提供完备条件，加速推进干部教师区域内的流动进程；其次是需要对教育教学秩序予以规范。以小学一年级为例，就需要严格遵循"零起点"教学原则，不允许校方以任何名义组织招生与分班考试，并取消重点班与实验班的设立，从而达到师资力量均衡的目的。

让学生能够享受来自学习与生活中的乐趣，确保所处教育状态的完整与幸福，既是当下党的殷切期盼，也是人民的共同愿望，更是家长与学生一直以来所追求的教育目标。因此，学校与教师应在"双减"背景下以更多的实际行动回应人民的殷勤期盼，助力高质量教育时代的到来。

---

[1] 柳金平：《落实"四个融合"，引领教育发展，把牢育人方向——融合推进基层学校党支部建设标准化与党建统领"一强三创"行动的实践研究》，《新丝路》，2019年第8期，第2页。

心系阳光　手捧未来

——成都市新津区花桥初级中学"双减"行动探究

成都市新津区花桥初级中学　唐洪林

成都市新津区花桥初级中学始建于1956年。学校以"爱满天下、知行合一"为办学理念，围绕"文化立校、质量强校、特色兴校"的办学思路，努力办好优质特色初中，培养"健康　阳光　自信　感恩"的人。

在"双减"政策大背景下，花桥初中积极行动，学校班子团结全体教职工以政策研究为起手，强化目标增强理解；以教师行动为核心，夯实责任提升效率；以学生教育为重心，提升管理促进高效；以家校合作为关键，抓好共育促进配合。

一、"双减"工作，学校在行动

（一）强化责任，成立"双减"领导小组

花桥初中把落实中央"双减"工作部署作为重大政治任务，制定了《成都市新津区花桥初级中学关于落实"双减"工作的实施方案》，成立了以校长唐洪林为组长、分管领导为副组长，其他班子成员为成员的"双减"工作领导小组，积极发挥学校教育主阵地作用，多措并举，促进"双减"工作落地落实。

（二）签订承诺，规范教育教学行为

开学初，学校组织全体教师签订"双减"承诺书，调动大家参与"双减"工作的积极性，规范其教育教学行为。要求教师保证遵守教师职业道德，坚决杜绝违规有偿补课行为；保证"零起点"教学，做到应教尽教，坚决杜绝随意增减课时、提高难度、加快进度等行为；保证改进考试方法，降低学生考试压力，坚决杜绝违规统考、考试排名等行为；保证亲自批改作业，按要求控制作业量，坚决杜绝给家长布置作业；注重学情分析和差异化、个性化教学，提高课堂教学质量，坚决杜绝课上不讲课下讲。

（三）广泛宣传，正确理解"双减"辩证关系

为迅速传达中央"双减"政策，学校利用暑期集训、教职工例会等时间多次召开"双减"工作推进会。一是深入学习"双减"工作的有关文件，领会精神实质，深刻理解"双减"的深远意义；二是组织教师从理论与实践两个层面开展"双减背景下学科教师如何真正做到减负提质""如何提高作业布置的有效性、科学性"等专题研讨，辩证认识双减工作；三是校长通过专题讲座，鼓励全体教师从"用爱心做教育"，以学校"爱"文化为引领，加强学习，用心教学，用情教学。要对学生负责，对自己所从事的事业负责，要充分利用人格魅力，上好每一堂课，人人争做"四有"好老师，为国育人，为党育才。

为扭转家庭教育观念，加强家校联系沟通，学校通过线上线下家长会、致家长一封信、微信公众号等多种形式，向家长、学生宣传"双减"政策，积极取得家长和社会的理解、支持和监督，合力共同做好双减工作。

做好对学校退休教师的宣传提醒工作，通过召开提醒谈话会、签订责任书，加强对学校退休教师的管理，坚决杜绝学校退休教师参与校外黑补习班的现象。

二、"双减"工作，教学在行动

"双减"，减"量"但要提"质"，只有教师真正提高教学意识，才能做到真正意义上的课业减负。课堂是育人的主渠道、教学的主阵地。教师的"教"是为了促进学生更好地"学"，将学生的学习与发展作为课堂教学的核心主题，逐步构建以学习者为中心的现代课堂。

重视常规管理，夯实过程评价。认真落实教学常规的检查、反馈、整改和回头看，尤其是将备课上课环节和作业布置批改环节作为抓好教学常规的突破口。

重视课堂教学，提升课堂质量。构建以学生为中心的课堂建设，按照

"以学定教、以学论教、少讲多学、精讲精练"的课堂教学原则，依托学校各级各类名优教师带头引领公开课、研究课、"转转"课，推进课堂上教师"教"的行为变革，实现"教"与"学"的统一。

重视教研工作，落实以研促教。定时定点定人，集中教研"双减"下的备课、上课、作业、分层教育、学生管理、艺体发展，以及对当前制约我们教育提质关键因素的微小课题等展开研究。通过"请进来"和"走出去"的方式加强学科培训，强化以问题为导向的微型课题研究，力争培养出有崇高师德修养、较高文化素养、较强业务能力、适应新时期发展要求的好教师。

重视作业管理，强化有效巩固。一是健全作业管理机制，以教务处为统筹，教研组为主体，班级为监管，形成三级管理模式。严控作业数量和时长，保证作业设计质量和分层布置（基础性、研究性和拓展性作业），以此提升作业有效性。二是校本作业设计提质，推行校本化作业设计，加强日常作业、假期作业的整体设计研究，提高作业质量和效果。三是多元化作业增效，"红色"育人作业，布置学生办"学党史、感党恩、跟党走"的手抄报，"绿色"自然作业，组织学生徒步踏青拉练、参与农耕种植活动，"感恩"劳动作业，要求学生为父母做一顿饭、做一次家务等。四是作业监控科学规范，实行作业公示制度，严格落实"十不准"，通过学生座谈、家长问卷、学校抽查等多种形式，坚决杜绝教师随意乱布置作业的行为，切实减轻学生过重作业负担。

三、"双减工作"，德育在行动

教育的根本任务是立德树人。我们坚持用德育树校风、抓学风、立班风，坚定不移地以"德育兴校"战略推进素质教育，坚持以人为本，创新德育工作方式，培养身心健康、遵纪守法、诚实守信、积极向上的合格学生。

花桥初中以课堂为阵地，以活动为载体培养践行社会主义核心价值观。通过开展四类活动，开发四类课程，强化四种育人途径，认真落实立德树人根本任务。一是以针对性活动为龙头，开发礼仪教育课程，实施养成育人；二是以社会性活动为契机，开发社团素质选修课程，实施自主育人；三是以实践性活动为延伸，开发劳动实践育人课程，实施劳动育人；四是以评价性活动为动力，开发榜样在身边课程，实施激励育人。

四、"双减工作"，课后服务在行动

做好学校课后服务工作，提升学校课后服务水平，满足学生多样化需求，是学校层面减轻校外培训负担所要做的重要工作。学校积极贯彻落实教育部、省市区教育局关于全面落实义务教育课后服务工作的相关文件精神，帮助家长解决难以按时接送学生的实际困难，切实减轻学生课业负担，充分发挥学校育人主阵地作用，在前期做好充分准备工作的基础上，开学第一天就开展课后服务工作。

（一）时间明确，保障有力

坚决贯彻执行"5+2"原则，星期一至星期五，学生采用自愿参加的原则，从下午16：00开始，由各学科教师根据学校安排，组织学生写作业，或参加兴趣活动。每天不少于2小时。

（二）内容丰富，形式多样

一是重视课业辅导答疑，对课堂内容进行查漏补缺，我校教师真诚服务，解答疑惑，有效利用课内时间帮助学生巩固知识，减负增效，全面落实"双减"政策。二是优化社团课程，满足学生需求。学校以社团活动为主阵地，开设合唱、舞蹈、篮球、足球、羽毛球、绘画、腻粉画、纸贴画、农耕种植等10多项特色课程，充分尊重学生的个人意愿，进行自主选课，确保让学生通过专业老师指导，培养至少两项专业技能或特长。采取本校老师搭配外聘专业老师的方式，保障每个社团都有专业的老师进行指导，在普及基本技能的同时，培养学生个性特长，从而实现自我提升、助推内涵发展。

（三）重视细节，确保质量

一是开学初，通过微信公众号、班级钉钉群发布《致家长一封信》，做好学生及家长的宣传教育工作，在坚持自愿参加的原则上，做到公开、公正、透明，引导家长深刻认识普及课后看护工作的意义；二是加强对课后服务工作的监督与指导，切实提高课后服务工作的质量；三是及时总结课后服务工作开展以来的成功经验，通过家长访谈、学生访谈等方式理清存在的问题，做好自查自纠；四是做好课内教学与课后服务内容的有效整合，提高课后服务质量，明确课后服务工作的"服务"定位，切实为学生减负，为家长减负。

"双减"对学校管理而言，是一次深刻的变革，"减负"是手段、"增效"是目的。花桥初中将继续贯彻落实国家"双减"政策，以"办好家门口的好学校"为指引，打造人民满意的教育，不断改进课后服务的内容和形式，进而完善各项服务，收获良好口碑，打造学生满意、家长放心、社会认同的好学校！

"双减"落地助力课堂提升

白玉县中学 李聂

全国中小学为落实"双减"政策有关部署,贯彻党的教育方针,落实立德树人根本任务,着眼建设高质量教育体系,坚持首善标准,按照"校外治理、校内保障、疏堵结合、标本兼治"的总体思路,推进基础教育综合改革,强化学校教育主阵地作用,深化校外培训机构治理,坚决防止侵害群众利益行为,积极构建教育良好生态,形成校内外协同育人的良好局面,有效缓解家长焦虑情绪,促进学生全面发展、健康成长。

一、校情分析

白玉县中学为进一步贯彻落实"双减"政策,有效发挥学校教育主阵地作用,提出打造灵动课堂的举措。课堂既是学校教育的主阵地,也是教师成长的舞台,要落实"双减"政策,根本之策在于全面提高学校教学质量,保证学生在校高质量学习。义务教育阶段"双减"政策正式落地,"双减"后,课堂如何提高效率并保证教学质量,这对老师们来说是一种挑战。白玉县中学紧紧抓住课堂教学主阵地,师退生进,充分调动学生学习积极性与主动性,将课堂还给学生,真正落实减负提质增效的目标。

在听课、集体备课和与教师的交流过程中,我们发现在实际的教学过程中,存在课堂上效率不高的情况,例如,教师提问不够精准;教学设计环节不紧凑,详略不当;未充分利用多媒体进行教学;拓展训练随意未达到训练目的。通过实际教学中对学生的观察,课后作业反馈情况,我们发现大部分学生课堂学习效率不够高。存在的原因是预习没有认真落实、40分钟的学习时间不能完全集中精力、教师的教法不能够提高学生的学习兴趣。

二、改进措施

针对以上情况，县教研室专家多次深入学校指导教学工作。学校领导、教研组组长就"双减"背景下如何开展教学工作向教师们做了深入解读，从师情生情的分析到如何创新课堂，让教师们明确了"双减"背景下如何开展课堂教学。学校为了帮助教师们更好地提高课堂效率，制定了相应的措施。

（1）师徒结对。有经验的教师指导青年教师更快更好地成长、互帮互助，在交流和实际教学中碰撞出新火花新思想。

（2）教研支新招。通过同课异构的上课方式，让教师们更直观去体会、去发现别人的优点，学习到更多提高课堂效率的方法来运用到自己的教学实践中；通过集体备课，集大家的智慧，探讨并解决教学过程中遇到的实际问题。

（3）援藏教师助成长。成都援藏教师汪华、浙江援藏教师陈建宁和许志龙先后为本校教师作了有关学校课堂常规管理的讲座，也为大家上了精彩的示范课，还经常为我们带来丰富的教学资源，实实在在地助力本校教师的成长。

（4）推门听课。学校领导、教研组长不定时的推门听课，通过这样的方式抽查上课教师是否认真备课，有没有真正做到高效课堂。

三、案例分析

语文教研组汪华老师针对八年级四单元自读课文《昆明的雨》进行了教案设计，体现"双减"政策下如何高效率利用课堂。

【教材分析】

《昆明的雨》选自语文（人教版）八年级上册第四单元，是一篇自读课文。本单元共选入五篇散文，有写人记事散文典范《背影》，有托物言志的散文经典《白杨礼赞》，有《散文两篇》这样精短的哲理散文，还有就是《昆明的雨》这样的写景抒情散文。这样的编排既将学生已有的散文学习的经验深化、理性化，又开拓了学生散文学习的视野。具体到《昆明的雨》，汪曾祺用他平淡而有味的语言，通过"雨"串联起当年的一系列往事，全文充满了景物的美，滋味的美，人情的美，氛围的美。教学时要注意引导学生体会作者将情感脉络隐藏在具体的景物描写中的特点，把握散文"形散神聚"的特点，揣摩作者由这些景物所引发的情思。同时，还要注意品味汪曾祺淡而有味的语言特点。

《义务教育语文课程标准》要求：七年级至九年级学生，在通读课文的基础上，理清思路，理解主要内容，能够区分写实作品与虚构作品，了解诗歌、散文、小说、戏剧等文学样式。欣赏文学作品，能有自己的情感体验，初步领悟作品的内涵，从中获得对自然、社会、人生的有益启示，对作品中感人的情境和形象，能说出自己的体验和评价，品味富于表现力的语言。学习本单元时，体会作者如何用生动形象的语言写景状物，寄寓自己的情思。

结合教材编写者意图和课文在教材中的位置确定教学内容。《昆明的雨》所属单元提示为："学习这个单元，要反复品味，欣赏语言，体会、理解作者对生活的感受和思考，并了解不同类型散文的特点。"将本篇学科教学内容确定为：品味文中写昆明雨季里景物的美，滋味的美，人情的美，氛围的美的语句，分析出作者想念昆明的雨的原因。

基于以上的教材分析，将"分析作者想念昆明的雨的原因"拟定为本节课核心问题中的学科问题（表1）。

表1

教学环节	教师活动	学生活动	设计意图
提出问题（约2分钟）	1. 激趣导入课题。2. 提出核心任务：读课文，品味美，析情感，分析"我"想念昆明的雨的原因。	进入情境，领会核心任务。	明确学习任务，引起学生注意。
解决问题（约25分钟）	1. 教师出示PPT明确文本细读任务；2. 教师明确学生回答问题的句式要求；3. 教师点拨、评价，并及时板书生成板书。	1. 学生分组选择美点展开文本细读，多角度品读淡而有味的语句，分析"我"想念昆明的雨的原因。2. 学生自由发言，其余同学参与交流，补充完善。	1. 重视以多角度品读、反复诵读来推进学生思维进程，提高学生对语言的感受力和敏感度，提高学生读懂隐藏在字里行间的潜台词和寄寓其间的情感能力。2. 鼓励学生追溯文本，忠于文本，多角度品析语言，由言得意，展开真实的文本细读，并要准确概括，大胆表达，便于教师掌握学情，实时开展教学评价。尤其是学生品读语言的方法和具体操作过程的评价，强化学生"语言的建构和运用"的语文核心素养。

续表

教学环节	教师活动	学生活动	设计意图
反思提升 （约5分钟）	反思提升，教师从品析语言手法到感悟情感，引导学生从更高的角度认识理解作者的写作意图，并引导学生谈论所受到的启发。	进一步深入认识课文的写作意图，并结合自己的生活体验谈细读文本的收获。	通过对文本的反思提升，具体认识昆明雨季中的景、物、事的叙写都是为了表达作者豁达的人生态度和快乐的人生哲学。了解作者是如何在平淡的语言中表现昆明生活的乐趣，以及作者为什么要想念昆明的雨。理解作品的主题，并能结合实际生活经历谈论收获，获得心灵的成长。
运用反馈 （约8分钟）	指导学生展开写景抒情微写作任务，指导学生评议修改，并课后推送微写作优秀案例到学习群供学习交流。（也可设置成课后学习）	1. 练习实践。 2. 练习交流。	将学习体验，情感体验和方法体验运用到练习中。

【评价预设】

提出问题环节：了解学情，导入课题，顺势提出核心任务。核心问题：读课文，品味美，析情感，分析"我"想念昆明的雨的原因。快速进入分组选点自读环节，为解决问题环节留足时间（评价的功能：凸显激励引导功能——动力提升、认知提升）。

解决问题环节：首先教师要提出阅读任务要求，在学生分组选点自读环节，学生读课文圈点勾画、品读批注的同时，教师巡视并引导学生抓住关键词句，多角度品读并做好记录，为交流做好准备。教师评价学生的回答时，要注意引导学生从句式长短、大词小用、幽默、语体色彩、修辞手法、留白、对比阅读等多角度品读，引导学生细细品读咂摸字里行间和手法背后流淌的喜爱和想念之情，更要揣摩作者滋生这些情感的豁达的人生态度和快乐的人生哲学。教师组织学生探讨，引导学生扣住文本发言，并及时评价和板书学生发言要点（评价的功能：凸显引导功能——引导结果性目标的达成，引导深度体验的方向）。

反思提升环节：评价要积极回应学生上课前的疑惑（为什么会如此这般的想念昆明的雨），在反思提升环节为学生释惑，并引导学生站在新高度审视文本。不仅要引导学生明确文本写了什么，更要分析出作者是怎样用语言写出了他对昆明的想念以及揣摩为什么会这般想念。扣住文本的学习过程进行内容和方法的总结，并及时评价（评价的功能：凸显生成功能——新知、方法）。

运用反馈环节：为强化学生对景、物、事与"我的情感"之间的关联，将检测点确定为微写作，在课文阅读与写作的过程中完成以"语言的建构和运用"为核心的训练提升。师生对微写作案例进行评价时，着重就学生对景、物、事与"我的情感"之间的关联体验深入程度和表现效果强化评价（评价的功能：凸显强化功能——关联体验、新知内化、成功喜悦）。

【板书设计】

昆明的雨
汪曾祺

核心任务：读课文，品味美，析情感，分析"我"想念昆明的雨的原因。

景物的美　昆明雨季的景物　明亮　（下下停停，停停下下）叠词　顶针　｝欢愉　舒畅　｝喜爱
　　　　　　　　　　　　　美丽　绿　黄　红　青　深褐带绿　黑红　白　｝使人动情
　　　　　　　　　　　　　丰满　旺盛的生机

　　　　　　　　　　肥大的仙人掌 → 倒挂着的仙人掌
　　　　　　　　　　辟邪　篱笆 → 追求平安美好　民风淳朴　有趣的风俗 ｝
滋味的美　好吃与不好吃的菌子 → 好吃的菌子　　　　　　　　　　　　　｝喜爱
阅读方法：对比、幽默、标点、句式、大词小用、比喻、留白……　有趣的食物 ｝怀念
人情的美　火炭般的杨梅 → 娇羞的卖杨梅的苗族女孩　羞涩 ｝质朴
　　　　　卖缅桂花的房东母女 → 送缅桂花的房东母女　　　真实 ｝善良
阅读方法：关键词句和标点、留白……
氛围的美　与好友雨天小酌 → 池满　鸡眠　绿釉土瓷杯　木香花树　宁静自由

面对苦难　豁达的人生态度 ｝
　　　　　快乐的人生哲学　→ "我"　想念　昆明的雨
　　　　　　　　　　　　喜爱，想念昆明和昆明的生活

【课后反思】

本节运用核心问题教学模式来推进教学内容与学生活动意在期望学生在核心问题驱动下深入展开文本细读，逐步加深对文章内容的理解，并能在全体师生解决问题的过程中，通过适时准确地评价，再次加深对景、物、事

与"我的情感"之间的关联体验，达成本节课"能在自读课文后，读懂'景物美、滋味美、人情美、氛围美'的目标，分析出'我'想念昆明的雨的原因，引导学生珍惜现在的美好时光，树立积极向上的人生态度"。

"双减"落地，在实现教学减负不减质的过程中，白玉县中学全体教师以课堂为根本，以效率为追求，以理论为支撑，进一步提升自身的教学水平。在此过程中，语文教研组郭世霞老师、冉霜老师、李春怡老师受益匪浅，成长较快。郭世霞老师通过三次集体备课，她的实际教学中环节设计更紧凑、对学生的评价语更丰富；冉霜老师在援藏教师的深入指导后，课堂提问更高效、更精准，能更好地突破教学重难点；李春怡老师通过师徒结对，能更好地把控课堂，懂得充分利用多媒体教学来吸引学生的注意力，实现高效课堂的目标。

革命尚未成功，同志仍需努力，如何更好地提高课堂效率，对老师而言任重道远，我们一定努力实现减负增效的工作目标，让"双减"政策在课堂上生根、发芽、开花。

落实双减政策，开展好新时代文明实践工作

西昌宁远学校　王燕

"双减"政策颁布以后，西昌宁远学校积极应对，研究讨论，如何在"双减"背景下更好开展学校教育教学工作，学生的德智体美劳得到发展。作业负担要减，但是学生的素质要增。强化学校教育主阵地，努力构建良好教育生态。

学校落实"双减"工作，使教育教学同步推进，在学生作业负担上做减法，在校内教育质量上做加法，切实做好"新时代文明实践"工作，培养社会主义时代新人。

一、让新时代文明实践实现乘法效应

精神文明是社会主义社会的重要特征和制度优越性的重要表现，也是社会主义现代化建设的精神动力、智力支持和思想保证。

新时代文明实践将始终以传播践行习近平新时代中国特色社会主义思想，促进学校德育工作，助力家庭教育，教育引导学生成为中国特色社会主义事业的建设者和接班人为中心。

为响应义务教育"双减"政策，西昌宁远学校新时代文明实践站，深入领会文明实践活动的目的和意义，链接多方资源，整合阵地、统筹资源，结合实际安排各类主题教育活动，贯彻落实"六个覆盖"，构建文明实践工作方案，让新时代文明实践站成为未成年人"双减"后的精神乐园，让活动阵地真正用起来、活起来。同学们能在新时代文明实践站真正释放学习压力，感受成长的无限乐趣。

二、打造实践阵地，在阵地中汲取奋进力量

学校结合实际，用心打造了学习书院、习语阶梯、校史墙、防震减灾科普教育基地、爱心超市、心灵驿站、国学墙等新时代文明实践阵地，以润物细无声的方式教育引导师生学习践行习近平新时代中国特色社会主义思想，践行社会主义核心价值观。

例如，自从学校设置了习语阶梯，学生们每天从那里经过，总会驻足学习习总书记对于青年的谆谆寄语，汲取奋进的力量，在阵地中不断接受熏陶，成为更好的自己。

三、文明实践+志愿服务

学校按照"分组+分类"模式成立了新时代文明实践志愿服务大队，招募了包含党员、优秀教师、优秀团员、少先队员及家长代表在内的共计200余名志愿者。学校分组成立了宁远老师志愿队、宁远少年志愿队、妈妈教师志愿队，再分类成立海河环境护卫、爱芽启智、树洞心理咨询等九支志愿服务小队。

学校以"活动+主题"模式开展志愿服务活动。如"三月学雷锋"志愿活动，运动会志愿活动，"万师进万家"主题志愿活动，"21天良好习惯养成"主题志愿活动等，教育引导学生"系好人生第一粒扣子"。

以运动会为例：学生既是运动会的参与者，也是运动会中的志愿者，有项目的时候参加项目，没有项目的时候就去给班级参加运动会的同学加油打气，或者做老师的小帮手维持运动会秩序，学生在志愿活动中不仅体会了团结的可贵，也收获了付出的快乐，真正做到了在活动中接受教育，在实践活动中减负提质。

四、创新举措，坚持五育并举，让新时代文明实践工作走向深入

西昌宁远学校开展新时代文明实践工作，坚持不走过场，不搞形式，大胆探索和实践。

一是做好新时代好少年的评选。鼓励学生践行文明实践工作，改"三好生"的评选为"新时代好少年"的评选。

二是成立护学岗。学校成立由教师、班主任、保安联合校外交警同志共同组成的护学岗。在校外划定家长接学生的等候区，放学后教师志愿者整队送学生出校门到家长待接区，学校放学秩序更好，营造了和谐文明的校园氛围。

三是开设家长课程。学校成立宁远学校家长委员会，定期召开家委会代表大会，同时学校还尝试允许家长志愿者进班开课。

四是整合社区资源，学校聘请了五位校外辅导员，涉及司法、交通、消防、心理等方面，有力地加强青少年思想道德建设。

另外，学校在国学宣传志愿者的基础上成立国学兴趣班，在校歌传唱志愿队的基础上成立学校合唱团。为了深入理解贯彻五育并举，学校还成立了各类社团，大力开展劳动教育等活动。

例如，本期我们专门安排两个值周班级进行校园环境的维持。小学值周班级的同学利用早自习去整理图书角，清洁校园走廊。中学值周班级作为志愿者分散到学校的各个角落，认真清扫、捡拾在校园道路旁、草丛中、花坛里发现的废纸等。在整个过程中，志愿者们有的弯着腰，有的蹲在地上，仔细清理杂草和垃圾，不放过每一个角落。同学们也不怕脏不怕累，干劲十足。看着经过整理的校园一尘不染，同学们感受到一分收获的喜悦。经过一周的劳动教育，不仅让同学们明白了劳动的不易，更懂得了校园的一草一木、一花一景，都离不开师生的共同维护。美好的环境涵养性情，在这样的环境中学习，会大大提高学习效率，也为实现"双减"的乘法效应添砖加瓦。

五、植根志愿服务，成为文明实践者、宣传者

学校抓住创文明城市的契机，转换思想，将压力和责任看作育人契机，在社会实践活动的过程中深入学习宣传贯彻社会主义核心价值观，让二十四个字内化为同学们的认知，外显于同学们的行为。新时代文明实践主体力量必然是志愿者，主要活动方式是志愿服务。学校整合各种资源，创新方式方法，充分发挥学生的主体作用，常态化开展各类文明实践活动，通过有效的育人活动去传播文明，引领新风尚，让师生和家长成为文明实践的参与者。

未来，西昌宁远学校将积极探索综合实践活动，以实践活动作为核心，

带动教育教学工作高质量开展,促进学生全面、健康而有个性地发展;本着对学生未来负责的态度,把"双减"要求落到实处,让学生开心,让家长放心,让社会暖心。

第三篇 作业困境的"出路"

统整课程筑牢常规，精准实施"双减"下的作业管理

成都市棕北中学　张家明

建校25年来，棕北中学在"既关注学生现在，更关注学生未来"的办学理念指引下，坚持走"有内涵的高质量"发展之路，在教育教学方面取得了丰硕成果。学校老师认真学习"双减"的最新精神，加强课程统整，进一步筑牢教学常规；以作业管理为重点，从细处着手，科学精准地做好基础性工作，全面培养"五育并举"的高素质棕北学子。

一、科学统筹各方力量，高品质实施"三三六"课程

棕北中学在二十余年的基础教育课程改革中，站在"整体育人"的高度来设计学校课程体系，探索出基于学生核心素养培养的"三三六"课程体系，努力把学生培养为具备人文底蕴、科学精神、学会学习、健康生活、责任担当和实践创新的全面发展且富有个性的人，实现育人模式由知识传授向培养学生核心素养转变。

在当前"双减"新形势下，棕北中学创新课程征集的形式和范围，通过"问卷星"向教师、学生、家长和专业团队采集到丰富多彩的课程元素。六十余门课程覆盖学生德智体美劳等各方面，课程设计尊重学生的主体地位，充分考虑学生发展水平和兴趣的差异性，给予学生创造、想象的空间，激发了学生强烈的学习欲望，多元、多层的课程满足了不同层次学生的发展需要。

同时，我们积极协调各方力量，科学拓展课程实施的时间和空间。首

先，我们将过去集中在星期五下午的部分拓展课程和特色课程，调整到星期一到星期四的课后服务时间，既扩大了学生的参与面，也为给学生开设更加丰富的课程创造了条件。其次，将更多课程的实施地点拓展到校外的专业场地和专业机构。比如，我们与中科院成都分院的爬行动物研究所联合，将爬行动物研究课程转移到科分院的爬行动物标本馆，利用节假日在科学家的带领下走进峨眉山开展科学考察活动。学校课程的创新和变化，进一步发展了学生的特长，培养了学生的爱好，提高了学生的综合素质。

棕北中学在继续做好传统精品课程的基础上，分别在以下三个方面探索新的突破：

其一，以创建四川省绿色学校为契机，构建校区生态课程体系。在学校厚植绿色发展理念，加强青少年生态文明教育，着力提升师生生态文明素养，影响和带动全社会参与生态文明建设。

其二，以建设武侯区川剧进校园点位学校为抓手，进一步丰富校区素质选修课程，打造特色艺术课程群。基于学生个性特长发展，引入校园戏剧、足球等艺术体育校外服务，建设多样、可选择的艺术体育拓展课程。

其三，以争创全省劳动教育示范校为目标，进一步优化劳动教育课程体系。从学生实际需求出发，充分借助四川省礼仪职业中学、四川省财贸职业学校、武侯社区学院等教学资源，增加厨艺、家政、创新力劳动教育课程，筹备劳动教育专用教室。

在高品质的课程体系统筹下，棕北中学一直坚持落实学生成长的"六个一点"：睡眠长一点、个子高一点、书包轻一点、作业少一点、笑容多一点、脸色红润一点。把学生的健康成长和全面发展放在最重要的位置，为学生优质持续的发展打下了坚实的基础。

二、狠抓教学常规，以课堂和作业为重点精准落实"双减"相关要求

在"双减"背景下，棕北中学全面落实"智教乐学"五大行动，围绕教育教学中心工作，以项目化方式，重点抓好抓实以下三项工作。

（一）构建高品质的课堂，提升教学质量

课堂是学习知识的主阵地，高品质课堂让学生能精准对标"课程标准"，最大限度减少无用功，从而减轻学生的学习负担。

棕北中学深入推进"以学习者为中心"的现代课堂建设，深化融合式课堂改革，强化学科课堂的育人价值，坚持先学后教、以学定教、分层分类教学，大力发展自主、合作、探究的多元学习方式，深化双线融合、自导式等教学改革，构建高品质课堂，形成智慧乐学新生态。

学校教学部门严把学科教研关，在倡导和实施"二次"或"三次"备课基础上，通过青蓝结对、名师优师示范课等各种示范和激励机制让教师们备足课、上好课。充分利用智慧校园建设成果，科学引入作业或考试后及时的数据分析和反馈，真正做到少讲多学、精讲精练，有效提升了课堂效率和效益。

（二）优化作业设计和布置，落实"减负增效"

2021年，在全国教育工作会上，教育部部长陈宝生谈到了要管理好中小学生的五件"小事"：作业、睡眠、手机、读物、体质。作业看似"小事"，但当我们把它放在建设高质量教育体系的背景下，却有了特别的意义。作业作为课程与教学活动的重要有机组成部分，连接着教师与学生、沟通着学校与家庭。在当下，或许没有哪一种事务像基础教育的作业那样，既作为每个学生学习生涯中的一大中心，又缄默地决定着校内教育的水准，还极大地牵动着每个家庭对教育的关切。学校应该以作业改革撬动基础教育"减负提质"。

基于以上认识，在新的"双减"政策背景下，棕北中学将加强作业管理列为学校重点工作，主要采取了以下措施。

1. 抓好高质量作业管理工作

棕北中学抓好此项工作的基本思路是：以提升作业品质为核心，以"备作业"为抓手，以优化作业设计为手段，聚力深化作业改革，努力走上作业品质增、效能高、总量减的轨道。针对"重备课、轻备作业""重课堂精讲、轻作业精编""重布置、轻批改"等问题，我们把教学流程中的作业设计、作业设置与作业批改环节作为三个紧密关联的教学专题，实施教研攻关、重点突破。

第一，精心设计。设计的重心在于质，设置的重心在于量，质与量互相依存。每次作业布置哪几个类型题目最合适，每个类型选哪个题或编什么题最合适，主要由设计决定，这关乎作业的内在品质。而在限定的作业时间内，每个类型给出几道题则主要由设置决定，这关乎外在量的规定性。把作业设计与教案设计摆到同样的位置，一并纳入校本教研工作重点，努力推动既要备好课又要备好作业。从年级学科组和学校教研组两个层面，实施"两个设计"同步抓、双促进；从年级组和学校两个层面，实施学科作业设计与学科融合作业设计同步抓、共推进；从教师和学生抓起，共同实施作业设计；自上而下与自下而上相结合，促进作业设计蓝图与作业设计实践的融合，推动作业设计、作业品质不断提档升级。

第二，精简设置。总体目标是适量布置作业。主要用两个维度来衡量，一个是时间维度，力求90%以上的学生不超作业时长；另一个是任务维度，力求90%以上的学生要达成作业目标。两个维度的把握主要靠两条路径获取信息：实施作业问卷调查，借助大数据跟踪生成。以信息化智能化手段推进作业设计的精品化、作业设置的精简化和作业批改的即时化。

第三，精准批改。批改，是设计、设置的作业与学生互动后的效能检视和反馈指导，批改与作业设计、作业设置、作业任务、作业主体、作业效能五个要素紧密关联，起着学情检测、个性诊断、情感激励、价值判断、效能审验、反馈调整六个方面的作用。作业批改是作业改革中容易被忽视的环节，也是教学流程中的薄弱环节。棕北中学通过批改率、评语率、满意率等综合考核，更加科学客观地了解作业完成情况。

此外，学校将全面加强大数据应用、线上线下融合式学习、数据画像等新技术与作业设计与管理的融合研究，从作业的分层分类布置走向作业的个性化、精准化、智慧化设计应用，在全面杜绝重复性书面作业、减少机械性书面练习的同时，增加体验性、拓展性、探究性的实践活动作业，不仅要严格控制作业的时间，提高作业的有效性，更要提升作业的实践性、趣味性和应用性。加强技术融合研究，增强作业设计与管理的科学性。

2. 融合各方力量，实施家校联动

在作业管理方面，我们充分落实主体责任，发挥学校的主导作用，全面推进家校的协同整合，切实减轻学生作业负担。

一是提升校内课后服务工作的实施效益，通过订正、答疑和辅导，保障学生在校内高质量完成大部分书面作业。

二是优化家校协同，通过家长学校、家长讲坛等途径，引导家长正确认识孩子的成长与发展，减轻家长不必要的教育焦虑，严防死守"校内减负、校外增负"。

三是鼓励倡导教师在线答疑、在线辅导和在线合作研讨，帮助学生解决在家的作业困境。

四是家校协同共同关注学生身心健康发展，科学利用在家的课余时间，开展必要的复习预习活动，进行体育锻炼和家务劳动，进行社会实践和发展兴趣爱好，积极开展阅读和艺术实践，让孩子的学习生活更加充实丰盈。

（三）抓好一流队伍建设工作

课程建设和课堂改革离不开教师的成长，学生的发展维系于教师的成长，学校的生命力在于教师的成长，五个主题的突破点聚集在教师发展上。学校一直将优化队伍放在首位，在工作中切实增强教师幸福感。

一是以师德师风建设为核心，加强教师队伍思政建设工作。

二是以卓越教师孵化工程、骨干教师提升工程和青年教师培养工程等"三大工程"建设为抓手，借助教师数字画像项目，为教师专业成长提供精准、科学的数据导向。

三是以学习共同体为路径，促进教师团队整体发展。开设班主任工作坊、教备组长工作坊、悦读会等学习共同体，助力教师不断成长。

棕北中学实施的课程统整让学生的知识体系建构更加全面科学，优质高效的课堂保证了学生可以在单位时间得到更多更好的知识和能力收获。在此基础上，精准的作业设计、及时的作业批改和反馈让"双减"真正实现了减负增效、减负提质的教育追求，学生和家长也真正成为新一轮教育改革最大的受益者。

"双减"背景下初中作业管理的研究
——以成都市棕北中学为例

成都市棕北中学　王剑豪

为了更好地落实国家的"双减"政策和全面实现学生"五育融合"的发展目标，学校工作的着力点应全面体现在课堂教学、课程开发、课后服务、作业管理、家校共育等方面。其中，作业设计的优化成为各学校急需解决的问题。

我们认为，各学科应紧紧围绕学科的特点，把握学科核心素养的根本要求，整体设计校内、校外的作业时间，将课堂教学和作业设计有机结合起来。使作业真正为教学服务，为素质教育服务，使之有利于学生知识、能力、综合素质的发展。从而，进一步提升学校教育教学质量和服务水平，促进和保障学生的全面发展、整体发展和持续发展。

一、作业管理的现状及问题

随着"双减"政策的落地实施，各学校在作业管理的实施过程中普遍存在"问题多创新少"的现实问题。学校在作业管理上缺少科学指导，折射出学校在作业管理上存在"重数量缺研究"的问题。这一问题急需改进。

（一）作业的个性化布置

不同学科有不同的教学重点，不同学生有不同的学科问题。现阶段作业布置仍然存在普遍撒网等缺少针对性指导的问题，需在作业的分层、作业的数量、作业的难度上做深入分析。

（二）作业量的时间控制

学校教师普遍存在认知偏差，作业布置上存在"多而杂"的问题，缺少对学生的个性化指导，导致学生花费大量的时间在"应试作业"上。严重影响学生的睡眠时间，从而延伸出学习兴趣低、注意力不集中等问题。

（三）作业的审批不规范

作业的批改是教师的义务和责任，部分教师存在将此工作推到家长身上的问题，这不仅增加了家长的压力，还削弱了作业存在的意义。导致作业的质量陷入一个死循环，学生作业无法得到教师的具体分析及指导。

（四）加强对学生的激励

育人才是教育的根本目标。在繁重的教学工作中，教师往往容易忽略对学生的肯定。然而，教师对学生的鼓励和信任，是学生最为宝贵的精神财富。教师应多鼓励学生勤于思考，敢于突破，帮助学生树立强大的自信心。

二、作业管理的应对措施

（一）完善管理机制，提高监管效率

为进一步加强学校对作业管理的领导和落实，棕北中学在原来以教学管理中心负责作业管理的基础上，重新调整和提升了作业管理的机构设置，学校党总支书记校长为作业管理总负责人，由副校长分管教学工作，带领教学管理中心、各年级教备组组长和学科教师具体落实作业管理相关工作，具体检查和督促七年级、八年级、九年级作业管理工作的落实。行政及年级组长、各教研组组长负责作业管理工作在各教备组和年级组的具体实施。

（二）落实管理要求，健全作业体系

成都市棕北中学以提升作业品质为核心，以"备作业"为抓手，以优化作业设计为手段，聚力深化作业改革，努力走上作业品质增、效能高、总量减的轨道。学校制定了不同学段、不同学科作业管理要求。具体要求包括以下三点。

1. 严格实行"一科一辅"

棕北中学严格执行国家相关规定，认真落实教辅资料的征订和使用，教师不得向学生或家长推荐除作业（一本）以外的教辅资料。学校通过规范教辅及教材的严格选用，切实减轻学生的课业负担，让学生能有更多的空余时

间参与到丰富多彩的课外实践活动当中来。加快推动实现"五育并举"的根本目标，落实"双减"政策，让学生身心愉快地健康成长。

2. 精心提升作业品质

棕北中学把作业设计与教案设计摆到同样的位置，一并纳入学年度校本教研工作重点，努力推动既要备好课又要备好作业。从年级学科组和学校学科组两个团队，实施"两个设计"同步抓、双促进；从年级组和学校两个层面，实施学科作业设计与学科融合作业设计同步抓、共推进；从教师和学生两个最主要的主体抓起，共同实施作业设计；自上而下与自下而上相结合，促进作业设计蓝图与作业设计实践的融合，推动作业设计、作业品质不断提档升级。

3. 不给家长布置作业

严禁要求家长批改作业。指导家长树立正确育人观念，切实履行家庭教育主体责任，营造良好家庭育人氛围，合理安排孩子课余生活，与学校形成协同育人合力；督促孩子回家后主动完成学校布置的作业，引导孩子从事力所能及的家务劳动，不额外布置其他家庭作业。

（三）优化作业结构，创新作业类型

棕北中学根据不同年级和学科特点以及学生的实际需要和完成能力，在作业布置中鼓励分层分类作业、弹性作业和个性化作业，科学设计探究性作业和实践性作业，切实避免机械、无效训练，严禁布置重复性、惩罚性作业。

（四）严控作业时间，保证充足睡眠

总体目标是适量布置作业。学校要求所有学科书面作业总量平均控制在每天90分钟左右，周末、寒暑假、法定节假日按照不超过假日时长三分之二的天数布置，教师充分利用课堂教学和课后服务时间加强学生作业指导，培养学生自主学习和时间管理能力，实现上学期间的课后服务时段内完成当天作业总量的60%。

作业的完成主要用两个维度来衡量，一个是时间维度，力求80%以上的学生不超作业时长；另一个是任务维度，力求90%以上的学生要达成作业目标。两个维度的把握主要靠三条路径获取信息：实施作业问卷调查，借助大数据跟踪生成，以信息化智能化手段推进作业设计精品化、作业设置精简化、作业批改即时化。

（五）落实公示制度，确保作业质量

为了确保每天作业的数量和质量，学校在每个教室的醒目位置，专门设置了作业公示栏，学习委员每天填写当天的各学科作业布置情况，课程与教学管理中心派专人检查落实是否公示，公示后再由课程与教学管理中心统一收存。

（六）批改反馈作业，指导改错过关

棕北中学要求每位教师对布置的作业做到全批全改，不得让学生自批自改。强化作业批改与反馈的育人功能，作业批改要正确规范、评语恰当。通过作业精准分析学情，采取全体讲评、个别讲解等有效方式，针对性地及时反馈学生的作业情况。鼓励学生用好错题打印机，认真落实"一人一本"的错题集。鼓励教师使用极课大数据平台进行作业分析和诊断，促进教学反思与研究。

三、阶段思考

综上分析，"双减"政策的实施加快了各学校对作业管理的革新。各学校以"课程、课堂、课业、课服"的融合为核心，推进"五育融合"，从政策落地到具体实施，助力学校发展。总体而言，学校作业管理体现出"问题多，创新少；重数量，缺研究"的基本特征。

第一，问题多，创新少。作业是课堂教学的延伸和总结，是学习过程不可或缺的重要环节。教师在课前，在进行布置作业时要对习题内容进行精选研究，减少"跟风式"的作业布置，从教学的育人目标，学生的实际需求出发，在作业布置上做到有层次性，也可以允许部分学生"自主选择"作业，根据情况保留一定的创新题，以此来调动学生的积极性。

第二，重数量，缺研究。关于作业管理学校需严格落实"双减"政策的相关规定，教师通过反思总结提高作业管理效率。存在作业布置随意，内容选择上例题的数量多，实践研究的创新题目少，作业难度上缺少层次性，数量上布置不合理不科学，以量堆积，导致学生沉浸于应付式答题，缺少学生间的相互合作，忽视学生的交流需要。同时一线教师还应该加强"课程、课堂、课业、课服"的融合研究，找到适宜本校、本班的实践操作方法与思路，提高教学效率。

　　作业管理不能仅停留在为教学服务的层面，应结合"立德树人"目标，将"五育融合"的教育价值通过不同的教育方式呈现出来。在"双减"的大背景下，学校和教师都应该不断创新课堂教学方式，提高教学质量，强化教学能力，提高课堂效率，教师只有科学合理地布置课后作业，才能真正实现为学生"减负"的目的。同时，教师需在教学中帮助学生养成自主学习的良好习惯，才能根治家长"负担重"的社会现象。在"双减"的这一场竞赛中，我们需要将反思转为实践，将经验进行推广，让新时代的学生群体能够切身体验学习的快乐。

抓好高质量作业管理工作的策略探究

成都市棕北中学 邹燕

或许没有哪一种事务像基础教育的作业那样,既作为每个学生学习生涯中的一大中心,又缄默地决定着校内教育的水准,还极大地牵动着每个家庭对教育的关切。传统教学中的作业设计,仅局限于封闭学科知识范围,往往偏重死记硬背,机械记忆且枯燥重复。许多教师在设计作业时,用科学世界替代生活世界,导致作业内容枯燥,形式呆板,形成了一成不变的脱离生活实际的无趣、机械的模式,作业成为学生一项艰苦的劳作,成为学生沉重的负担,使得学生失去了学习的兴趣。从书包称重到"一本作业本"改革到作业时长控制,当前"五项管理"中的作业管理应该是作业改革的3.0版本,用刚性政策来保障减负工作,以作业改革撬动基础教育"减负提质",这是当前我们基层教育工作者值得认真探讨与亟待解决的一个重要课题。

一、教改带动,系统思维研究推动作业改革工作

打破"头痛医头、脚痛医脚"的传统模式,用系统思维研究推动作业改革。通过不断深化教学改革,引领和带动作业改革,形成互动共进、联动共融的良好教学生态。"双减"能"减"下去,关键是课堂教学质量能"增"上来。增的是学校教育主阵地作用、校内教育教学质量。具体该如何做呢?

持续建设"基于核心素养的多元多彩"校本课程,回应和满足不同基础、不同层次学生全面个性发展的多样化需求,推进"五育融合"课程实践;以学科课程为根基,提升学科课程育人的整体性和全面性;破除课程内外壁垒,着力实现学校课程体系的动态融通;以"五育融合"为总纲,充分

发挥德智体美劳的育人效能。全面促进和保障学生的全面发展、整体发展和持续发展。

深入推进"以学习者为中心"的现代课堂建设，深化融合式课堂改革，强化学科课堂的育人价值，严格限制教学时间，严格限制课外作业量，坚持先学后教、以学定教、分层分类教学，大力发展自主、合作、探究的多元学习方式，通过与新技术的深度融合，构建高效课堂，提升教学质量。

二、教研推动，科学思维研究落实作业改革工作

作业设计是落实"双减"的关键环节，是教育减负增效的重要手段。针对"重备课、轻备作业""重课堂精讲、轻作业精编""重布置、轻批改"等问题，实施教研攻关、重点突破。统筹作业管理，控制作业总量，加强作业设计指导，系统科学地设计符合学生年龄特点和学习规律、体现素质教育导向、涵盖德智体美劳全面育人的基础性作业，鼓励布置分层、弹性、个性化的作业，让作业有亮度、有温度。

（一）开展日常教研规范作业设计

我们把作业纳入教研体系，将教学流程中的作业设计、作业设置与作业批改环节作为三个紧密关联的教学专题。把作业设计作为一个重要的教研方向，组织教师集体研究系统化改编、创编具有校本特色的年级作业，学校语文组、数学组、物理组已经创编出适合学校学生特点的年级作业，根据学情确定作业的难度与数量，提供可选择性的作业。同时，在学校开展的青年教师赛课、教师"转转课"等日常教研活动中，将作业设计作为评课议课不可或缺的重要环节，重点关注、加强指导，引导学校教师开展基于提升学生素养、注重知识应用的实践性作业、跨学科综合性作业设计。

（二）开展专题教研优化作业设计

根据美国教育学者马扎诺的"学习行为模型"，面对一个新任务，人的自我系统是否启动决定学习者能否介入完成某一任务。如果这项新任务不能兼顾"有价值、有意思、有可能"，那么自我系统就会关闭，人就不会接受这个任务，或者是在参与的时候积极性不高。作业设计也不例外，如果学生感受不到作业的乐趣，那么就会拖延甚至拒绝完成该项作业。因此，我们将作业大致分为三个类型。

一是目标融合型作业，尊重个体差异。作业是为学习目标而存在的，学生通过自主练习，使学习目标内化为自身的营养，使师生双方得以诊断学习目标的掌握程度。目标融合型作业主要以教材作业为主，各教研组深入研究怎样科学深入地使用教材的作业系统，立足单元目标的要求，聚焦单元的特质，对教材的作业系统进行科学、深入、细致的使用。

二是整合拓展型作业，体验生活情趣。学生对与他们生活息息相关的事情，都会抱有极大的热情与兴趣。有效作业设计要回归生活，体现生活情趣，通过创设贴近生活情境的作业，激发学生的学习情趣，让学生在快乐中学习。

三是超市开放型作业，激发探究欲望。新课程倡导从学生发展的需要出发，将探究学习作为学习方式变革的突破口，把"学生学会学习"作为教学改革的目标之一。超市开放型作业强调学习的开放性，创设一个宽松、和谐、民主的心理氛围，给学生一种心理安全感，选择性会对作业负担和作业兴趣产生明显影响，让学生在较为宽泛的条件和环境下自主完成非统一性和标准性的作业。

超市开放型作业的设计可以体现在以下三个方面：

第一，在设计作业时，内容的选取上让学生留有余地。例如，文科作业的开放性主要体现在灵活运用语言材料来表现学生的自由思想和个人见解，注重培养思维的发散性、流畅性和应变性，使学生在用语言反应思维的活动过程中，优化思维的创造性品质，提高创新能力。

第二，完成作业的形式开放。跳出白纸黑字的书面作业模式，尊重学生个性、尊重学生选择，体现学生差异。

第三，作业答案的开放。如理科作业可以设计一些一题多解、一题多变、一题多问等习题，既培养了学生思考问题的全面性，又培养了学生创新精神，拓宽了学生的思维。不仅作业内容和形式允许学生选择，类似作文这样的作业，什么时候交也可以让学生做主，可提前也可以推后，这样使作业更加尊重学生的个体差异。

（三）开展大教研融合作业设计

不同学科教研组，探索出最能体现本学科核心素养培养要求的基础性作业，形成作业库，供各学科教师设计跨学科作业时融合借鉴。加强学科教研组的探讨，尝试不同学科备课组的大教研形式，统整学期学习内容，强调知识与真实生活情境、学科探索情境的融合，尝试设计跨学科综合性、实践性作业，增强作业的趣味性和挑战性，激发学生学习和探究的热情，培养学生综合运用知识解决实际问题的能力。

当然，无论何种形式的教研活动，学校在抓好高质量作业管理的过程中，始终要遵循"三精"原则。

第一，精心设计。把作业设计与教案设计摆到同样的位置，一并纳入校本教研工作重点，努力推动既要备好课又要备好作业。从年级学科组和学校学科组两个层面，实施"两个设计"同步抓、双促进；从年级组和学校两个层面，实施学科作业设计与学科融合作业设计同步抓、共推进；从教师和学生两个最主要的主体抓起，共同实施作业设计；自上而下与自下而上相结合，促进作业设计蓝图与作业设计实践的融合，推动作业设计、作业品质不断提档升级。

第二，精简设置。总体目标是适量布置作业。学校要求所有学科书面作业总量平均控制在每天90分钟左右，周末、寒暑假、法定节假日按照不超过假日时长三分之二的天数布置，教师充分利用课堂教学和课后服务时间加强学生作业指导，培养学生自主学习和时间管理能力，实现上学期间的课后服务时段内完成当天作业总量的60%。

作业的完成主要用两个维度来衡量，一个是时间维度，力求80%以上的学生不超作业时长；另一个是任务维度，力求90%以上的学生要达成作业目标。两个维度的把握主要靠三条路径获取信息：实施作业问卷调查，借助大数据跟踪生成，以信息化智能化手段推进作业设计精品化、作业设置精简化、作业批改即时化。

第三，精准批改。作业批改是作业改革中容易忽视的环节，也是教学流程中的薄弱环节。学校要求每位教师对布置的作业做到全批全改，不得让学生自批自改。强化作业批改与反馈的育人功能，作业批改要正确规范、评语恰当。通过作业精准分析学情，采取全体讲评、个别讲解等有效方式，针对性地及时反馈学生的作业情况。鼓励教师使用极课大数据平台进行作业分析和诊断，促进教学反思与研究。学校拟在督导评估考核工作中，借助专业机构新增作业诊断板块，主要从"作业量、作业难度、作业批改、作业收获"

等四个维度，由学生进行选择和评价，最后以班级、备课组为单位生成数据，为学校教学研究提供科学的数据。

同时，学校全面加强大数据应用、线上线下融合式学习、数据画像等新技术与作业设计与管理的融合研究，从作业的分层分类布置走向作业的个性化、精准化、智慧化设计应用，在全面杜绝重复性书面作业、减少机械性书面练习的同时，增强体验性、拓展性、探究性的实践活动作业，不仅严格控制作业的时间，提高作业的有效性，更要提升作业的实践性、趣味性和应用性。加强技术融合研究，增强作业设计与管理的科学性。

三、家校联动，换位思维研究确保作业改革成果

"减"的背后是"加"，加科学育人观念，加科学育人途径，加科学育人方法。充分落实学校主体责任，发挥学校的主导作用，全面推进家校社的协同整合，切实减轻学生作业负担。

首先，上好家校沟通第一课。中考结束后，我们学校初三的教师们并没有休息，他们立刻投入到新年级的工作中，及时总结、不断反思三年教育教学工作中的经验和不足，设计出符合棕北校情特点的新初一学生校本作业。

暑期，当新生家长和同学们到校领取"录取通知书"时，同时还会收到一份教师们精心准备的开学礼《棕北中学新生入学指南》。翻开指南，学校的办学理念、育人目标、课程设置、学科作业、暑期安排等项目清晰明了，我们把评价前置，把期望细致写进作业里，评价和期望成了一种导向，一种促使学生全力完成任务的动力。这既是为即将走进棕北中学的同学们准备的第一本"校本作业"，也是为即将进入初中学生的家长们准备的"行动指南"。

其次，开好家长学校常规课。优化家校协同，通过家长学校、家长讲坛等途径，引导家长正确认识孩子的成长与发展，减轻家长不必要的教育焦虑，严防死守"校内减负、校外增负"。为了确保每天作业的数量和质量，学校在每个教室的醒目位置，专门设置了作业公示栏，学习委员每天填写当天的各学科作业布置情况，课程与教学管理中心派专人检查落实是否公示，公示后再由课程与教学管理中心统一收存。

从学生的角度，与学科教师通报作业信息，协调班级日作业量，学校在

大型活动和考试前夕实行"无作业日"活动，班级也可以根据各班学科情况适时进行免作业、无作业奖励。各年级各班充分用好"家校联系本"，除了让家长了解当天学科作业的具体内容，还增加了作业完成时间、睡觉时间等内容，将"家校联系本"的功能外延。

最后，做好课后服务延时课。以自主作业为主，充分整合校外资源，开发设置了体育、艺术、劳动、文学、阅读、科技等拓展课程30余门，满足学生成长的多样化需求。同时，提升校内课后服务工作的实施效益，通过订正、答疑和辅导，保障学生在校内高质量完成大部分书面作业。鼓励倡导教师在线答疑、在线辅导和在线合作研讨，帮助学生解决在家的作业困境。

家校协同共同关注学生身心健康发展，科学利用在家的课余时间，开展必要的复习预习活动，进行体育锻炼和家务劳动，进行社会实践和发展兴趣爱好，积极开展阅读和艺术实践，让孩子的学习生活更加充实丰盈。

初中阶段作业管理的学校顶层设计思路和实施框架

成都市新津区普兴初级中学　付正波

为贯彻落实"双减"政策的有关精神，学校教育需要进一步规范教学管理，全面提高教育教学质量。学校确立"以学生发展为本"的素养教育理念，深化研究课堂教学，提高课堂教学效率和质量，切实减轻学生过重的作业负担，有效提高了学校教育教学水平，全面推动素养教育的深化实施。

一、作业治理重点

其一，严格执行教学计划，保证零起点教学。教师要严格依据国家课程标准，按照教学计划开展教学活动。新知识内容一律"零起点"教学，保证课堂教学的完整性。

其二，规范学生作业管理，严格控制作业总量。各年级作业总量不超过每天90分钟，严禁布置惩罚性、重复性作业，严禁让家长或学生批改作业。

其三，规范教辅材料订购，严格执行"一科一辅"。严禁教师强制或暗示学生订阅教辅材料。

其四，规范考试管理，严格控制考试次数。严禁公布学生个人或集体考试成绩和排名等相关信息。

其五，规范家校沟通方式方法。严禁教师在家长微信群、QQ群中布置家庭作业，严禁在群中公布学生考试成绩及排名，严禁要求家长在群中完成每日打卡作业，严禁教师在群中点名批评学生或发表不当言论。

二、作业布置要求

（一）遵循原则与"四限"要求

我们认为，作业布置要求应遵循以下原则：以备课组为单位，在校内教研时，有专门的时间进行作业布置的研讨，提升作业布置的水平和能力；作业布置要精选，要精心构思作业的内容和形式；作业布置要先行试做，确保作业难度水平与课程标准要求一致；作业布置要适量，要学科统筹，作业量要控制在各级教育行政部门规定的范围内。另外，还需要注意到减轻学生负担的核心是对课堂作业、双休日作业、寒暑假作业实行"四限"，即限分量、限数量、限时间、限学科：

"限份量"即对课堂作业、双休日作业、寒暑假作业的总量进行限制，学科配套的课堂作业、双休日作业、寒暑假作业严格按照省规范化办学要求，只使用上级教育主管部门推荐的教辅资料。

"限数量"即各科教师作业量必须严格按照学校规定布置，不准超量布置；

"限时间"即各科布置的作业总量完成时间绝不能超过每天90分钟。学生利用在校的课后服务时间完成大部分书面作业。课后书面作业，语数外各科不超过25分钟，物理化学各科不得超过15分钟，其他学科不得留有书面作业。

"限学科"，对布置课堂作业、双休日作业的学科明确限定为语文、数学、英语三科。规定以外的学科，如果布置作业，严格控制作业量，尽可能让学生当堂完成，绝不允许留课外作业。

（二）作业布置要分层，根据学生个体差异分层布置

作业设置要难易适度，以班内大多数学生学习水平为基准。要考虑到学习水平的层次和差异性。针对学生不同的基础，设计一些有"弹性"、有层次性的作业，布置作业时，分必做题和选做题，以适应不同学生的要求，使每一个学生都能得到发展。

具体做法有以下三个分层：

作业量分层。对那些学习有困难的学生，适当减少他们的作业量，减轻他们的课业负担。每课时的基础性练习，必不可少，以扎实掌握基础知识和

基本技能。至于教师设计的一些拓展性练习，他们可以选做或不做。适量、适当的作业和练习要求，能有效地帮助学生体会成功的喜悦，培养自信心。

作业难度分层。针对学生学习能力有差异的客观事实，我们重视找准每类学生的最近发展区，为他们确定相应的目标，设计难易有别的作业。一般来说，确定为基础、发展、创造三级目标，一般学生要完成"基础目标"，努力完成"发展目标"，基础较好的学生努力冲刺"创造目标"。让学生针对自身情况自主选择合适的作业，促使他们学习能力得到有效发展。

作业完成时间分层。课程须关注学生个体差异，在完成作业时间上分层要求，能有效保障后进生"吃得了"的问题。在课堂上就要求弄懂的题目类型，允许少部分学生课后再完成；优等生完成的提高题，后进生可以宽限几天，甚至放弃。这样，保证了后进生的作业质量，使之扎实巩固所学知识，形成良性循环。由于分层作业的分量、难度适宜，选择自主，完成的时间灵活，不同层次的学生完成作业不再有困难，这能最大限度地激发学生完成作业的成就感，学生在完成作业的同时既不会感到疲惫与失落，又扎实掌握了知识技能。当然，教师也应积极鼓励学生向更高层次挑战。

（三）常规作业之外

作业布置应注意知识与能力的综合性。方式可以多样化，除了书面作业，也可以适当布置阅读、实验探究、手工制作、社会调查等一些体现学生能动性、创造性的题目。不仅使学生的知识得到升华，而且锻炼了学生的观察能力、动手能力、思维能力、创造能力、培养学生全面综合的能力。

三、作业批阅要求

对学生的作业，任课教师必须及时认真批阅和评点，并做到笔批与面批相结合，努力提高作业批改的质量和效果。作业批改实行等级评判，根据学生作业完成情况评判为优秀、良好、及格、不及格四个等级。学生出现的错题要求及时订正，学生订正过的题目教师要及时二次补批。

教师的书写要规范，评语书写字迹要清晰，要便于学生领会与理解。评价以鼓励为主，提倡成功评价，即重点评价学生作业的优点以保护学生完成作业的积极性。这就要求教师一要善于夸张，要把学生取得的一点点进步夸大，让他们充分品尝成功的喜悦；二要勤于动笔，要及时写上鼓励的话，及时写出对学生作业的具体评价。坚决杜绝作业只布置不批改、作业批改方式随意、作业评价方式单一或无针对性的现象。

教师不得将学生作业变成家长作业或要求家长检查批改作业，不得给家长布置或变相布置作业；布置的作业一般应在下一节课的课堂上检查，也可以由课代表在课后收齐送交任课老师。学校每学期进行两次作业评价活动和问卷调查。各年级可结合实际举办优秀作业观摩、展评活动，学生要在观摩交流中提升作业态度和作业质量。同时，每次作业，教师批改时要作日期记录。

四、作业监管要求

加强作业质量的监督。教务处每学期开展两次各学科作业布置和完成的质量及批改情况的检查；德育处每学期开展两次关于学生作业情况的家长、学生问卷或座谈，及时了解作业布置情况，总结工作中亮点和不足。对存在问题的学科组、班级进行会诊，限期整改。每学期开展一次学科作业展示，评选最美作业、创意作业等。

加强作业总量监控。班主任对班级作业总量进行把关，审查与统筹协调本班作业总量。每天书面家庭作业总量控制在90分钟以内。学校设立每月第三周的周三为"无作业日"。

积极建构关于作业管理的家校合作机制。为减轻家长焦虑和额外负担，教师在布置和批改作业时要做到"五禁止"：（1）禁止布置惩罚性作业。（2）禁止布置要求家长参与完成的作业。（3）禁止布置要求家长批改的作业。（4）禁止通过QQ群、微信群等网络方式向家长布置作业。（5）禁止布置需要家长下载打印资料的作业。在学校的引导下，家长逐步树立正确的教育观念，掌握恰当的教育方式和交流方式，积极配合学校的工作，与教师建立良好的沟通关系，切实履行家庭教育的责任，合理安排孩子的课余生活，引导孩子健康成长，形成家校育人共同体与研究共同体。

作业管理的顶层设计思路和实施框架，应充分考虑核心素养、课程标准与学科等因素，调动多方主体的积极性，遵循学生的学习本质与特点，并与课堂教学充分结合，切实达成作业的减量提质，实现高质量作业管理，促进学生的身心健康、全面发展与终身成长。

以作业改革助推"减负提质"

四川天府新区合江中学　蒋万军

作为国家级新区的天府新区是四川省教育综合改革试验区，在"五项管理"和"双减"的政策落实中更应走在前列。学校作为国家政策的具体落实者，应制定详实的配套方案，指导教师优化学生作业设计，提升课堂效益，减轻学生过重的负担。学生的作业完成质量影响着课堂教学效果，课堂教学效果又直接影响着学生的学业质量。同时，作业还影响着亲子关系、家校关系及学生身心健康等诸多方面。此外，学生作业的样态作为学校育人观的生动展现，影响着社会对学校的信任度。"一道作业题，关系千万家"。如此"连锁反应"下，作业越发成为中小学教育重要的关键环节。

新中国成立以来，全国上下关于作业的文件不胜枚举，作业俨然成了教育界的高频热词。"五项管理"和"双减"的出台，更是对"作业板块"提出了全方位的新要求。

为此，学校以优化作业生态为抓手，进行了一系列改革。

一、明确作业功能，重构作业体系

近年来，学校作业在功能上经历了三个阶段。在寄宿制背景下，学生的作业几乎都在学校完成，学生完成作业期间均有学科教师到班辅导、为学生答疑解惑，因此，学生作业完成质量较好。在此阶段，作业的功能落脚于学科知识的巩固和学习质量的诊断。而全员走读后，学生的课后作业需回家独立完成，这时，作业就必须为学生的自主学习、自我发展服务。

作业的功能从巩固和诊断，走向培养良好的学习习惯、独立性，提高学习兴趣和学习热情等非智力因素。在这个阶段，学校针对不同学科、不同教学环节的作业进行了研究与开发，教师以不同形式的作业助推学生不同时段的学习。比如，学校以目标导向的预习作业、课时作业为基础，开发了单元作业、阶段作业，并开始尝试研究跨学科作业和周末作业，初步构建了与教学环节相匹配的作业2.0体系。

随着研究的推进，教师们发现作业环节确实大有乾坤，它是教与学改进的支点。作业贯穿教与学全过程，是教师引领学生自主学习、承载教学内容、体现学习方式、实施过程性评价的重要载体。自2019年开始，在立德树人的价值指导下，学校逐步完善了五育并举的校本作业——作业进入了3.0时代，形成了以德育作业为基础的五育融合作业体系。

德育作业三结合，分别是与地方特色、学科融合、家校共育相结合。作业的布置不再局限于某一学科，学生的作业可以是种植一株冬草莓的长线作业，或者是在合江观景台担当"爱我家乡"小小解说员的综合性作业；也可以是与文科类科目相结合的学党史、讲党史，学经典、讲经典类作业；还可以是与理科类科目相结合的调查类、操作类作业以及与艺体类科目相结合的班徽、组徽设计作业；更可以是每周一次家庭锻炼、职业体验与访谈等社会实践作业。

智育作业随堂化、单元化、项目化。随堂化和单元化是对每个学科的要求，要求教师在进行课时作业设计时关注作业目标、作业时间、作业难度、作业内容、作业结构以及作业差异，做到讲练一致、严控时间、体现选择。跨学科作业项目化，比如，学校基于学科融合的STEM教育"4动"模式：科学（Science）校外联动，技术（Technology）和工程（Engineering）比赛带动、项目驱动，教学（Mathematics）校内互动。每个项目由不同的学科教师构成项目小组，协同开展项目，按需设计作业。学校现行STEM图谱如图1所示。

体育和美育作业一方

图1 学校现行STEM图

面与德育作业相结合，另一方面围绕"2项体育技能和1项艺术特长"进行，形成了课内学习、校内巩固、校外精进的发展路径。

劳育作业除了家庭劳动外，还开发了"生长+成长"实践作业。学生以小组为单位，在进行种植或养殖时，加入对动植物的主题阅读。将劳育与科普、阅读相结合，让书本外的知识融入学生作业内容。每个班级的"一米菜地"现已成为学校一道靓丽的风景。

二、课题引领教研，骨干带动全体

作业变革的起点在教师，落脚点也在教师。为提升教师的作业设计与管理能力，学校实施了"一个引领+一个带动"。

（一）课题引领教研，助推作业优化

针对"重备课、轻备作业""重布置、轻批改""重讲评、轻跟进"等问题，我们把教学流程中的作业设计与管理中的六个环节作为六个校级课题，开放给全体教师进行申报。用课题引领"设计、布置、回收、批改、讲评、跟进"六个环节的研究，各个击破、环环落实。

作业设计的研究告诉我们，在课时作业设计上，需要围绕目标、紧扣内容、严控题量、科学设计。单元作业设计在课时作业的基础上，还要求串联知识、关联方法、紧扣思想。目的是助推学生知识网络化，指向素养养成。而跨学科作业项目的驱动则是聚焦"阅读、写作、绘画、观察、实验、制作"等实践作业。

此外，作业布置分层要求，体现选择。这有利于学生基础概念当堂过，基础技能当日得，基本方法用得顺。作业回收和批改多主体协作保障时效，教师需对学生作业进行分析，保证作业效果能及时反馈给学生，让学生在教师讲评前有时间自纠自省。作业讲评四步走，第一步是学生个体独立纠错；第二步是生生互助、教师协助，学生以小组为单位开展，互助答疑、教师点拨；第三步是教师集体讲评，进行错因剖析、方法提炼和变式练习；第四步是师生进行资源整理，学生对错题进行整理，教师重新整理典型错误和变式练习，同教研组教师资源共享。

作业跟进包括两个方面：一方面是对学生纠错与自省的监督和检查，另一方面是对错误的重现。艾比浩斯记忆曲线告诉我们学习是需要适当重复的。学校理科类科目已经形成了"1+2"作业跟进模式,"1"是指一次改错,"2"是指两次重现。

根据学习金字塔,我们对作业中出现的典型错误设置了二次重现,第一次是改正确之后讲给别人听,讲给学力更好的同学或者老师听,确认正确性;讲给学力相对较差的同学听,教会他们,在教会别人的过程中增长自信,以影响他人带来的成就感调动学习热情。第二次重现是利用课前5分钟、课后服务等时机让学生重新演示,确保"会而对,对而全"。通过作业的跟进,学生的主动学习得以启动,学习信心得以建立,学习兴趣得以激发。

(二)以骨干带动全体,提升专业能力

无论是教师还是学生,都存在差异。在课题研究中,通过请专家进校培训、诊断,走出去向优秀的同行学习。学习能力和研究能力较强的教师率先将所学转化在了教学工作中。在学科组,他们把自己的研究和实践成果,与组内同伴交流,其他教师再个性化使用成果。

经过组内推广与实践,再利用教研会进行主题研讨,形成学科组的作业优化举措。学校全体教师例会上,教师代表将本组成果同全体教师分享、交流与碰撞,开展校级层面的推广、实践和优化。在年级组,教师们根据时节、时事和STEM项目等,承担跨学科作业的设计与实施。学科组、年级组同步抓、共推进、相促进,确保了在作业管理优化的过程中,全体教师一个也不少,在作业品质提档的过程中,一个环节也不落。

三、完善管理机制,助推闭环运行,提供有力支撑

为确保作业系统的高效运行,必须完善管理机制。为此,我们从以下三个方面发力。

首先是达成共识。作业改革是国家要求、教学需求,承担着培育学生核心素养、提升教师专业能力、深化学校优质发展的时代责任。每一个教育人需要站在新起点,树立新理念,建立以学生为中心的作业观,清楚认识到"好作业"只能通过"精备"作业而得,好作业与好课堂息息相关。

其次是制度约束。学校建立了校本作业管理办法,在作业设计与布置、批改与评价、评讲与跟进方面提出了"刚性+弹性"的要求:坚决控制作业

时间和作业总量，坚决杜绝简单机械的重复性作业；从作业设计和布置到作业讲评和跟进，全部设置"作业超市"，鼓励不同层次的学生选择不同的作业，加大作业的选择性，养成学生的自主学习意识。

最后是监督跟进。压实作业责任，尤其是压实学科教师、班主任、教研组长、年级组长及教务部门的责任。压力层层传导，责任层层落实。班级建立作业公示栏，作业需保留一周以上；学校建立家委会、学生代表和学科交叉监督的监督队伍，每周对每个班的作业情况进行检查和汇总，对不符合要求的行为，视情况在教研组、年级组或全校进行通报；将作业考核纳入教师年度考核，助推作业改革落地。

回望学校作业改革1.0到3.0的过程，收获颇多。最近一次的学生问卷显示，学生作业时间完全得到控制。在优化作业系统的过程中，师生交流互动变多了，家校协同落实了，学生的睡眠时间得到保障，学生手机等电子设备的管理趋于优化，体质健康得以增强，近视率增长放缓，项目驱动下的读物管理得以规范。

展望4.0，学校将继续深化作业改革。向课堂要效率，向课后服务要选择，深入探索整体式学习、项目式学习、实践性学习，用作业撬动素养课堂，以作业改革助推"减负提质"，与时代同频共振，以培养社会新人、国家栋梁。

以差异化作业撬动差异化教学
——以数学作业设计为例

四川天府新区合江中学　贺礼

近年来，关于作业的话题热度从未减少，全国上下关于减轻作业负担的文件至少以三位数记。2021年2月3日，教育部召开的新闻发布会上，教育部基础教育司表示，要着力强化学生作业管理，具体地从作业设计、布置、批改、答疑、家长协助等方面提出了要求。2021年7月，"双减"相关文件发布，作业，更是被推上了热点。

数学高深、数学题难是大众对数学的最常见评价。数学作业对学生而言，也许酣畅淋漓，也许举步维艰，也许一筹莫展……让不同的孩子在数学上得到不同的发展，尊重差异是我们每一个数学教育者面临的课题。作业，是促进学习者学习改进的支点，是学科育人的重要落脚点，设计差异化作业已是新时代对教师专业素养的要求。但是，差异化作业会导致备课量增大，使作业反馈时效性要求更强，作业追踪的需求更突出。本文将以笔者的日常教学为研究对象，探索实施差异化作业的管理的策略，为每个孩子的成长助力。

一、架构分层——同质异质双轨并行

在数学学习中，分层作业已经非常普遍，市面上的出版教辅资料基本上全是以分层的形式呈现其习题。笔者所在学校为一所薄弱学校，从2020届开始，学校开始采用均衡分班的架构，实施下来，所呈现的综合成绩并不理想。2020年8月，关于义务教育阶段不能以任何形式进行分层分类分班的文

件打消了所有与按层次分班有关的犹豫。这也促使笔者更深入地思考均衡下的教学，为了使不同层次的学生取得不同的进步，实践班级内部的分层教学成了迫在眉睫的事情。

但是，同质分层不能满足不同层次的学生相互学习、相互帮助、相互督促的需求。因而，笔者在班级采取了异质分组、同质分层双轨并行的方式。4人为一个异质小组，按学习层次编为①②③④号，其中①号同学为数学学习的领先者，④号同学为数学学习暂时落后者。因此，所有的①②③④号分别为一同质层。同质层中，以交流共享、纠错互助为主，异质组中，以帮扶共生为主。

此外，还有来自课堂反应和作业数据所反馈的信息，形成具有相同薄弱点或错误的临时小组，共同完成错题重现、错题重修、错题重构的修正与反思过程。

二、设计分层——分层多样精细设计

笔者通过学习市面上的教辅资料发现，课堂例题的数量几乎都是3个，以知识的直接运用、综合运用、拓展运用的层次呈现，课堂练习部分教辅是一例一练，部分教辅是3个例题配套一组5~7个题目基础的课堂过关。而课后作业几乎都是每课时14~15个题目，其中一般A层次4个选择题、4个填空题、2个解答题，B层次2~3个填空题，1个解答题，C层次1个解答题。

教辅资料使用的现状是例题听得懂，课堂过关搞得定，课后练习做不好。长期下来，导致的结果是为了讲评作业中的错题，占用了大量教学时间，教师自然会压缩后面的新知教学时间，慢慢地，数学课变成了习题课。对学生而言，长期被题目淹没，再加上"做不好"的挫败感，对数学的学习信心和兴趣逐渐削弱。

为此，笔者尝试以目标为纲、问题为导，在作业分层的基础上下，以多样化来改变作业的样态。比如，在《有理数的乘方（1）》教学中，笔者设计了三个层次的课题作业，分别指向三个问题：为什么要使用新的符号来表示有理数的乘法？有理数的乘方有哪些书写要求，括号起了什么作用？有理数的乘方如何计算？

在这一节中，这三个层次对于所有学生而言，都应该是必须了解和掌握的。因此，笔者尝试在每个问题内部进行分层。对于第一个问题，所有学生应该了解简洁的需求是乘方阐述的原动力，①②③号学生还需要理解加减乘除乘法之间的关系，①②号学生需要能独立画出"运算树"。

第二个问题，包括两个方向：将相同因数的乘法表示成乘方的形式和说出乘方的读法和它的意义。在这个问题上，笔者采取的方式是"你写我判"和"你读我写"两种方式。在小组内，③④号同学先任意写相同因数的乘法并表示为乘方，①②号同学来判断其正误并反馈，同时，③④号需要将精彩在全班展示，展示过程中，师生共同总结书写规则。完成之后，①号同学任意说出几个乘方，另外三个同学把他们写出来并说出其意义。

第三个问题，师生在第二个问题中选择乘方进行运算，并总结方法，同时，教师提供有实际背景或运算技巧的题目给①②号同学。课后作业，与课堂作业相匹配，第一个问题为：用自己的语言描述乘方，与书上的定义做对比，如果有差异，试着再用自己的语言描述这个差异。第二个问题和第三个问题与课堂作业设计相匹配，给③④号同学增加的作业是：试一试，一张作业纸可以折几次？通过折纸的操作，感受乘方增长的迅速，探究一张纸最多能够折几次，给课外生长留方向和空间。

三、实施分层——错位异步分层实施

"优生吃不饱，差生啃不动"是很多数学教师都有过的无奈。为此，笔者尝试了错位和异步的方式来调整教学状态。

错位是指不同层次在同一时间完成的学习任务不同，比如新授课、专题课上，涉及在拓展运用等较难的内容时，③④号同学便可以开始去自主强化本课的基础内容，或者完成笔者专为他们设计的基础任务过关清单。

异步是指以不同的步调去达成不同层次的学习要求。比如，对于课后任务，③④号同学需要先整理课堂笔记，再完成作业中力所能及的部分，并且要尽量指明所完成的每一个题目所对应的知识、方法和思想，向着步步有据前进。此外，③④号学生实践类作业会比①②号学生更多，比如做一个正五棱柱、用长方体土豆切出六边形截面、做一个风筝等，帮助他们去寻找数学的具象。而①②号学生的课后作业则涉及更多有抽象思维含量的任务，给他们玩抽象的数学的时间，更鼓励他们自主选择删去已经100%掌握了的作业

内容，自主增选想去挑战的内容，提升作业的针对性、选择性和自主性。通过赋予学生自主权，提升他们的学习主动性和自我知识体系建构能力，培养他们自主学习的能力和意识，激发他们的内驱力。

四、跟进分层——分段反馈及时追踪

网络游戏之所以容易让人沉溺其中，反馈快是重要原因之一，通关的成就感会吸引玩家去探索下一关。笔者将作业进行了分段设计，每一段完成之后，学生立刻给教师或者已经完全搞定的组长检查，"通关"之后再去完成下一段作业。

原始的做法是：对于基础内容，①②号学生一次"通关"的，笔者会在这一段给他画一个五角星，③④号学生在规定时间内纠完错的也可以获得一个五角星，一次性通关可获得两个五角星。较难的内容，只要在规定时间内完成，就可以获得五角星。这样的情况下，获得五角星的机会就不会仅仅被考试得高分的学生所占据，机会人人均等，学习暂时落后的学生可以通过更好地完成基础任务挣五角星，而数学学习暂居前列的学生需要通过完成更有挑战性的任务来挣更多的五角星，落实了使"不同层次的学生在数学上得到不同的发展"的数学教育目标。

来自五角星的诱惑显著提升了班级学生完成数学作业的积极性，堆积的五角星就是一点点累积的成就感，一步步提高的信心和兴趣。在分段快速反馈的推动下，笔者所带班级全部学生，基本能够在学校完成数学课后作业，这种教学方式还打开了学生学习的主动性。笔者惊喜地发现，主动预习、主动改错题、主动画思维导图的学生变多了，学生的学习观、学习能动性得到了良性的发展。

随着差异化作业的持续推进和数学学习深度的逐步增加，这种原始的分段反馈手段开始显现出吃力的状态，学生的进步也对反馈速度有了更高的要求，教师"人工"追踪越来越不能满足各个同质层、各个异质组。此外，同质层中又出现了不同的薄弱点。

作业布置的理想状态是针对不同的学生布置难度、数量与之相匹配的作业。随着学习的推进，错位异步教学的操作难度会增大，学生的个性化需求会增多。技术赋能可以发挥它的功能和作用，作业诊断平台可以结合学生的作业结果和过程来判断其对知识、方法的掌握情况。对完成得又快又好的学生，推送下一层次的任务建议，让学生的学习逐步走向深处。对完成得不够良好的，可以推送同类作业进行强化。最便捷的是，教师可以通过平台所反馈的数据对作业进行精准管理，例如，个别问题个别辅导，对相同错误的学生进行分组纠错、分组跟进，让已经完成修正和反思的同学展示他们的思维过程，化作业订正的负担为后续学习的动力。

差异化作业遵循以人为本的教育本质，让每一个学生都能够追求数学学习的效果最大化。在实践中，笔者采取分层、多样的设计，错位、异步实施的策略。后来，还利用了技术赋能作业反馈和追踪，提升作业管理精准程度。加强了作业管理的针对性，激发了学生学习数学的好奇心，创造了学生学习数学的兴奋点，制造了学生数学学习成就感的体验点，达成了改进学生数学学习的目的。差异化作业的实行，还倒逼了差异化教学的实施，双管齐下，使得学生和教师都获得了较好的发展。

贯彻方针"双减双增" 促进学生持续发展
——大邑县苏家学校减轻学生作业负担实践探索

大邑县苏家学校 王润坚 冷鑫

"为党育人,为国育才""落实立德树人根本任务""全面提高学生德智体诸方面素质""让学生生动活泼发展"是素质教育的根本目的。学生课业负担过重,严重阻碍了素质教育的全面实施,影响学生身心健康和素质发展。设想一下,一位十一二岁的小学生,除了在校学习,回家后还需要做3~4个小时作业,学生苦得睡眠不足、视力下降、体质渐下,有何时间进行自己爱好的活动与学习自己感兴趣的知识?因此,只有全面贯彻党的教育方针,改革教育,减轻学生课业负担,才能使素质教育深入开展,才能提高教学质量,办好人民满意的教育。所以,学校把减轻学生课业负担提上重要议事日程,把减负作为深化教育改革的一项重要内容来抓,勇毅前行,在减轻学生作业负担方面做了有益的实践探索。

一、认真严格全面执行国家颁布的课程计划

首先按照四川省的课程计划规定安排课程,做到开齐课程,开足课时,不随意增减课时,不准随意增减科目。其次要遵循教育规律,严格规定各学科的考试次数,不按学生的考试成绩对学生进行排队和分类编班。学校做到不组织学生订购或向学生推荐各类应试辅导材料。不组织学生参加未经相关教育行政部门批准的各类竞赛。缓解学生身心疲劳的状况,适当增加些文体和大课间活动,确保学生每天锻炼一小时以上。

二、强化课堂教学结构改革，保证教学效益

改革课堂教学结构，是减轻学生课业负担的前提，是进行素质教育的必要手段。学校提出向40分钟要质量，制定了上好每节课的原则和要求，提出教学中要做到"六为""六突"，"六为"即教师为主导，以学生为主体，训练为主线，思维为核心，方法为中介，能力为目标。"六突"即要突出重点、难点，不面面俱到；要突出精讲巧练，不能以讲代练或以练代讲；要突出思维训练，不满堂灌、满堂问；要突出学法指导和知识迁移，不加重学生课业负担；要突出教学效率，优化教学，不搞大面积补课；要突出因材施教，分层教学，不搞千人一面，千人一法。

课堂教学务必要处理好"三个关系"：教与学的关系、知识与能力的关系、教书与育人的关系。要确实抓好"四个保证"：组织教学，要必到，保证学生纪律严明，听课专心认真；导言、检查、复习力求简捷，保证尽快接触新知识；新课讲述努力做到语言精练，减少旁征博引，保证学生注意力高度集中；巩固练习紧紧围绕重点设计精巧练习题，保证对重点知识的深刻理解与掌握，形成牢固的记忆。

三、精心设计弹性作业，保证学生足够休息时间

传统的作业布置是"一刀切"的模式，其存在三种弊端：优生"吃不饱"，差生"吃不了"，机械性的作业重复。我们认为，可实施弹性作业，即对不同学生布置不同分量、不同质量、不同要求的作业，这样，才能切实地减轻学生课业负担。我们要求教师在备课时，要精心地设计好弹性作业题，做到"一精""二活""三导向""四分层"。"一精"，精心设计数量少、质量高，80%以上学生能课堂上完成的作业。"二活"，内容活，具有启发性、不机械、不重复；形式要灵活，或书面作业，或口头作业，或操作性作业，或观察性作业，或游戏性作业，或视听性作业。例如，《鸟的天堂》作业设计如下所示。

1. 看拼音，写词语

chuán jiǎng　　róng shù　　pāo kāi　　yìng jiē bù xiá

|　|　|　　|　|　|　　|　|　|　　|　|　|　|　|

［设计意图：这是必做题，主要检查学生生字词语的掌握情况。］

2. 写出加点词语的近义词

①榕树正在茂盛的时期，好像把它的全部生命力展示给我们看。（　　）

②真是一株大树，枝干的树木不计可数。（　　）

③当我说许多榕树的时候，朋友们马上纠正我的错误。（　　）

［设计意图：必做题，检查学生是否理解句中词语的意思。］

3. 重点句段赏析

起初周围是静寂的。后来忽然起了一声鸟叫。我们把手一拍，便看见一只大鸟飞了起来。接着又看见第二只，第三只。我们继续拍掌，树上就变得热闹了，到处都是鸟声，到处都是鸟影。大的，小的，花的，黑的，有的站在树枝上叫，有的飞起来，有的在扑翅膀。

我注意地看着，眼睛应接不（假　暇），看清楚了这只，又错过了那只，看见了那只，另一只又飞起来了。一只画眉鸟飞了出来，被我们的掌声一吓，又飞进了叶丛，站在一根小枝上兴（xīng xìng）奋地叫着，那歌声真好听。

①去错误的字或读音。

［设计意图：考查学生形近字和多音字掌握情况。］

②用一句话概括选文第一自然段的内容。

_____

［设计意图：考查学生归纳能力。］

③选文运用（　　）描写，突出了鸟的天堂的特点。

A. 动态　　　　　　　B. 静态

"三导向"，作业题的设计一部分是指导学习方法的练习，一部分是指导巩固性的练习，一部分是指导发散性的练习。

"四分层"，按学生学习程度好、中、差的层次分层设计作业。

179

例如，因式分解的分层作业设计。针对学生的实际，把学生分成三个组，学习能力较强的优秀生为A组，学习能力一般的为B组，学困生为C组。在分组时便给学生讲清分组的目的和重要性，以消除学生思想中的消极心理，让他们积极配合工作。在教学中根据各组成绩情况布置相应的作业。下面就以初二分解因式为例。

A组：（1）请从下列各式中任意选择两式作差，并将得到的结果因式分解：$4a^2$，b^2，$(x-2y)^2$，1，$4y^2$.

2. 请写出一个三项式，使它能先提公因式，再运用公式法来因式分解，你编的三项式是（　　），分解因式的结果是（　　）。

B组：利用公式法因式分解：

① $(y+2x)^2-(x+2y)^2$

② $(m-n)^2+6(n-m)+9$

③ $3m^4-48$

C组：把下列各式因式分解：

① $3x^3+6x^4$

② $16m^3-mn^2$

③ $4x^2+y^2-4xy$

一部分是三者共同完成的必做的基础性作业，一部分是照顾优生"吃得好"的提高性作业，一部分是照顾中等生"吃得饱"可以消化、加以巩固、散发思维的作业，一部分是照顾差生"吃得了"的打基础、补漏补差的作业。

精心设计弹性作业，既解决了学生差异的矛盾，充分发挥了学生的智力因素，激发了学生的非智力因素，也调动了学生学习的积极性，促进了竞争意识，培养了学生各种技能，还减少了学生用于重复、机械或耗尽脑汁也完不成的作业的时间，从而保证了学生有足够的休息时间。例如：化学作业设计

【基础性作业】

1. 下列说法中正确的是（　　）

A. 一个二氧化碳分子是由一个碳元素和两个氧元素组成的

B. 二氧化碳是由碳、氧两种元素组成的

C. 二氧化碳是由一个碳原子和两个氧原子构成的

D. 二氧化碳是由碳原子和氧分子混合而成的

2. 甲乙丙丁四位同学描述的可能是下面的哪一个化学符号（　　）

甲：表示一种物质；

乙：表示一个分子；

丙：表示由两种元素组成；

丁：表示一个分子中有三个原子。

A. HClO　　　　B. O_3　　　　C. HCl　　　　D. CO_2

3. 下列符号，既能表示氢元素，又能表示氢原子的是（　　）

A. 2H　　　　B. H+　　　　C. $3H_2$　　　　D. H

4. 下列化学符号中数字2所表示的意义正确的是（　　）

A. 两个氯分子

B. CO_2 一个二氧化碳分子中含有一个氧分子

C. SO_2 一个二氧化硫分子中含有两个氧原子

D. Fe^{2+} 一个铁离子带两个单位正电荷

【创新性作业】

6. 请写出下列符号中数字"2"的含义：

①2H_____；

②$2H_2O$_____、_____；

③$2Mg^{2+}$_____、_____。

7. 用化学符号或化学名称填空：

（1）铝原子_____　　2Cl_____　　$3S^2$_____

n个钙原子_____　　　　氦元素_____

两个镁离子_____　　　　地壳中含量最高的元素符号_____

【实践性作业】

8. 找物质比赛：回家找出家中的物质，并通过上网查资料、咨询专业人士等活动写出物质的化学式，多者获胜。

（基础性作业的设计为选择题，旨在帮助学生巩固所学；创新性作业为主观题，难度稍有提升，旨在帮助学生总结归纳本讲内容；实践性作业与学生日常生活相联系，旨在帮助学生认识到化学与生活的联系，提高化学学习的兴趣。）

四、严格控制学生学习时间，保证学生生动活泼发展

要使学生德、智、体、美、劳全面和谐发展，除了正常的课堂教学以外，还必须开展多种形式、生动活泼、适应儿童年龄特点的课外活动。因此，为了让学生有时间参加课外活动，让他们生动活泼地发展，我们要求全体教师必须坚持做到"四不"：上课不拖堂，不随意调课或占用其他学科课，不加班加点补课、上课，不占用学生课外活动时间。

周四下午，对全校选课走班的同学，组织书法、绘画、合唱团、舞蹈队、轮滑、阅读、跳绳、足球、乒乓球、故事等多种兴趣小组，让学生根据自己的爱好与特长，选择自己喜爱的兴趣小组参加活动。

寒暑假，杜绝搞补习班，组织丰富多彩的冬令营、夏令营活动。组织学生参观工厂、企业，到军营军训，到野外野炊、爬山、游泳、远足训练等，让学生在各种活动中，开阔视野，丰富知识，增添学问，增长才干，发挥特长，发展个性，生动活泼地发展。

五、严格控制订阅复习资料与控制考试次数，保证学生牢固掌握基础知识和基本技能

学生订阅各种练习册，复习资料过多与频繁的考试，不仅加重学生课业负担，也加重教师的工作负担，而且还打乱学校正常的教学秩序，影响学生的课外活动和休息。因此学校规定，每位学生只订一套教育局规定的练习册或复习资料，教师可订三套作为教学参考。

在课堂上，教师根据课文的要求，结合学生实际，科学设计课堂综合练习题和复习题，使学生既能理解、掌握和运用课本知识，又不加重学生的负担，达到全面提高教学质量的目的。

此外，学校还把严格控制考试次数作为教学改革和减轻学生负担的一项内容来抓，我们要求教师加强平时作业的检查和评讲，努力提高课堂教学以及练习、作业训练的质量，加强平时的考察，建立"四过关"制（即天天过关、单元过关、学期过关、年级过关），力求减少不必要的考试，每学期结束时，才进行一次期末考试。这样，既减少了学生为应付考试加班加点进行复习、练习、考试等负担，也减轻了教师的工作负担，保证了学生能牢固掌

握基础知识和基本技能，全面提高各方面素质。

六、严格控制学生作业量，每天坚持实施推行学生作业公示制度

明确减负根本要求，严格执行课程计划。没有随意增减课程门类、难度和课时，没有增加周活动总量。控制学生在校时间，让学生在校活动时间不得超过每天6小时。控制学生作业总量，一、二年级不留书面家庭作业，三至六年级各科作业总量每天不超过1小时。教导处定期或不定期检查教师的作业布置情况。切实减轻学生过重的课业负担，让学生快乐学习，健康成长。

严格控制学生课外作业量。积极布置具有活动性、实践性的家庭作业。严格控制学生的作业总量，并利用校园网公布给家长。

比如，布置作业，在"质"上狠下功夫，尽量不重复布置，有效地避免无效作业；在"量"上做到适当，每天的作业量严格控制，课堂作业，尽量做到了当堂完成，不留到课外去。作业布置注重"实"，因材而定，具有一定的梯度。同时，努力做到少而精：根据当天所学内容，以及知识的重点和难点，精心设计，尽量做到不遗漏知识点。

七、设置特色课程，双线融合落实立德树人

学校在全面贯彻落实"双减"精神的同时，通过制定《苏家学校学生延时代管服务方案》《苏家学校学生延时代管服务实施细则》《苏家学校行政值班教师岗位责任》《苏家学校任课教师延时代管服务教学辅导、兴趣活动指导工作指南》《苏家学校教师学月延时代管学生家长满意度测评》，确保教育教学工作有序进行。随着"延时代管服务——我心目中最美老师"的评选活动开展，积极提升延时服务代管服务质量水平。与此同时，学校在地方课、周四兴趣活动课中增设"润养苏家爱育大成"特色课程，即低段"向阳少年"、中段"优品少年"、高段"气质少年"，使教学与教育深度融合，相互渗透、相互促进，收到事半功倍的效果。学生根据自己兴趣争先恐后报名参加学校劳动实践基地（种植、养殖、手工、小设计……）活动。学生在丰富多彩的活动中开阔了视野，陶冶了情操；学会劳动创造，学会团结合作；增长知识，锻炼才干，修炼品行。

有效减轻学生课业负担案例

廖家中学　袁定辉　廖锐

为切实落实"双减"政策，学校在规范办学和减轻学生课业负担工作中，从学校管理制度，教师教学过程方面严格按照教育局相关文件精神和要求，规范制度、扎实过程。在进行课堂教学前我们要求教师充分利用年级集备组的集备资源，并认真进行教师个人二次备课，方能进行正式课堂教学。我们要求教师积极地合理地利用多媒体教学，充分调动学生的课堂积极性，教师每堂课讲解不得超过20分钟，把时间还给学生，真正做到课堂上"减负增效"。

一、案例呈现

案例一：九年级数学　教师袁定辉
在数学讲九上证明2反证法时
教师：（"不小心"将杯子中的水泼在教室里的地上），下雨了！
学生：急忙向窗外望去，没有啊……
教师：你们看地面是湿的（指着刚刚打湿的地面说）。
学生：假设下雨的话，外面的操场应该是湿的，但是没有，所以肯定没有下雨。
教师：你们刚才的推理就是今天我们要学习的反证法的证明方法。
副板书呈现：（例题或练习模子，学生对比学习，加深理解）

	已知：今天的天气，和教室地面上的一团水 求证：今天没有下雨
第一步	假设原命题不成立（假设下雨了）
第二步	由假设推出矛盾（外面的操场应该是湿的，但是没有）
第三步	否定假设，肯定原命题（所以老师错了，没有下雨）

现在我们利用反证法证明"三角形中最多只有一个直角"。

假设三角形中有两个直角，那么此三角形三个角之和大于180°，与"三角形内角和定理"矛盾，假设错误。所以三角形中最多只有一个直角。

利用学生生活或身边的实例。这样，既调动了学生学习的积极性、主动性，又扩展了学生的思维、加深了学生的理解。

案例二：八年级物理　教师廖锐

在完成力与运动的教学后，布置了以下的练习：其中1~4题要求每个学生都要做，因为这几题是基础题，5~6题需要学生分析，然后用自己的语言表达出来，对学生的要求比较高，所以除了要求一些平时学习比较好的学生一定要做之外，其他学生根据能力自选。

（1）竖直向上抛出的小球，脱手后小球会继续向上运动，是由于（　　）的原因；小球在上升时速度越来越慢，是因为小球受到了力的作用，且该力的方向与小球的运动方向（　　）。

（2）升降机中站着一个体重为G的乘客，设升降机地板对人的支持力为N。若升降机匀速上升时，（　　）NG；若升降机加速上升时，（　　）NG；若升降机减速上升时，（　　）NG。（填"<"">"或"="）

（3）不考虑重力作用的物体，受一对平衡力F_1和F_2的作用，如图所示，物体可以在哪个方向作匀速直线运动（　　）

A. 只能在水平方向作匀速直线运动；

B. 只能在竖直方向作匀速直线运动；

C. 可以在任何方向作匀速直线运动；

D. 可以在竖直、水平方向，但不能在其他方向作匀速直线运动。

（4）物体在两个力的作用下做匀速直线运动，若将这两个力同时撤去，则物体（　　）

A.立即停下来；

B.速度会越来越小；

C.可能会改变原来的运动状态；

D.仍沿原来的方向作匀速直线运动。

（5）用弹簧秤拉动木块沿水平桌面滑动。第一阶段，以2m/s作匀速直线运动；第二阶段，速度从2m/s慢慢减为1m/s；第三阶段，在木块上又叠放一个重物，使它们一起作1m/s的匀速运动。试分析弹簧秤读数的变化情况。

（6）某乘客站在匀速前行的公共汽车内，①当汽车突然刹车时，人向哪方倾倒？为什么？②当汽车突然拐弯时，人又向哪方倾倒？为什么？

二、案例分析

本学期，学校全体教师认真学习了有关"双减"和《确实减轻中小学生负担全面提高教育质量的办法》等相关文件，并领会了文件精神。要减轻学生的课业负担，全面提高教育教学质量，关键是在转变思想方面下功夫。既要减负，还要增效。有些教师总认为要提高教学质量，必须加重学生课业负担；反之，减轻了学生的课业负担，就必然降低教学质量，等等。

其实不然，如果我们在布置作业上能精心设计弹性作业，这样不仅能保证学生充足的休息时间，还能收到很好的教学效果。

传统的作业布置是一刀切的，其存在三种弊端：优生"吃不饱"，差生"吃不了"；机械性重复的作业反复做。弹性作业，即对不同学生布置不同分量、不同质量、不同要求的作业，这样，才能切实地减轻学生课业负担。

我们要在备课时，精心设计好作业题，精心设计弹性作业，既解决了学生学情差异的矛盾，充分发挥了学生的智力因素，激发了学生的非智力因素，又能充分调动学生学习的积极性，促进学生的竞争意识，培养学生的各种能力，还减少了学生用于重复、机械作业的时间，从而切实提高课堂教学效率。

学生作业管理的顶层设计和实施框架初探

大邑苏家学校　黄小燕

教师身处教学一线，是落实"双减工作"和"作业管理"中最重要的环节，既要贯彻落实缩减作业总量、作业时长、减轻学生过重作业负担的政策，还要考虑教学质量稳中有升。因此，优化作业设计、提升作业设计质量既是必然选择，也是重要保障。从学校层面讲，一方面要引导，督促一线学科教师领会政策精神，把工作落地落实，确保减负提质；另一方面必须要建立健全相关管理制度，做好顶层设计安排，科学搭建从教务处到教研组再到学科教师的实施架构。

一、制定《大邑县苏家学校作业总量控制制度》，教师规范作业布置与批改，严格控制学生课外作业量

（一）控制作业总量

根据学科特点、教材特点、学生实际有针对性地布置作业，注意训练的科学性、启发性、层次性、趣味性。

作业必须坚持精选、精讲、精练、精批。要适时适量，注意口头和书面作业相结合，严禁题海战。

课堂作业一般要求在课内基本完成，确需课外完成的，要严格控制好时间，不给学生带来过重的作业负担。

努力尝试分层布置作业，不搞"一刀切"。

课外作业的总量要符合上级教育行政部门规定，严格控制学生作业总量，真正做到减负增效。一、二年级不布置课外作业，三至六年级课外作业量每天不超过1小时,七至九年级课外作业总量每天不超过90分钟。并且这些作业必须在课后服务时间完成大部分,少量确实完不成的才可以回家做。严禁以罚做作业来变相体罚学生。

做好各学科间的作业统筹与协调,合理均衡分配各学科作业量,从而保证学科作业总量不超标。要求各学科教师每天在布置作业时与班科教师协调作业内容和时间,班主任作为本班作业调控的总负责人。还倡导教师设计个性化作业。

要求全体教师分层设计作业,不同层面的学生完成符合本层面特点的作业,体现量力而行、因材施教的教学原则。有条件的还可以采用菜单式作业,让学生自主选择适合自身情况的作业来完成。需要强调的是,在考虑作业总量控制时,也把音乐、美术、体育、科学、思想品德、道德与法治等学科的实践性作业纳入考量范围。

(二)监控措施

作业质量监控:教师布置的作业要紧密围绕教材重点和难点进行精选,既要有基础知识,又要有基本技能训练题目。对少数作业速度慢(尤其是学困生)的学生降低要求,分层布置。避免机械重复性作业,禁止惩罚性作业。教师要及时批改和精评作业,做到有做必批,有批必评。

作业形式监控:以教研组为单位进行研究,做到同一年级同一学科课外作业一致。可以根据本班学生实际或学科特点,布置口头朗读作业、实践作业等。

学习资料监控:严格控制各种复习资料的征订和使用,不得擅自向校外订购或向学生推荐购买有关各类作业资料。

打印资料监控:教师打印作业必须先由教研组教师进行商定并到教务处签批条才能打印,不得单独打印资料,严禁不加选择地盲目翻印资料。

学生监控:各班级学习委员每日统计各科的作业量,每天将统计表上交一次,并及时予以公示、反馈;教务处每月不定期召开学生座谈会,进一步了解学生作业情况。

家长监控:公布监督电话,家长发现问题可随时进行反馈,学校及时处理,落实家庭监控。

二、制定作业公示制度并严格执行

为深入贯彻落实国务院办公厅《关于进一步减轻义务教育阶段学生作业负担和校外培训负担的意见》和四川省、成都市、大邑县教育局等关于落实"双减"的文件精神，进一步加强并优化学校作业管理，严格控制学生作业量，切实减轻学生课业负担，特制定作业公示制度，并严格执行。

制定《大邑县苏家学校作业公示制度》，让学校、家长、学生都参与监督教师作业设计，促使教师认真对待每天作业，优化作业设计，丰富作业形式，做到数量与质量兼顾，层次性和可选择性共存、灵活性和生动性同在。严格控制作业总量和作业时间，严禁布置惩罚性作业，切实减少简单记忆、机械重复的练习，精心选择与学生基础相适应的、重在迁移运用的作业。加强作业形式的灵活性和生动性，调动学生的学习积极性和创造性。每天把作业内容展示在教室门口的毛毡板上，便于每个老师、学生、家长知晓和监督每天的作业内容和作业量，有了公示与监督，也有效地杜绝了惩罚性、机械性、重复性作业的出现。

学校鼓励音乐、美术、体育及道德与法治、科学等学科布置适量的实践性作业，并且规定星期四下午的延时辅导时间为学生兴趣活动时间，学校设置了书法、国画、舞蹈、轮滑、阅读、跳绳、乒乓球、下棋等兴趣活动，学生根据自己的兴趣选择自己喜欢的活动参加。任何班级、任何老师都不布置课外作业。

三、制定《大邑县苏家学校作业质量定期评价制度》

（一）规范作业

一年级、二年级学生作业本和练习册封面原则上由教师统一填写，如果学生能够写，可以在老师的指导下书写，不能出现学生名字错误的现象。其他年级学生作业本和练习册封面可以由学生自行填写，要求班级学生墨水统一、书写规范。

学生作业本内的作业按教材或教研室所提出的要求进行书写，书写工整。

作业批改要及时、认真，避免出现知识性错误。批改符号要规范统一，批改要注明等级、时间。

学生作业出错的地方要有学生的订正（学生订正统一使用红笔，便于教师第二次修改）和教师的二次批改。对作业中存在的共性问题要进行综合分析，集体讲评订正；对基础较差的要进行个别辅导。

（二）评价作业

通过常规检查、阅卷调查，组织听、说、读等多种形式的学生综合素质测评对教师作业设计质量进行评价，促使教师正确认识学科作业功能，严控作业数量，创新作业类型结构，努力提高学科作业设计质量。

四、制定《大邑县苏家学校学习困难学生帮扶制度》

因材施教。对学习有困难的学生要给予针对性帮助，重视基础知识的落实，使其达到学习目标。

讲求实效。无论个别辅导、小组辅导，还是全班辅导，要把教授知识和辅导学法结合起来，一次辅导解决一个问题，注重实效。

灵活多样。除了教师的辅导之外，还可以采用"一帮一""多帮一""互助组"等形式开展辅导活动。学校、班级、学科教研组要把学习困难学生的转化作为一项重要内容，定期召开教育和转化交流研讨会，研究教育教学手段方法，做细帮扶工作。要客观看待学生的个体差异，正视学生的差异性，设计基础性和趣味性相辅相成的作业，加强帮扶的针对性，准确掌握帮扶对象的动态变化，有效解决学习困难学生作业难、作业慢的问题。

五、制定《大邑县苏家学校教研组作业设计研讨制度》

积极参加教研室、学校、县（区）、市等各级各类教研活动，促进自身教学理念的更新和教学行为的改变从而优化作业设计。

认真参加校内听课评课活动，并且写出自己的心得。本学科的教学研讨活动本学科组老师必须调课参加（学校当天因公外派老师除外）。

每位任课老师服从学校教研组长、备课组长的安排，对每课时的作业设计进行研讨，形成文档，有质量地完成每一课的作业设计。

积极参加学科论文撰写活动。定期在同年级同学科教师中开展以提高作业设计质量为主题的研讨活动，期末在全校范围内开展优秀作业设计评比活动。每位教师形成自己的教学论文、经验总结、叙事案例、实验报告等至少1篇,学期末按教研组分学科按要求上交再进行评比。

就成果与经验推广还需要制定《大邑县苏家学校作业设计共建共享方案》,以年级学科为单位建立并逐步充实、丰富与优化作业设计资源库,实现优质作业设计资源共建共享。资源库建成后,既可减少作业设计时因人而异造成的随意性,保证质量相对稳定,又可减轻教师工作量。

"双减"背景下学生作业设计管理困境之我见

大邑县苏家学校　陈佳　田惠中

乡村学校面临着乡村振兴和教育振兴的双重任务。乡村振兴为乡村教育振兴提供了根本动力。"双减"政策的推出，又为乡村教育振兴供出了新的思路和机遇，并做出了新的规范，预示着乡村教育发展的新空间。

一、作业管理的现实困境

"双减"实施以来，学生的日常生活和学习的变化主要体现在假期文化科类辅导班的突然消失。在苏家，各村经济结构以蔬菜种植和外出打工为主，学生家长多为菜农和打工人，他们一是没时间陪伴孩子，二是没有足够的能力指导孩子。"双减"实施以来，部分家长能做到孩子作业完成后，陪孩子一起读读书、做做游戏；但也有部分家庭的孩子只限于做完作业，之后就玩手机去了；更有甚者作业还没有认真完成就玩去了，处于"放养"失控状态。

现在学生家长对统一取缔文化科类辅导班感到高兴的同时，也有些担心。因为他们认为学生主要靠参加中高考的考试成绩进入高一级学校。"双减"的实施会导致部分家长无所适从，家长们期盼继续延长孩子在校学习或活动时间，也期盼学校对自己的孩子能开展更多个性化的教育。

对学校来说，高效课堂依旧是我们主要的研究课题。"打造高效课堂，培养良好习惯"，更加成为一所学校的重中之重。这也为校本课程、社团发展带来了机遇；为学生的兴趣培养，多元发展带来了机遇。老师们反映，"双减"实施之前，老师怕学生在家贪玩、不知道学习，总是想通过作业安排学生的时间，布置的家庭作业多一些，以期他们的成绩好一些；现在国家规定了小学生在家完成作业每天不超过60分钟，初中每天不超过90分钟，时间上有了上限，我们就要根据所学内容和学情，精心精选适合每一个学生个体的家庭作业，提高作业的科学性和有效性。并且要重点对学困生进行家访，帮助每一个学生在"双减"的政策下跟上班，不掉队。让每个孩子都能开花。

（一）学校情况分析

学校整体情况。苏家学校位于大邑县安仁镇苏家虹桥社区，是一所九年一贯制的寄宿制学校。学校占地20240平方米，校舍建筑面积7953平方米。学校现有学生549名，教职工56人。学校的办学理念受陶行知先生"生活即教育"理论观点的启示，设定为：以"生活教育"为根本，以"养成教育"为抓手。

师资现状分析。教师年龄结构偏于老龄化，50岁以上的教师所占比例超过50%；小学教师平均年龄为52岁，初中教师平均年龄为51岁，教师在教学水平、敬业精神、教科研意识等方面存在较大差异，两极分化严重，存在明显的"木桶效应"；年轻后备人才储备缺乏，中层管理人员力量不足。

学历结构。学校专任教师中，研究生学历1人，大学本科学历25人，大专学历29人，高中学历1人。

生源分析。学校生源质量不高。地处大邑县城和安仁古镇之间，面临较为尴尬的处境，一边是有着深厚文化底蕴的古镇，一边是富有现代教育气息的县城。学生基于对优质教育的追求，导致学校优生流失较多，生源不断减少，生源质量逐渐下降。这些都制约着学校办学水平的提高，学校整体教学质量亟待提升。

（二）家庭情况分析

1. 家长的教育理念问题

学校地处乡村，学生中有大量的留守儿童。据调查分析，约80%的学生父母的文化程度均为初中文化水平，在家难以对孩子进行系统化的教育，许多家长在将孩子送入学校后就采取"放养"的态度，从而忽略了家庭教育对孩子的作用。

对于许多农村地区的家长而言，对自己的孩子的未来没有一个清晰且正确的规划，总抱着一种"差不多就行了"的心态。他们意识不到家长才是孩子的第一任老师，家长对孩子的成长起着至关重要的作用。

2. 孩子的监护问题

随着城市化进程的进一步加快，乡镇上的年轻父母大多进城务工，就导致了留守儿童的出现。以七年级为例，整个年级60%的学生家长在外务工，留守儿童被托付给爷爷奶奶，外公外婆代为监护。而老一辈的教育观念大多滞后，教育理念非常传统，大多停留在"吃饱穿暖万事足"的水平，往往会忽略孩子的学习以及孩子的情感教育。与此同时，父母长期不在孩子身边，跟孩子缺少沟通交流的机会，不能了解孩子内心的真实想法。这种情况就容易催生一些孩子肆意妄为的心理问题，从而给教育教学带来诸多问题。

3. 孩子的作业辅导问题

据调查研究发现，学校有80%的学生家长文化水平为初中文化程度，随着孩子学习任务的加重，90%的家长表示没有能力对孩子进行课后作业的辅导，75%的家长仅能坚持检查孩子的作业完成情况。

而周末作业辅导问题在留守儿童身上存在更为严重的问题，由于学校60%的学生均为留守儿童，由爷爷奶奶代为监管，所以这类学生家长表示，在家不仅没有人有能力辅导作业，就连保证作业的完成程度都有很大问题。作业的辅导是家庭教育中重要的一部分，孩子能够在父母的帮助下去探究学习的意义，对孩子未来的发展起着至关重要的作用。

（三）学生情况分析

苏家学校地处乡村，孩子们的学习习惯有待提高，完成作业的能力也存在差异，教研组综合分析得出，学生在作业管理中的个体差异主要表现在"质"和"量"两个方面，"质的差异"指身心发展方面的不同及行为方式上的不同，"量的差异"指发展速度的快慢和发展水平的高低。由于学校生源质量不高，优生比例较低，学生间的个体差异具体表现在以下三方面：

一是思维能力的差异。任教教师在作业设计中发现学生思维能力还稍有欠缺，他们不能在作业上真正做到举一反三。一些学生缺乏思考和分析的习惯，面对迁移性有难度的作业题时，就会选择逃避。同时教师也不能通过学生空白的作业，了解学生对于学习的真正掌握情况，不能做到因材施教。

二是学习方式的差异。学生个体差异还体现在学习方式方面。许多学生从小没有养成正确的学习方法，也没有养成按时保质完成作业的习惯。大部分学生通常会根据学习内容死记硬背，根据课本寻找作业的唯一答案。学生的这种学习方式直接影响了他们的学习效率和学习能力，忽略了教师设计作业的初衷。

三是身心发展方面的差异。由于苏家学校学生大多数处于留守家庭环境中，家长的教育引导还不够，导致他们在身心发展与性格方面产生差异。这些差异使得学生完成作业的效率明显不同，优生乐意通过完成作业来巩固复习，学困生在学习上态度模糊。

二、现有研究的状况

学校地处大邑晋原镇和安仁镇之间，近几年生源萎缩，学校教师老龄化严重，搞科研动力不足。加之部分教师，认为教育科研有点高不可攀，自身理论功底薄弱，接触面窄缺乏科研能力，同时也缺少学校层面的引领，研究工作无从下手，学校的科研处于停滞状态。

很多教师在学科教学、班级管理、师生关系中都有各自的理解和困惑，但只是停留在说说议议的层面，很少深入研究，把问题变成课题的意识有待提高。学校逐渐调入了新教师，为学校注入了新鲜血液，在新校长的带领下学校成立了新的科研组，做到了人员固定，职能明确，依据学校实际制定课题。

今年在"双减"政策下，根据学校的发展和教师的需要，学校确定研究课题——如何提升作业设计水平，开展科研活动。校长牵头，教务处主管负责顶层设计，各教研组负责实施框架，形成自上而下，主动参与的教育科研局面。

三、学校的认识与观点

不久前，中共中央办公厅、国务院办公厅印发了《关于进一步减轻义务教育阶段学生作业负担和校外培训负担的意见》（简称"双减"政策），由于"双减"政策直击应试教育的功利、短视要害，因而在社会上引发了强烈反响。作业是课堂教学活动的延续，可以检测教学效果，有助于教师及时把握学情，还可以帮助学生有效巩固知识，提升应用能力，培养学科素养。

然而，在过去相当长时间里，过多过重的作业负担，不仅打击了许多学生的学习积极性，而且令大多数孩子对作业望而生畏，讨厌做作业，学习效率也无法提高。

给中小学生减负的呼声由来已久。但如何减负，众说纷纭。各地虽多有举措，但效果并不明显，甚至造成越减负学生负担越大的反作用，严重影响中小学生的身心健康。中共中央办公厅、国务院办公厅印发的《关于进一步减轻义务教育阶段学生作业负担和校外培训负担的意见》强调，要构建教育良好生态，需要有效缓解家长焦虑情绪，号准了教育问题的脉搏。

（一）"家长学校"可以发挥的作用

"家长学校"是家长的"灵魂导师"。几乎每个家长都怀有望子成龙的梦想。关于孩子的考试成绩和未来出路的关系，大多数家长误以为孩子只有在每次考试中考出高分，孩子才有出路。孩子的分数稍不理想，家长就无法释怀。在这种情况下，教师不布置课外作业，孩子不上校外辅导班，不少家长心里就不踏实。

贯彻落实"双减"，看似给中小学生减负，实质上是祛除家长的心病。家长的心病是社会心理亚健康的反映，这样的社会心理需要"家长学校"当好家长的灵魂导师，通过引导家长了解教育的本质和教育规律，解开家长的心结，达到间接给学生减负的目的。

"家长学校"可携手学员共育"英才"。中小学生的成长需要学习知识，但全面教育绝不仅仅是考卷上的那些基础知识。科学地全面育人对社会分工提出了更多的要求。对于义务教育而言，学校和家庭各自承担着什么样的任务，如何科学分工，并非每位家长都很清楚。

"家长学校"的责任在于对育人工作科学分解，让家长懂得自己的职责是保证孩子的身心健康和快乐成长。通过"家长学校"让教师和家长各司其职，教好课，教好人，不再随心所欲地给孩子加压。

"家长学校"是家庭对外沟通的桥梁。家长的焦虑情绪，也有社会的原因。现阶段，不论是中小学教育还是高等教育，教育资源的不平衡客观上加重了家长的焦虑情绪。"家长学校"要当好家长的良师益友，要积极向教育管理部门及时反馈家长普遍焦虑什么，为教育管理部门调整教育政策、化解教育问题提供第一手信息。"家长学校"要做好家庭与社会的沟通，要从更深层次服务于"双减"工作。

健康、快乐是保证中小学生学习质量的前提,"家长学校"服务好家长,服务好社会,"双减"目标将指日可待。

(二)基于校情出发的作业观

学校作为农村学校,相对县城学校来说作业负担较小,在外补课的学生也不多,但"双减"政策一下来,学校教师也意识到,教师的责任不是变小了,而是更大了,要求不是变低了,而是更高了。教师的着眼点和教学重点必须从以往只做好课本知识的传授,更多地转移到对人的培育上来,而且必须通过润物细无声的方式潜移默化让学生德智体美劳得到全面发展。为此,每一个教师都必须在思想上、行动上作出相应调整和提高,更好地扮演好立德树人、教书育人的关键角色。

给学生布置"少而精且有趣"的作业其实不是一件简单的事情,需要教师比以前下更大的功夫:教材研习要更加透彻,知识要点要更加突出,学生的情况要更全面地了解。对于作业,学校规定"精选、先做、全批、反馈"这八个字。精选的目的是减少学生作业总量,提升作业效率;先做的目的是了解学生的作业难度,掌握学生做作业需要的时间;全批的目的是了解学生的作业水平,减少教师过多布置的作业;反馈的目的是给学生进一步巩固和纠正的机会。这八个字的出发点,都是为了学生的发展。

融合理念下的信息技术整合教学实践
——以二次函数为例实践双线融合课堂教学模式

大邑县苏家学校　陈佳　田惠中　周思佳　周艳莉　陶燕　张蕊

教育信息化已成为教育改革的基本趋势。随着科技发展，社会不断向现代化信息化靠拢，信息技术手段为教学赋能已成为老师们日常教学不可或缺的部分。笔者坚持把促进信息技术与教育教学实践的深度融合作为核心理念，在智慧教育的第一线长期实践将双线融合的教学方式融入日常教学的三个场景。

教学场景包含课前、课中、课后三个环节，本文回顾和分析以上三个环节，整理出教学实践中的具体痛点。

一、关于课前，预习不落实、学情掌握不精准

课前预习，学生要了解学习内容、初步认识学习重难点；从学习的角度看，预习是对学生前置性学习基础的检测，是培养学生自主学习能力的重要载体，是帮助学生建构学科学习结构的有效措施。然而传统的预习方式存在一些问题：一是学生的预习方法单一，纸质的预习方法较为死板，不生动，难以提高学生的预习兴趣，预习流于形式；二是对学生预习缺乏更有效的指导手段，预习效率和质量普遍不高；三是预习效果缺乏有效的检测手段，教师只能按照以往经验进行备课；四是预习结果的反馈不及时。传统预习普遍存在预习作业形式化、预习检查的随意化、教师备课中学情分析的经验化的问题。

二、关于课中，分层教学难以实施，个性化教学难以实现

课堂教学是传授知识、形成能力，培养学生思维品质的主阵地。当前教学中，大班教学学生知识水平、能力基础不尽相同，使得分层教学难以实施，个性化教学难以实现；教学目标达成情况反馈不及时、不精准。

学校地处城郊接合部，80%左右的学生为外地农民工子女。由于学生客观存在的身心、认知、情感等方面各种素质发展的不平衡，学生之间存在着较大的差异。在课堂教学中，常常遇到这样的情况：优等生"吃不饱"，教师过多的讲解对于他们来说味同嚼蜡，不利于他们更进一步的发展；后进生认为进度太快，自己无法跟上，失去了学习的兴趣，越学越差，恶性循环导致他们对学习丧失信心；而对于中等生，怎样才能在有限的时间内提高他们的学习能力呢？基于以上学生差异性，教师如何开展差异教学，采取怎样的教学手段来开展差异教学呢？学生自身素质的差异，如逻辑思维能力、观察动手能力、兴趣爱好等，使得学生在学习过程中分化很快，水平参差不齐。

面对如此大的差异，如何培养学生的学科素养，教师如何激发学生对学科的兴趣，如何让有一定基础的学生更拔尖，如何让没有基础的学生可以奋勇直追，都成了教师课堂上迫在眉睫需要解决的问题。如果在"大而统"的教学模式下，学生独立思考时间和机会少，学习的主动性差，导致学生间的学习态度、学习能力、学习效果上的差异越来越大。

三、关于课后，学生缺乏个性化指导，难以解决课后疑难问题

课后练习过程中，一是由于时间和空间的限制，碰到疑难问题后，学生无法得到及时的辅导，导致问题难以及时解决；二是学生无法准确评估自己的学业短板，实现及时的针对性弥补。

就教师而言，课后作业方面也面临一些实际问题。作业评讲时间紧，一堂课的时间有限，不能大量分给作业评讲。然而统一的习题讲评，很难兼顾学生层次，有些学生不需要，有些学生却需要反复学习。

基于以上教学场景中的三个环节，本课例设计了三个环节用以解决在课前、课中与课后的痛点问题。

课前自主学：教师推送预习资源，学生自主预习，完成预习检测并拍照

上传，智慧教学平台智能批阅，检测结果自动反馈教师，教师根据预习效果调整教学设计。

课中精准学：课上，首先根据预习反馈，解决学习薄弱点，并明确当堂课主要的学习任务；授课中，在新知讲解完成后，教师分层推送学习任务，并提供学习资源；学生独立完成学习任务，在碰到问题后，学生在"虚拟教师"帮助下，通过观看微课解决个性化问题；学习任务完成后，根据任务完成情况统计，针对全班共性问题，在教师引导下，学生间开展小组合作式的讨论分析，判断问题成因，归纳问题解决的办法，从而引导学生高阶思维能力的形成；为检查当堂课教学目标是否实现，教师发布课中"微练习"，依托平台智能批阅，当场反馈学习效果，掌握学生当堂学习目标实现情况，对有差距的学生，课后针对性辅导。

课后拓展学：一是用疑难问题视频解析指导学生学习。教师布置课后学习任务，并录制好当天疑难问题的视频解析。学生首先完成巩固练习，教师定时推送视频解析；学生通过观看视频解析及时解决疑难问题，并收集整理形成学科错题集。二是构建知识图谱，实现自适应学习。教学平台自动采集学生学习数据，形成学生个人知识图谱；系统通过分析知识图谱，形成学生的能力薄弱点；结合薄弱点分析，系统自适应向学生推送学习资料和巩固练习，帮助学生突破薄弱点，完善学生知识结构，提升学生的能力水平。

附：

本文以《二次函数与一元二次方程的关系（1）》为例，详细阐述双线融合教学模式的实践探索。

《二次函数与一元二次方程的关系（1）》

一、课前预习与检测反馈（课前部分）

学生活动：在家自行观看预习微课视频（教师录制），完成预习检测单，并拍照上传。

教师活动：根据预习情况反馈，进行二次备课。

【设计意图】

以预习微课为载体，提前让学生回顾本节课所需储备知识，利用智慧教育平台，对预习检测进行批阅和数据统计，通过平台反馈数据，了解学生的基本学情，根据数据情况，对本节课进行二次备课，精准备课。

【双线融合教学分析与反思】

（1）预期目标。

学生在家自行观看微课，完成课堂所需前置知识的复习和训练。教师通过线上平台自主批阅的数据，对课堂设计进行二次备课，在课中精准指导学生的学习活动。

（2）实际效果。

预习单的数据收集可以让教师对学生课前的学习情况了解更加精准，特别是全班性的共性问题，对于二次备课意义重大。对于预习检测正确率偏低的学生，在课前给予单独指导，同时在课中加强对这部分学生的关注，帮助他们顺利完成课堂任务。

（3）存在的问题。

学生在家观看预习微课的数据收集无法完成。因预习检测的内容有限，获得的检测数据有限，对于备课的指导意义也是有限的。在预习检测题目的选择上，对于教师的要求较高，如何设置高质量高水平的预习检测单也是教师面临的难题。

（4）技术手段。

教师微课录制，微信小程序自主批阅系统。

二、课堂教学过程（课中部分）

（一）情景导入

问题1：同学们请看 $2x^2+3x-1$ 这式子是什么呢？

问题2：$2x^2+3x-1=0$ 这又是什么呢？

问题3：$y=2x^2+3x-1$ 这又是什么呢？前面我们已经学习了一元二次方程和二次函数，那么今天我们将要来学习二次函数和一元二次方程之间的关系。

师生活动：学生齐答，教师多媒体呈现课件并引出本章课题——二次函数与一元二次方程的关系。而后教师用多媒体展示预习反馈结果，并对预习情况进行评价。

【设计意图】

通过二次三项式的变化，让学生初步感受二次函数与一元二次方程表达式的联系，激发学生的探索欲，从而自然引出课题。对预习结果进行评价，对学生的预习进行肯定，强化学生预习的习惯。

（二）旧知回顾

问题4：

1. 一元二次方程 $ax^2+bx+c=0$ 的根有三种情况：

①当 $\Delta>0$ 时，方程有_____的实数根。

②当_____时，方程有两个相等的实数根。

③当 $\Delta<0$ 时，方程_____实数根。

④当_____时，方程有实数根。

2. 二次函数 $y=x^2-3x+2$ 的图象。

与 x 轴的交点为_____；与 y 轴的交点为_____。

师生活动：教师播放多媒体并抽问，学生齐答或个答问题。

【设计意图】

若预习数据良好，本阶段则快速抽问，若预习数据反馈学生某个知识点不足，则着重复习。

（三）小组共学

小组共学：二次函数 $y=x^2+2x$，$y=x^2-2x+1$，$y=x^2-2x+2$ 的图象如下图所示。

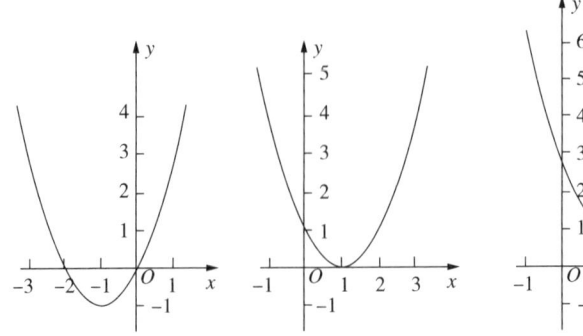

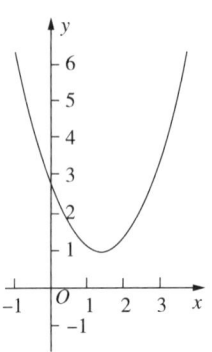

（1）

二次函数 $y = x^2 + 2x$ 的图象	一元二次方程 $x^2 + 2x = 0$
与x轴的交点个数：_____	解的个数：Δ ____ 0；____ 个 ____ 的实数根
交点坐标：_____	解分别为：_____．

（2）

二次函数的图象 $y = x^2 - 2x + 1$	一元二次方程 $x^2 - 2x + 1 = 0$
与x轴的交点个数：_____	解的个数：Δ ____ 0；____ 个 ____ 的实数根
交点坐标：_____	解分别为：_____．

（3）

二次函数的图象 $y = x^2 - 2x + 2$	一元二次方程 $x^2 - 2x + 2 = 0$
与x轴的交点个数：_____	解的个数：Δ ____ 0；_____ 实数根

（4）二次函数 $y = x^2 + 2x$，$y = x^2 - 2x + 1$，$y = x^2 - 2x + 2$ 的图象与x轴交点的坐标分别和一元二次方程 $x^2 + 2x = 0$，$x^2 - 2x + 1 = 0$，$x^2 - 2x + 2 = 0$ 的根有什么关系？尝试用自己的语言描述（口头描述即可）。

（5）二次函数 $y = ax^2 + bx + c$ 的图象与x轴交点的坐标分别和一元二次方程 $ax^2 + bx + c = 0$ 的根有什么关系？

二次函数 $y = ax^2 + bx + c$ 的图象与x轴交点的_____对应一元二次方程 $ax^2 + bx + c = 0$ 的根。

学生活动：先独立完成（2分钟），再小组讨论（3分钟），将讨论的结果拍照上传，并准备稍后的展讲。

教师活动：教师观察并适当指导学生讨论，利用智慧教学工具，进行计时，同时收集学生的讨论结果。教师在讨论完毕之后，利用学生上传的照片，邀请小组代表进行展讲，并适当补充和总结。

【设计意图】

本环节以问题串的形式展开探究学习,学生先独立思考,遇到困难后自发进行讨论,感受二次函数与一元二次方程的对应关系,并初步习得数形结合的思想方法,在生生交流中,获得思维的碰撞。教师通过智慧黑板的计时功能,强调课堂秩序,通过图片的拍照上传功能,让每一个小组的成果都能在全班展示。小组代表展讲环节,进一步补充完善学生的讨论结果,同时培养学生善思、善讲的能力。

总结归纳:

二次函数 $y = ax^2 + bx + c$ 的图象	一元二次方程 $ax^2 + bx + c = 0$	Δ
与x轴有两个交点	___个_____的实数根	Δ___0
与x轴有一个交点	___个_____的实数根	Δ___0
与x轴___交点	没有实数根	Δ___0

二次函数 $y = ax^2 + bx + c$ 的图象与x轴交点的_____对应一元二次方程 $ax^2 + bx + c = 0$ 的根。

师生活动:学生在教师带领下,进行总结,教师展示课件,并书写板书,展示本节内容的知识脉络和思维方法。

【设计意图】

通过总结,进一步习得本节课重难点。

(四)游戏环节

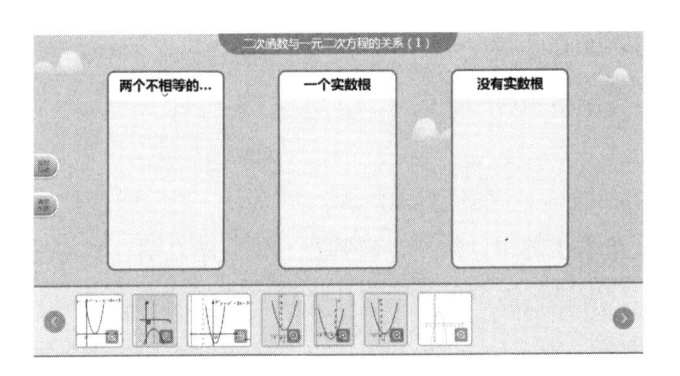

师生活动：教师推送游戏至学生端，学生进行分类游戏，游戏完毕后，系统自动排名，教师对回答正确的同学进行表扬。

【设计意图】

利用智慧课堂软件，制作二次函数与一元二次方程对应关系的分类小游戏，将游戏元素引入课堂，让学生初步应用二次函数与轴交点与一元二次方程根的对应关系。

（五）例题精讲（1）

例1 观察图中的抛物线与x轴的交点情况，回答下列问题。

（1）方程 $x^2 + x - 2 = 0$ 有_____实数根，
其根分别是_____。

（2）方程 $x^2 - 6x + 9 = 0$ 有_____实数根，
其根为_____。

（3）方程 $x^2 - x + 1 = 0$ 实数根。

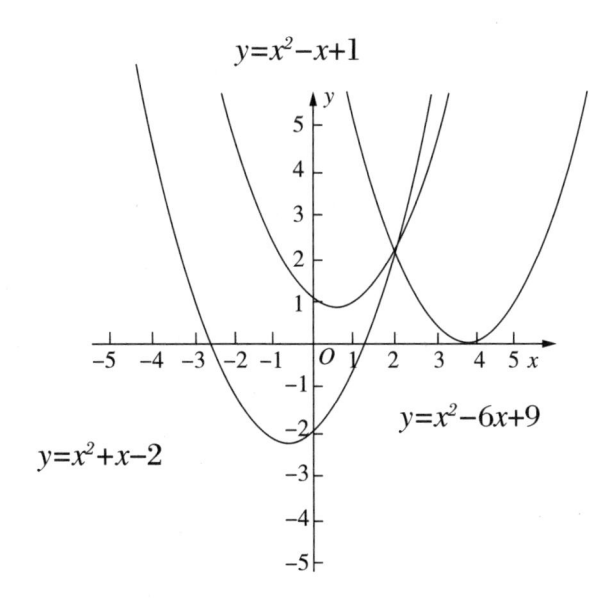

师生活动：教师提问，学生举手回答。

【设计意图】

再次强化对应关系，强化解题思路。

（六）个性化微课学习（双线融合教学特色）

变式1

（1）二次函数 $y = x^2 - 4x + 4$ 的图象与x轴的交点情况是（　　）

A. 一个交点　　B. 两个交点　　C. 没有交点　　D. $k \leq 2$

（2）若函数的图象与x轴有两个公共点，则k的取值范围为（　　）

A. $k \geq 4$　　B. $k < 4$　　C. $k > 4$　　D. $0 < k < 4$

（3）若抛物线 $y = x^2 - 4x + 2k$ 与坐标轴只有一个公共点，则k的取值范围为（　　）

A. $k \geq 2$　　B. $k < 2$　　C. $k > 2$　　D. $k \leq 2$

拓展：

（4）如果抛物线 $y = ax^2 - 2ax + c$ 与x轴的一个交点为（3，0），那么一元二次方程 $ax^2 - 2ax + c = 0$ 的根为（　　）

A. $x_1 = 3$，$x_2 = -1$　　　　B. $x_1 = 3$，$x_2 = 1$

C. $x_1 = -3$，$x_2 = -1$　　　　D. $x_1 = -3$，$x_2 = 1$

学生活动：学生先独立完成前三道题目，后利用智慧设备提交答案，而后分别戴上耳机，观看自己错误题目的微课视频（教师录制），进行个性化学习。若学生全对，则观看第四道拓展题目微课，为小组共享学习做准备。个性化学习时间完毕后，学生回答教师抽问，而后所有学生进行分组讨论拓展题目，其中由全对的学生在组内主讲。

教师活动：教师利用智能设备推送题目，获得数据反馈，利用反馈的数据，表扬答对的同学，同时为犯错的学生推送个性化微课，并巡视学生观看情况。而后，对上三道题目犯错的学生进行二次抽问，检测微课学习效果。最后组织学生小组讨论拓展题目。

【设计意图】

利用智慧设备的反馈数据，为学生分层次推送微课视频，实现了课堂中的分层次教学，同时学生戴上耳机，进行个性化学习，再次对课堂的重点难点进行学习。不同层次的学生在此环节中都能有所收获。

【双线融合教学分析与反思】

（1）预期目标。

在课中利用分层次题目，根据学生的完成情况，对不同学生推送分层次的微课讲解，实现学生的个性化学习。题目类型暂定为三个等级，由易到难排列。学生按照顺序完成题目，在完成题目过程中，根据学生个性化的需求，学生可选择性观看题目辅导的微课。对于学习有困难的学生，他们可以反复观看基础微课，对于学有余力的同学，可以选择冲击拓展难题，并在微课的指导下完成拓展学习。教师巡视课堂，管理课堂秩序，并对个别学生给予帮助。

（2）实际效果。

学生在课中，按照顺序完成相应的分层次练习，同时根据自身情况，选择所需微课资源。在微课资源的帮助之下，所有学生能完成基本教学目标，大部分学生能完成拓展学习的教学目标。教师在课堂巡视中，管理课堂秩序，并对部分学生加以指导。

（3）存在的问题。

因技术原因，所有题目和微课是一次性分享给学生，这就会导致部分学生没有完成前部分任务而直接进入后面的任务，学习活动的秩序稍显混乱。本环节因为采用微课帮助学生学习的方式，忽略了学生与学生之间的互动与合作，课堂的生生互动稍显不足。

（4）技术手段。

学生平板微课推送，答题情况平板收集。

（七）例题精讲（2）

例2 已知二次函数 $y = x^2 + (a-1)x + a - 3$

求证：不论 a 为何值时，该二次函数的图象与 x 轴一定有公共点。

求证：不论 a 为何值时，该二次函数的图象与直线 $y = 1$ 一定有两个交点。

当 $a = 3$ 时，若直线 $y = n$ 与该二次函数的图象始终有交点，求 n 的取值范围。

（利用网络画板观察动画）

师生活动：教师对题目进行分析和讲解，并在黑板示范区进行例题的规范书写，同时强调解题思路，明确题目的通解方法。学生在教师带领下，进行笔记书写并回答问题。而后教师利用网络画板动画，让学生直观感受数形结合的数学思想。

教师将网络画板推送给学生，学生在小组内部进行拖动，在动手实践中进一步内化知识。

【设计意图】

进一步应用本节课所学的对应关系，同时深化数形结合的数学思想。

（八）总结归纳

二次函数 $y = ax^2 + bx + c$ 的图象	一元二次方程 $ax^2 + bx + c = 0$	Δ
与 x 轴有____个交点	____个____的实数根	Δ____0
与 x 轴有____个交点	____个____的实数根	Δ____0
与 x 轴____交点	____实数根	Δ____0

师生活动：学生自行进行总结，教师展示课件。

【设计意图】

对所学知识进行复习和总结。

（九）达标检测

师生活动：教师推送检测题目，学生答题完毕后利用设备进行提交。

【设计意图】

检测本节课的学习情况，并收集相应数据。

三、课后微课辅导（课后部分）

教师活动：教师利用达标检测数据，对未能检测过关的学生推送个性化辅导微课。

学生活动：学生在家反复观看微课视频，并订正达标测评。

【双线融合教学分析与反思】

（1）预期目标。

教师根据课中答题收集的数据，为正确率较低的学生推送相应的微课资源和变式练习，学生课后完成后，再次提交。

（2）实际效果。

教师根据课中答题收集的数据，为正确率较低的学生推送相应的微课资源和变式练习，学生课后完成后，再次提交。

（3）存在的问题。

由于课中答题环节，为学生推送了辅导微课，部分学生是观看微课之后提交的答案，并非独立思考的结果，故而收集的数据情况不够准确，部分需要课后练习的学生未能加入课后拓展名单。

（4）技术手段。

平板题目微课推送功能。

双线融合的智慧教学之路还很漫长，经历了一次次的实践和摸索，教师和学生都在双线融合的教学模式下获得了成长。

①提高了学生自主学习与解决问题的能力。学生通过独立学习线上微课，完成相应练习，提升自主学习能力，利用微课打造学生个性化学习环境，在这样的模式下，有更多的自主学习时间留给学生。学生可以按照自己的思路自主探索。遇到问题时，教师可及时介入，提供一对一的个性化辅导。这样的模式具有高度的灵活性、个性化。学生遇到问题，大部分情况下还是学生自己解决；既能培养学生自主学习的能力，也能提高自我解决问题的能力。

②实现了教师的分层次教学和学生的个性化学习，提升教学质量。学生以微课为载体进行线上学习，这使得学习的节奏和快慢都完全由学生自己掌握，这充分给予了学生自主的个性化学习空间。同时，教师在课堂内分层次推送微课，兼顾了各类学生层次，在有限的时间和空间中，充分满足不同学生的学习需求，将课堂效率最大化。

③通过信息技术的应用，促进了教师教学行为转变，改进教学思想，改革教育模式。教师运用现代信息技术，有效针对学生进行差异性教学，提升课堂效率。既为学生打下坚实的知识技能的基础，又培养他们正确的情感、

态度、价值观，促进学生素养不断提升。

在这个技术快速迭代，社会加速转型的时代，教育理念的现代化，离不开教育技术的现代化。信息技术日新月异的发展，带动了双线融合教学模式的大力推进，平板电脑等新的学习载体为双线融合教学提供了助力，也使得学校的课堂教学发生了很大的变化。如何使用信息技术手段，采集更丰富更准确的学习过程数据并加以科学利用，形成教学的闭环，让学生的学习变得更加高效，这都是未来探索的方向。

"双减"下初中化学作业设计
——以第五单元课题 2 化学方程式书写为例

成都市新津区普兴初级中学　谢彬

作业是教学过程的一个组成部分，是课堂知识技能及时巩固的重要途径；是学生解决问题、创新实践、思维能力提升的重要途径。课堂听讲基本只能达到"会用"，要使学习的知识形成技能，转化为能力，还必须通过复习、完成作业等活动才能实现。在"双减"政策下，要想解放孩子，最关键是要解决作业设计的问题。

一、"双减"下作业设计的几点认识

（一）对"双减"的认识

这学期开学，手机上电视上不停地播报关于"双减"的政策消息，"双减"就是要减轻学生在学校和校外培训的负担，减少作业量，但减量又不能减质。"双减"后家长对教师工作有了更高的期待，教师必须要认真学习领会"双减"精神，提高自己的判断能力，切实提升自己实施素质教育的意识，才能用更加创新的理念开展教育教学工作。作为一名初中化学教师应该怎样把"双减"的要求落实在自己的课堂上及课后作业上呢？笔者开始尝试做出以下的改变。

充分钻研教材教法，提升自我素养，课堂上精讲精练。聚焦"双减"，学习比较前沿的教育教学理论，观摩其他教师"双减"后的课堂实录，钻研教材教法，提升课堂教学设计与实施的能力。课堂上做到少废话，利用好每一分钟，充分发挥化学实验的功能，激发学生的学习兴趣和提高探究学习的能力，重点内容精讲精练，难点内容各个击破。

（二）以学生为本，植根课堂提升作业质量

课堂中坚持以学生为本，发展学生核心素养，结合学生的发展需要，聚焦教学目标，巧妙设计活动，发挥学生在课堂上的能动性，让学生动起来。学生能通过学习，提升探究能力、合作能力和获得学习成功的喜悦。

试着改变以练习册为主的作业，可以创新作业内容与形式，让学生充分感受课程学习的获得感。我们要多学习作业管理有成效的老师的经验和方法，提高作业的设计、批改和反馈的质量。从根本上减少以刷题为习惯的作业模式，降低作业总量，提高作业的训练效果。

二、对作业功能的认识

作业是课内知识及课后巩固的主要途径，也是反馈学生学习成果的重要方式。而对作业时间也有相关要求，那么学生怎么在有限的时间内高质量完成作业，并能对知识进行很好的巩固呢？这需要教师对作业做精心设计与布置了。

化学教师要正确认识作业的育人功能，正确处理好课堂作业与课后作业的关系，处理好学生作业与提高教学质量的关系。如布置的作业是紧跟考试要求，避免不需要掌握的知识花时间来练习，把时间用在刀刃上；上课时注重学生化学实验动手能力的培养，设计实验活动是探索知识的重要方法。

化学作业设计应落实立德树人根本任务，发展素质教育，遵循培养德智体美劳全面发展的社会主义建设者和接班人的教育方针。坚持"五育"并举，落实全面发展的培养目标，让学生在完成作业的过程中，坚定理想信念、加强品德修养、增长知识见识、培养奋斗精神、增强综合素质，真正成为学习和生活的主人。真正做到减轻学生过重的课业负担，促进学生德智体美劳全面发展。

三、根据学生情况，对化学作业改革的几点尝试

（一）精选作业内容

作业内容，分课堂练习和课后练习。课堂练习十分钟左右，课后作业每天化学作业控制在15分钟到20分钟。题不在于多，而在于精，学生要精练，

避免重复的题反复练习既耽搁了时间，也没有效果，所以课堂练习和课后作业都应该精选。

第一，基础性。课堂上作业以基础知识练习为主，作业内容应关注初中化学中的基础概念、基本原理及学生应知应会的基础知识和基本的学科思维方法，比如物质分类的原则、化学实验基本操作、化学用语等。

第二，典型性。要选择具有代表性的试题，以突出核心知识、原理和方法，比如在学习酸碱盐的知识时，应围绕典型的酸碱盐的代表物质设计作业内容，充分体现化学物质的性质和用途。

第三，实践性。化学是一门实践性很强的学科，要适时开展社会调查、家庭小实验等，丰富作业内容和形式。

第四，综合性，教辅资料的使用，不能完全依靠教辅资料，可以对题进行重组，整合作业内容，提升作业内容的综合性。

（二）丰富作业形式

要改变传统的以书面作业为主的单一作业形式，应结合初中化学学科的特点，开展形式多样的作业。书面作业应有较强的针对性和实效性，要从加强学生的思维能力，提升学生的学科素养入手，比如利用化学方程式的计算，需要学生书面演练，体验质量守恒定律在化学计算中的应用。

在学习化学的初始阶段，可以开展学生之间相互抽问的口头作业。积极开展材料易得的、安全可靠的化学家庭小实验，例如，学习了水的净化，可以布置家庭小实验，自制净水器；学了硬水软水的检验，可以鉴别下家里所用的水是硬水还是软水等，这些化学家庭小实验也能及时巩固所学内容，并体现知识的实践价值。

（三）把握作业难度

认真研读中考考试说明，把握作业难度。同时，应紧扣现行教材内容，关注学生年龄特点和认知水平，并在作业设计与实施的过程中保持课程标准、作业目标、作业内容和作业评价的一致性。不能出现偏题、怪题、难题和陈旧的题目，要结合时代的发展，尝试以化学学科的新近科技成果为试题背景，创新作业的内容和形式，切实做到"教—学—评"一体化。

（四）分层次布置作业

学生学习情况不一样，根据学生掌握知识的特点，分层次布置作业，哪些题是必做，哪些是选做，哪些题是部分学生可以不用做的。有针对性的作业更能满足学生需求，在习题评讲时也有侧重点。

四、以如何正确书写化学方程式课后作业设计为例

该课题新课教学课时安排是一节课，需要完成的教学目标是：学生知道化学方程式书写的原则，能正确书写简单的化学方程式；以质量守恒定律为依据，解决方程式书写的关键配平；采用讲练结合的方法，调动学生积极参与活动；培养学生严谨、认真的学习态度；培养学生尊重事实、实事求是的科学态度。

该课题作业分成三次，第一次刚学习了化学方程式书写，布置学过的要求掌握的化学反应方程式书写（属于基础性作业）；第二次是在第一次书写评讲后，对学生易错的地方进行强调，然后布置判断化学方程式正确的习题及对化学方程式遵守质量守恒定律的理解（从反面错误正确书写化学方程式）；第三次是在前两次作业的基础上，布置对知识迁移能力要求的题，是前两次作业的升华。每一次作业不多，但都有针对性。

作业目标	了解化学方程式书写的原则；掌握正确书写化学方程式的步骤；学会书写学过的方程式，给出一定信息写方程式，及看微观反应写方程式，形成会书写方程式的能力；理解化学方程式的意义；会总结问题，发现自己在知识学习上的不足。
题型	选择题、填空题
基础性作业（必做） 时间15分钟 利用化学方程式书写的方法，书写学过的化学反应	
作业内容	设计意图
化学方程式的书写原则： ①_____ ②_____。 2. 写出学下列反应的化学方程式： （1）碳在空气中燃烧：_____ （2）硫在空气中燃烧：_____ （3）铁在氧气中燃烧：_____ （4）氢气在空气中燃烧：_____	先从熟悉的、学过的化学反应开始书写化学方程式。 1. 让学生正确书写化学方程式； 2. 体会化学方程式书写过程及化学方程式的完整； 3. 完成作业过程中掌握书写方法，形成自己书写方程式的能力；

（5）镁条在空气中燃烧：＿＿＿＿＿＿ （6）磷在空气中燃烧：＿＿＿＿＿＿ （7）水通电：＿＿＿＿＿＿ （8）高锰酸钾加热制氧气：＿＿＿＿＿＿ （9）氯酸钾在二氧化锰作催化剂条件下加热制氧气：＿＿＿＿＿＿ （10）过氧化氢在二氧化锰作催化剂条件下：＿＿＿＿＿＿ （11）铁和硫酸铜溶液反应：＿＿＿＿＿＿ （12）碳酸钠和盐酸反应：＿＿＿＿＿＿ （13）氢氧化钠溶液与硫酸铜溶液反应生成氢氧化铜沉淀与硫酸钠溶液； ＿＿＿＿＿＿＿＿＿＿＿＿＿＿＿＿ （14）氢气和氧化铜加热反应生成铜和水： ＿＿＿＿＿＿＿＿＿＿＿＿＿＿＿＿	4. 有些方程式书写较简单，在新知识的学习中，如果能很容易完成，学生可以体会到成功的喜悦，才有继续探究下去的兴趣。

基础性作业（必做）
时间15分钟内
掌握了书写化学方程式的方法，判断化学方程式书写正误及推出化学方程式中某个物质的化学式

作业内容	设计意图
1. 下列化学方程式书写是否正确？如不正确说明原因。 （1）氧化汞加热分解 $HgO \stackrel{\triangle}{=\!=\!=} Hg+O_2$ （2）硫在氧气中燃烧 $S+O_2 \stackrel{点燃}{=\!=\!=} SO_2$ （3）过氧化氢在二氧化锰催化下分解 $2H_2O \rightarrow 2H_2O+O_2$ 2. 某纯净物X在空气中完全燃烧，反应的化学方程式为：$X+2O_2 =\!=\!= CO_2+2H_2O$，试推测X的化学式。 3. 偏二甲肼（$C_2H_8N_2$）与 N_2O_4 反应放出的能量能把火箭送入太空。该化学方程式为 $C_2H_8N_2+2N_2O_4 =\!=\!= 2X+3N_2\uparrow+4H_2O\uparrow$。下列说法正确的是（　　） A. X的化学式为CO B. 偏二甲肼中碳的质量分数为40% C. 该反应属于分解反应 D. 生成N_2和H_2O的质量比为14∶9 4. 下图中四位同学正在讨论某一化学方程式表示的意义，他们所描述的化学方程式是：	1. 判断书写化学方程式的正误，对知识的巩固，也检验自己对书写方法掌握的熟练程度； 2. 理解方程式的意义； 3. 简单地解决问题，利用化学方程式遵循质量守恒定律，推出化学方程式某个物质的化学式； 4. 形成知识的简单迁移，转化成学生自己的能力。

A. $C+O_2 \xrightarrow{点燃} CO_2$
B. $2CO+O_2 \xrightarrow{点燃} 2CO_2$
C. $2H_2+O_2 \xrightarrow{点燃} 2H_2O$
D. $CH_4+2O_2 \xrightarrow{点燃} CO_2+2H_2O$

能力形成及拓展性习题

（分两类书写化学方程式：一是根据题意描述不熟的反应写出方程式，二是看微观反应写化学方程式）时间15分钟

作业内容	设计意图
1. 用化学方程式描述下列事实： 常温下，铝具有很好的抗腐蚀性能，是因为铝在空气中与氧气反应，其表面生成一层致密的氧化铝薄膜，反应的化学方程式是_____（必做）； 体育馆主体工程施工时，利用乙炔燃烧的火焰焊接钢铁材料。乙炔（C_2H_2）气体可采用碳化钙（CaC_2）与水反应制取，同时还有氢氧化钙生成，试写出该反应的化学方程式： 目前工业上制取钛的方法是：第一步，在高温时，将金红石、炭粉混合并通入氯气（Cl_2）制得$TiCl_4$和一种可燃性气体，该反应的化学方程式是_____；第二步，在氩气的环境中，用过量的金属镁在加热条件下与$TiCl_4$反应得到金属钛（氩气不参加反应），该反应的化学方程式是_____。（选做） 2. 化学反应微观图写化学方程式（必做） （1）如图是某化学反应过程的微观模拟图 写出该微观模拟图所表示反应的化学方程式：_____ 以下是某化学反应的微观示意图，有关该反应的说法正确的是（　　）	1. 学会了化学方程式书写的方法，形成知识的迁移。根据题意告诉的反应写出化学方程式，在反应中某个物质没有具体告诉是什么物质，运用质量守恒定律，化学反应前后元素种类不变，试着写出没有告诉物质的化学式。这个对能力要求就要高些，针对学生的具体情况设置为选做。 2. 一课题结束时，可以设置总结自己解题中遇到的困难或者知识不清楚的地方，让学生对自己所学的知识点进行总结。

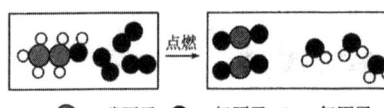

A. 该反应中丙与丁的分子个数比为4∶1 B. 该反应属于化合反应 C. 该反应前后原子的数目发生改变 D. 该反应没有单质生成	
3. 总结出自己在化学方程式书写中感到困难的地方或者是容易出错的地方（必做）	

五、学生作业反馈情况

在新课结束后，布置了第一次基础性作业，学生回家基本15分钟之内完成。70%的学生能正确书写学过的化学方程式，还有30%的学生不能正确书写物质的化学式，方程式的配平还有问题。对学生作业反应的问题，及时评讲并纠正学生书写方程式存在的错误。通过第一次作业评讲，完成第二次作业（课堂上完成的），很明显学生能自己发现方程式中书写存在的问题并写出正确的方程式。完全正确的能达到90%，还有10%的学生无法完整写出方程式，多多少少存在一些问题。第三次作业是课后完成的，对学生的理解和处理问题的能力有更高的要求，完全正确的只有60%，通过讲解再在课堂上练习同类型的习题，80%的学生能通过描述或看微观图写出反应的化学方程式。

"双减"教学理念的提出，促使我们在这条路上不断摸索，从课堂教学、课堂作业、课后作业设计等发挥化学学科特点，努力做到减量不减质，不负家长对学校的期望。

第四篇　　创新劳动教育

城市学校劳动课程育人体系的建构和实践

成都市棕北中学　丁世明　张东明　王华龙　姜祺　杨应红　须宗毅

创建于1996年的成都市棕北中学，经过25年的持续发展，已成为"文化深厚、学养丰富、品质优异、特色鲜明"的成都市教育优质品牌学校和武侯教育的一张靓丽名片。

学校坚持"以人为本，面向未来"的办学思想，将"既关注现在、更关注未来"作为核心竞争力，全面落实"立德树人"的根本任务，以"五育融合"为着力点，整体设计学校教育教学体系，把"出力流汗"的劳动教育作为培养学生核心素养的关键工程。

自建校以来，学校就以"课程统整"的思路，探索让劳动教育课程立起来、实起来、强起来、通起来的有效路径和实施策略，在丁世明校长带领下，初步破解了城市—学校劳动教育困局，因地制宜构建起城市—学校劳动课程育人体系，开生命之源，育完整之人，促进了劳动教育的落地和质量提升。

一、立足需求，让劳动教育基础课程"立"起来

学校自1996年建校起，就系统设计、整体优化学生课内外劳动项目，采取"劳动服务班"模式、校本课程、社团活动方式和职业考察体验项目，以基础课程形式设定为必修课，让劳动基础课程"立"起来。

（一）"劳动服务班"模式——因地制宜，全员参与

城市学校劳动教育基地相对缺乏，学校将每学期20课时劳动课集中在两周使用，各班轮流承担"劳动服务周"任务，轮到的班级重新编制当周课

表，每天上下午按劳动课表对校园公共区域进行清洁扫除、校园美化、绿化种植、公物维修等。学校制定《劳动服务班操作规程》，现已编撰第三版《劳动实践指导手册》，建立"劳动服务班"评价体系，确保"劳动服务班"规范运行。

学校形成了劳动服务班"做学"模式。

一是"做中体验"。以劳动岗位实践为载体，学生在校园公区清洁卫生劳动实践中，通过自己的双手，创造窗明几净、整洁优美的校园环境，引导学生深刻体验劳动创造生活、劳动实现价值、劳动获得幸福。

二是"动中学习"。通过劳动专职教师的讲解、示范与激励，学生在反复清洁劳动实践中，形成、巩固与发展劳动技能与能力。

三是"思中升华"。亲历劳动实践，启发学生动脑发现和解决劳动过程中的问题，改进劳动技术，提升劳动效果，发展思维能力，激发创造潜能。

学校用"十有"标准来指导管理劳动：有领导小组、有课表保障、有专兼职教师、有目标计划、有操作流程、有过程指导、有总结评价、有部门联动、有规章制度、有课程渗透。

（二）厨艺技能培养——幸福生活，奠基未来

基于城市—学生自主自立自理发展需求，培养学生"经营幸福生活"的能力，学校选取衣食住行等日常生活中的"做饭"劳动技能培养，在星期五下午开设两节厨艺烹饪必修课，由班主任、劳动教师、食堂厨师和家长导师团成员共同执教，让学生每学期新掌握两道菜肴的烹饪技能，每学期通过"班级厨王争霸赛""我为家人秀厨艺"、寒暑假"今天我当家"等活动平台进行演练、展示与评价，为未来幸福家庭生活奠基。

（三）职业考察体验——家校融合，开放互助

为了让学生了解父母职业内容，感受父母劳动艰辛，体验父母劳动成就，融洽代际关系，形成初步的自我生涯规划认知，学校实施了职业考察体验主题课程项目。

学校每学期安排一天时间，让学生跟自己的父母一起上班，让学生走入父母工作单位，在父母的指导下，适当参加力所能及的生产劳动、参与新型服务性劳动，使学生与父母一起经历劳动过程，理解劳动创造价值、创造财富。每学期寒暑假，开展"我跟同学的爸爸妈妈一起去上班"，让学生走入

各行各业考察更多职业并受到职业启蒙教育。

从"单一"走向"多样",开放化的课程实践模式和互助式的课程运行机制,使劳动教育在城市学校落地生根,让劳动基础课程"立"起来。

二、空间延伸,让劳动教育拓展课程"实"起来

学校主导整合家校社教育资源,引领家庭在劳动教育中发挥基础作用,引领社会在劳动教育中发挥支持作用。学校通过劳动教育的校内外统整,形成拓展课程(分为必修和选修两类),以家务劳动、社区公益、社会实践等形态,实现在学校主导下,向家庭、社会生活延伸,让劳动教育拓展课程"实"起来。

(一)家庭日常生活劳动——教育引导,考核跟进

日常生活劳动课程项目包括生活独立和家庭服务两类,包括洗衣、熨烫、扫地等家务劳动,绿植养护、居室美化、简单维修等家政服务。学校引导家长抓住衣食住行等日常生活中的劳动实践机会,鼓励孩子劳动,掌握劳动生活技能。学校以"家庭主体、依次增加和学校考核"为原则推进家庭劳动教育。考核方式是提交图片、视频和签字的表格,表现情况纳入评价体系,如评选"家庭整理小能手"等。

(二)社区公益志愿服务——真实劳动,流程管理

一是从身边做起,营造美好生活环境。利用周末寒暑假,倡导学生开展居家周边清洁卫生扫除等公益劳动。二是从小我到大我,组织学生开展"服务社区、奉献社会、提升自我"的志愿服务实践。三是积极参与社区治理,锻炼提升实践能力,坚持开展"文明交通劝导员、清理城市牛皮癣、场馆解说员、酷暑送清凉"等适宜的社会综合治理实践活动,为建设和谐社会尽自己的力量。

学校统整社区居委会、两级家委会、校团委社会实践部及所在社区本校教师的力量,按照"校内动员实施,社区实践反馈,学校总结表彰,学校社区共同组织实施"的流程管理志愿服务、公益劳动。有了家委会成员、校团委学生干部及本校教师强力参与,居委会支持劳动教育就更加容易,社会劳动也更加真实。

三、创新创造，让劳动教育探究课程"强"起来

知识经济的发展，现代技术的更迭，劳动形式在不断改变，不再仅仅是单一体力劳动，更多表现为脑力劳动形式。学校把创造性劳动纳入劳动教育范畴，从能力层级要求上提高，以选修课的方式开设劳动探究课程。探究课程将学科综合性学习与"出力流汗"的劳动实践有机结合起来，适时开发出科技制作、创客课程、项目学习等课程形式，实现"脑体并用"，让劳动教育探究课程"强"起来。

（一）科创课程——牵头实施，项目负责

学校科创由科技辅导员牵头，结合"五小项目"广泛开展"小发明、小创造、小革新、小设计、小建议"等活动。学生在老师指导下组成项目组，自主策划、实施、总结、评价并形成成果，累计获得600多项科创奖励。如老师在指导学生设计制作防风垃圾斗的劳动探究课程时，引导学生探究：传统的垃圾斗在倾倒垃圾时，常有垃圾被风吹走的现象，如何改变呢？学生先调查了人们在防止吹落垃圾时采取的措施，然后思考、讨论、设计效果更好的防风垃圾斗，几天后一个蕴含学生创新思维的新型防风垃圾斗诞生了。

（二）创客课程——家长导师，协同配合

为破解创新型劳动教育师资不足的难题，学校聘请有科技专长的学生家长担任导师，成立家长导师团，并由班主任和创客教师配合，实施创新型劳动教育课程。如家长导师孙某某每周五利用素质选修课时间，在学校开设"编程"课程，教会学生相关知识与技能，组织学生参赛，让学生体验了创造性劳动带来的乐趣。

（三）项目学习——脑体并用，实践创新

结合当地经济、科技发展的特点、趋势和需求，引进研究性学习方式，运用信息技术手段，大力支持学生参与有关研究院所和大学的实验项目，建构了"项目创新"劳动教育模式。如中科院成都分院生物研究所科学家牵手中学生的实验项目，有植物项目、微生物项目和动物项目等。

项目学习案例——"李冰号"智能水质监测船，生态保护的创新实践

锦江，成都的母亲河，地理课上，老师倡议同学们开展锦江水质调查项目。同学们最初设定了好几种思路：在江边不同位置分点位打水，再拿到实

验室检测，费力、耗时、效率低；制作一艘轮船模型，开到江上的各个点位采集水样，回收后再到实验室检测，虽然节省了人工，但仍然存在时间成本过高，不能及时反馈母亲河的水质状况的问题。

在老师的循循善诱下，孩子们决定综合应用所学到的物理、信息技术等相关知识，亲手制作一艘智能船模，通过手机的操控，到江上的各个点位自动检测水质数据，再实时返回数据到手机终端，这样既实现了数据的全面性，又保证了数据的即时性。

在项目实施的近一个月里，同学们先后完成了以Arduino为基础的智能硬件课程学习、基于MIT平台手机APP编程学习，掌握学校创客中心3D打印机、激光切割机及其他常见五金工具的使用，最终制作出了采用Arduino的控制板，包括运动控制模块、数据采集模块和即时通信模块的"李冰号"智能水质监测船，从2018年8月开始，在锦江经过多次实地测试，获得的实时数据与同期四川大学分析化学检测结果比较，真实有效，宣告了"李冰号"水质监测船设计制作成功，同年11月在全国第三届综合实践优秀成果展示活动中获得特等奖。

四、"五育"并举，让劳动教育融合课程"通"起来

"五育"的目标是共同指向学生的综合素质全面发展和健康成长。劳动教育贯穿于一切教育之中，与"四育"相互交织、有机联系。高尚道德情操、实践创新能力、身体素质锻炼和审美能力蕴含于劳动教育之中，具有综合育人价值。学校在开发劳动教育课程过程中，将劳动教育与德育、智育、体育和美育相融合，通过融合而教育，实现五育协调一体、优势互补，通过学科融合、家校融合、社会资源整合，让劳动融合课程"通"起来，达到"1+4>5"的育人效果。

（一）劳动"+管理服务"——岗位管理、礼仪服务

由于劳动服务班对校园公共区域实行"分片承包、责任到人"，学生除了完成校园清洁、种植美化、简单维修和手工制作劳动任务之外，还要负责礼仪服务和岗位管理，指向交往能力和管理能力培养的劳动"+管理服务"融合课程逐步成形。学生课余时间到达各自的承包岗位负责接待、引导来宾，同时履行"清洁保洁员、纪律监督员、公物管理员、安全提示员、文明

督导员、礼仪示范员"的岗位职责，学生在"我为人人、人人为我"的管理和服务中探究管理艺术、提升与人交往的能力和道德素养。

（二）劳动"+学科教学"——做学融通，学科育人

立足课堂，形成学校劳动教育"做学"范式和学科课堂"融通"范式。通过劳动教育与德育、智育、体育、美育的整合融通，在五育并举的实践背景下，放大劳动教育的育人价值。劳动课的"做学"范式即"做中学习""动中巩固""思中升华"。学科课堂的"融通"范式，是指其他课程结合学科特点，有机融入劳动教育内容，实现学科渗透劳动教育的目标，强化知行合一，发挥学科育人价值。人文学科主要是劳动观及中华民族传统美德等方面的教育。自然学科侧重培养学生劳动的态度、意识、观念和精神。跨学科项目课程要求贴近实践、贴近社会，以问题或现象为导向，与手工课结合，以学生完成某一作品为结果导向。

（三）劳动"+艺体活动"——美育熏陶，体育健体

在教育部五项管理和"双减"大背景及学校"两高一低"（高综合素质、高学业成绩、低作业负担）质量诉求指引下，学校通过"劳动+艺体活动"的方式，在艺术体育活动中渗透劳动教育，让学生在劳动中出力流汗、锻炼身体增强体质、创造美好环境与生活。

为培养学生创造美、表现美的能力，学校在劳动中开展美育，如绘川剧脸谱、泥塑陶艺制作等。让美育发挥其非功利、非概念的游戏化效应，通过劳逸结合的方式和艺术实践活动，既习得了劳动技能，又提高了审美能力。学校在劳动教育中充分考虑"以劳健体"的功能，通过劳动教育来促进各项

图1　成都市棕北中学"一体两翼大融合"劳动课程育人体系

体育运动，重视学生亲自创造和维护体育场地、体育器材，让学生自己发起

和组织各类体育赛事,使学生具备体育服务的技能。

从解决校园清洁卫生难题的劳动服务班到开发成校本德育课程,棕北经历了十年探索,劳动服务,花开棕北,散发着独特的魅力。棕北学子能主动参与学校、家庭、社区和各种主题劳动,在劳动中逐步形成了劳动观念、劳动态度、劳动习惯、劳动技能、劳动能力等方面,赢得了良好生长、发展和提升。

从校本德育课程到劳动课程育人体系构建,棕北再经历了十年,学校把劳动教育上升为培养核心素养的关键工程,确立起"开生命之源,育完整之人"的劳动价值观,构建了基础课程、拓展课程、探究课程三级劳动教育课程体系。

进入新时代,劳动已经突破了劳动和教育的范围,它被棕北人赋予了更多的内涵和意味。学校从五育并举到五育融合,劳动教育与四育整合融通,通过"劳动+"的方式,进一步丰富和完善劳动课程育人体系,形成了劳动教育融通课程。

爱劳动的学生最美丽,25年的实践育人,学生在劳动中改变态度、激发创新、学会感恩、培养品格。随着学生劳动素养的培养优化,学生学业成绩、社会责任感、审美情趣、身心健康、实践创新能力等都获得优化发展。

劳动,在棕北人的情感世界里丰富多彩。劳动教育,在棕北人的心中绚烂多姿。站在新时代、新起点,弘扬劳动精神,培育劳动情怀,践行棕北人自己的教育理想和大教育观,让劳动教育和五育融合落地生根,是棕北教育人的使命与荣光。

劳动教育安全风险管控的"两案四制"

成都市棕北中学　张东明

劳动最光荣、最崇高、最伟大、最美丽，劳动还得讲安全！

创建于1996年的成都市棕北中学在25年前就已把劳动教育写进课表，坚持每天一节劳动课，破解城市学校劳动教育困局，因地制宜构建起城市学校劳动课程体系，开生命之源，育完整之人，取得良好的育人效果。在25年的探索实践中，切实做到劳动有方案、行前有备案、应急有预案、安全有专案，建立和完善劳动教育安全风险管控的"两案四制"，确保劳动安全。

一、劳动教育安全风险管控的"两案"

（一）活动方案：行前动员　动中指导　思中升华

劳动教育方案是蓝本，是总则，内容涉及劳动教育的育人目标，时间、地点、人物、过程、方法、评价等方方面面，应具体而具有可操作性。

在劳动活动方案中应强调三个环节，行前动员、动中指导、思中升华。

一是"行前动员"。经多方论证确定劳动教育项目后，按"三重一大"决策程序召开"三会"进行民主决策，统一思想认识，提高决策的科学化、民主化。三会分别是家长层面的家委会/家长会、学校层面的校长会/行政会、学生层面的学生大会。通过"三会"形成比较成熟的方案后开始组织实施，发放告家长一封信，学生与学校/家长签订劳动承包合同，双方签字约定劳动内容，细化劳动分工，强化岗位职责担当，强调劳动纪律和安全要求，有序开展劳动实践。按照教育部规定学生不带手机进校园，确有必要则由本人申请，入校后交班主任代管，离校交还。

二是"动中指导"。通过劳动专兼职教师的讲解、示范与激励，学生在劳动中形成、巩固与发展劳动技能与能力，发现违规操作和安全隐患要及时指导和修正。如指导学生擦瓷砖，先将帕子洗净挤成半干，然后对折三次得到16个干净的帕面。先用四个面正反作第一次去脏，解开再用另四个干净的正反面作巩固保洁。这种"快速擦瓷砖法"，速度快，效果好，不易第二次污染，避免瓷砖湿滑带来的安全隐患。此方法被推广应用于擦黑板，桌椅等，全校擦净黑板最高纪录为37秒。

三是"思中升华"。亲历劳动实践，启发学生动脑发现和解决劳动过程中的问题，改进劳动技术，提升劳动效果，发展思维能力，激发创造潜能，树德、增智、健体、育美。同时及时总结劳动过程中的安全隐患和解决办法，如在停车棚整治中，学生提出电瓶车充电忘记时会整夜充电的安全隐患，然后和电工师傅整改出定时自动断电器。

学校的劳动教育活动有时也准备有一至二套备案，如天气原因不能成行，目的地突发疫情等替代方案，避免措手不及。如图1所示。

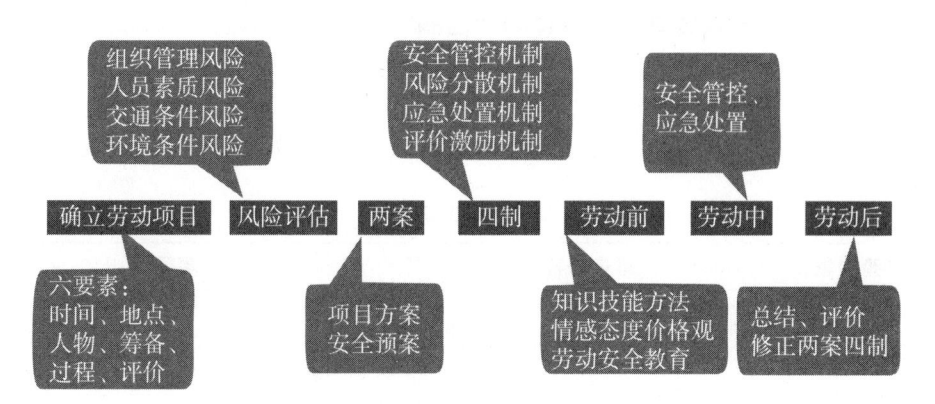

图1 劳动安全教育思维导图

（二）安全预案

凡事预则立，不预则废。根据劳动教育活动方案，仔细分析相关环节，找出各环节安全方面的风险点，并提出切实可行的应急解决预案，落实到人。预案不是摆设，要做到在真正突发事件发生时措施是有效的，安排的岗位是有人的，联系的电话是畅通的，保障的物资是能到位的，不能心存侥幸（如图2所示）。

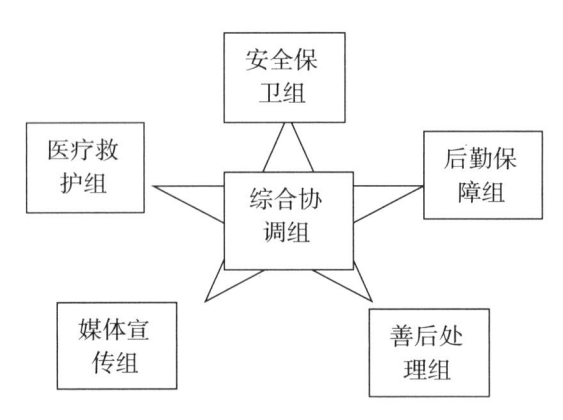

图2 安全预案结构图

世异则事异,事异则备变。安全预案要结合校情、时情、地情、行情和人情的变化。切忌照搬照抄,或者直接使用往年的安全预案。包括指导思想和原则,领导小组,职能分工,风险评估,处置方法等,做到一事一案,并且定期按照预案开展演练或者桌面推演。

二、劳动教育安全风险管控的"四制"

（一）劳动教育安全风险预防机制

首先是排查:排查天、地、人、财、物五大项,并做好排查记录(见表2)。

表2 排表记录

排查对象	排查内容	注意事项
天	天气状况:有无极端天气或者重污染天气等	查询天气预报, 联系当地气象局, 避暑避寒避风雷雨雪等
地	当地和目的地的交通状况,堵车时段,近期有无地震等自然灾害、疫情、环境污染等风险	向交警报备并咨询交通状况 向地震局、应急局了解地震山洪泥石流等 向卫健委了解传染病防控
人	参与人员的健康状况,包括身体状况、心理状况	包括管理人员、学生、带队老师和工作人员,驾驶人员等
财	活动经费来源。如果收费必须符合国家的收费标准和程序	收支公示
物	劳动物资准备。食品安全、通信器材、应急药物、物资等	注意物资的有效期限 防疫物资充足

其次是分工：人人有事做，事事有人做，分工明确。应设立综合协调组、安全保卫组、医疗救护组、后勤保障组、善后处理组、媒体宣传组。做到三保证：成员固定、职责明确、联系通畅。若出行前或者过程中人员有变动，那么顶岗人员要马上确定，避免缺位、错位和越位，确保整个活动运转有序。学校应将法制副校长、法制辅导员、法律顾问和健康副校长三类人员纳入工作机制。

（二）劳动教育安全风险分散机制

购买保险。必购保险为校方责任险和意外伤害险，以及交通险、特殊险种等。购买保险可能不用，一旦发生意外却是至关重要，不可省略。同时注意，保险是全体参加人员都应购买，不是只买学生的保险。

服务外包。术业有专攻，部分劳动项目可以服务外包，可以借助专业资源，减轻学校人力、专业和安全压力。但要注意查看有无相关资质，同时要经过有家长参加的比选，然后签订正规合同，必要时请学校法律顾问审核并出具法律意见书，帮助学校把关。

上级报备。向教育局申请报备，得到教育局的批准或者备案，未经批准的劳动项目，暂缓开展。如果外出租车的话还要向交警分局报备，涉及车辆审查，驾驶员资格审查，往返交通路线等。

（三）劳动教育安全风险应急处置机制

发生突发事件，应立即启动应急处置程序，并坚持"四处"原则：处早、处小、处快、处好原则。

1. 医疗救助

生命至上。若有人员伤害，首先请随行医护人员马上现场救护。若没有则应第一时间拨打120，请求专业救护，并在现场履行力所能及的救助义务。必要时应联系学校卫生健康副校长。

2. 及时上报

立即上报本次活动负责人及校长，校长根据突发事件的性质和严重程度，决定是否上报教育局和相关管理部门，如：公安部门、消防部门、市场监管局、卫健委等。如有必要活动负责人或者班主任联系相关学生家长到学校或者现场，当面告知突发事件情况，并介绍学校已经采取的措施，需要家长配合的事项。必要时应联系教育局应急管理科等相关科室，学校法律顾问。

3. 调控局面

根据突发事件的性质和严重程度，决定是否继续或者终止劳动项目。并决定是否有必要向全体参与师生进行情况通报和心理安抚。保护好现场，特别是监控、音像资料及相关证人证言，等待警方介入处置。必要时应联系法制副校长或者法制辅导员。

4. 舆情处置

根据事态发展，拟定突发事件情况说明的统一文稿，确定发言人来对外发布信息或者接受采访，注意发言时的语态和情绪，对外"一个声音"发布信息，切忌自相矛盾或者前后不一。判断是否有必要主动回应家长和社会的关切，主动发声。

专人负责关注网络动态，发现网络舆情应及时上报指挥部协调应对处理。必要时应联系教育局宣教科。

5. 善后处置

若有师生伤害，校长应第一时间赶往医院看望。同时做好、做通家长的安抚工作，包括所有主要亲属的安抚工作，直到突发事件圆满解决。如有必要则需开展心理危机干预。协助警方责任认定，联系保险公司介入理赔。

6. 政府主导

如果发生较大安全风险事故时，学校的应急处置能力、经验和调动资源是有限的，由于前期已经向主管部门报备了劳动教育活动，这时一定要请政府来主导，力争做到转危为机。政府主导，部门联动，设立应急指挥部，调动公安、医院、宣传、应急、消防、市场监管、卫健委、交通等职能部门，避免事态升级，造成全网被动甚至全世界关注事件（如图3所示）。

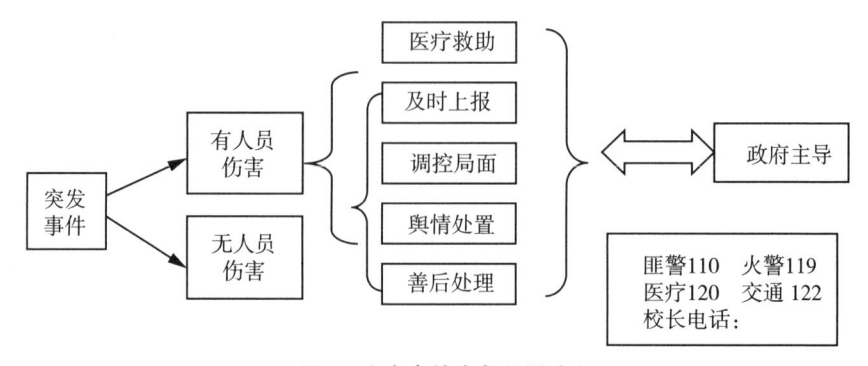

图3 突出事件应急处置流程

（四）劳动教育安全风险评价提升机制

1. 评价：奖励与问责

根据活动开展情况和分工履职情况，结合学校绩效考核奖惩制度进行奖惩，包括物质的精神类的奖惩。对于事故，要划清事故和责任事故。如果是责任事故，还要追究相应责任，起到惩戒和警示作用。

2. 总结：更新与提升

对照"两案四制"，根据实际执行情况，及时总结更新，不断查漏补缺，为下一次活动提供宝贵的经验和教训，做到"错误不二犯"。

习近平总书记指出："各级党委和政府要为学校办学安全托底，解决学校后顾之忧，维护老师和学校应有的尊严，保护学生生命安全。"通过系列劳动安全教育演练、桌面推演，切实做到劳动安安全全，劳动扎扎实实，劳动硕果累累。

摘自《中国教育报》

后记

优质与多元
——棕北的思想

成都，拥有着千年学府、百年名校，中国教育的步点在此弦歌不辍，文明长青。中华文化源远流长，五千年的历史中，每一个时代都有灿烂的文化闪耀。经历岁月洗练，这些优秀文化已然成为璀璨明珠，或成为新的时间坐标。棕北中学的历史不算太长，其蓬勃生命力作为成都教育的一个元素，正发挥着积极影响，将和众多学校一起塑造我们这个时代的教育精神。

一、看教育优质的一个视野

国家的发展靠人才，民族的复兴靠人才，文化的传承与创新靠人才，守护中华历史文脉仍要靠人才。这个特殊的历史使命，需要教育来发蒙。在激烈竞争的国际教育中，各国对教育的高质量追求可谓是不谋而合，中国的"办好人民满意的教育"（党的十八大明确提出，党的二十大新的部署）"双一流"（2015年，打造世界一流大学和一流学科，培养一流人才、产出一流成果等）建设，法国的"卓越大学计划"（2010年，加大科研项目的集成，建设有潜力的学校，多校合并发展等）[1]，德国的"卓越计划"（2006年，给大学和研究机构更多的国家资助等）"卓越战略"（2017年，重振德

---

[1] 张皓月，胡天助．法国高等教育卓越计划的实践及启示[J]．长春教育学院学报，2020（10）：9 10.

国大学的科研地位与国际声誉），①等等，这些都呈现了教育优质发展的必然趋势。

在此，通过《优质而多元——从"双减"迈向教育新生态》这本书来看看里面蕴藏的教育优质的内涵特征。

第一，有温度的优质教育。

教育最重要的目的是什么？是启发人追求人生的真义。怎么判断这个真义？定然是此番事业牵动了我们全部的爱力，我们为此愿意付出很多，乃至于旁人认为十分重要而不可舍弃的。有温度的优质教育必定是有精诚之爱的教育，熔铸有师者的智慧之爱、理性之爱、教育之爱。智慧之爱是仁者之爱，是师者对学生有智慧启迪、知识点拨、人格塑造的爱力。理性之爱是师者对学生有一视同仁，且纯粹又至诚的爱力；用墨家主张的思想解释便是"兼爱"，是跨越阶级、超脱贫富的爱力。教育之爱是师者凭着学生身份特性就能发出爱的举动，对学生好是以"爱生如子"为出发点，是出于对学生天然的爱力。陶行知认为，教育者应当知道教育是无名无利且没有尊荣的事。教育者所得的机会，纯系服务的机会，贡献的机会，而无丝毫名利尊荣之可言。②尤其要有"捧着一颗心来，不带半根草去"③的愿力，如此，优质的教育方有情感的温度。在2022年的毕业典礼上，学校有一名腿部受伤的学生坐轮椅参加毕业典礼，丁世明校长从讲台走下来俯身给该学生送上毕业证书，尽管是应有的举动，却传递了师者对学生有温度的关爱照顾。

第二，富有思想生命力，凝练鲜明特色。

外界通常看哪一点判断学校的生命力？常人以为是考试的成绩，像棕北中学的中考成绩就很好，事实不尽然，还有成绩背后的种种因素，如学习力、生活力、实践力、转化力、迁移力、应用力，等等，考试能力仅是其中的一个方面。考试能力背后的这些才是人永葆竞争力的关键，它们就像大江大河奔流不竭的源头活水，以不可阻挡之势涌向沧海。2016年9月9日，习近平总书记在北京市八一学校考察时强调："鼓励学校办出特色，鼓励教

---

① 朱佳妮，韩友耿：重振德国大学的全球地位：从"卓越计划"到"卓越战略"，比较教育研究，2022（5），第25页。
② 陶行知：《陶行知全集》第1卷. 成都：四川教育出版社，2020年版，306页。
③ 陶行知：《陶行知全集》第8卷. 成都：四川教育出版社，2020年版，245页。

师教出风格。"如今,众多学校通过努力,办学品质越来越好,教学质量越来越高,办学特色也愈发凸显而有内涵,已经成为学校教师独特风格、组织优势与内在的活力表征,宛如学校教育的个性气质,最深刻地反映着学校教育力量的优势所在。借用中国著名基础教育专家、成都师范学院姚文忠教授的话来概括棕北中学的生命力,便是"在袖珍与精致中创造传奇"。棕北中学1996年建校,27年筚路蓝缕,经历四个阶段的发展谋划,走实了"文化养校"的发展之路,她的学生有高素质、高能力、高追求、高发展,在激发学生学习力的着力处做出了创造性的贡献,为我们今天重新审视教育生命力提供了一个新视角。

第三,优质服务(人文关怀)与优质产物(课程内容)的活跃力。

教育需要有人文关怀,它能让教育更有温度与厚度,亦能对人的思想世界与生命成长提供丰富滋养。从学校与教师的角度看,优质服务就是在"以生为本"的基础上关注学生的生长需要与价值需要,从而提供多方面、多层次的帮助,让学生在一个良好的环境中成长为一个生活有序、善良理性、刚健中正、道德高尚的人。儒家的人文教育既看重学校又看重家庭,从身教的深层影响看,父母师长是一个直接且典型有力的参照,有了参照,便会有实践的转变,这种实践是一种人生观得以形成稳固的关键,所以,棕北中学对家庭教育的引导格外重视。

丁世明校长认为,学科育人价值内涵丰厚,包括生命成长的导向性价值、知识性价值、方法性价值、情感性价值、道德性价值、审美性价值。有优质的课程,才能激发人的兴趣与潜能,才会有综合能力的飞速发展。在课程中,我们所能直接学到的知识、良知、教养、道德、观念,是依靠无数知识慢慢沉积起来的。课程内容就像是人文滋养的有利场所,课程环境就像是人与诸多关系调适的磨石,它能充分展示学校优质服务与优质产物的优势与特征,就像是"晴雨表",给我们持续扩充内涵提供线索。

第四,塑造一个适合学生发展其精神与道德的环境。

人应该以何种精神立身存世?西南联大希望学生有一种"刚毅坚卓"的精神维系国家命脉;清华大学希望学生有一种"自强不息,厚德载物"的精神自成君子;苏州大学希望学生有一种"养天地正气,法古今完人"的精神凝聚凛然正气;棕北中学以"明德 求真 至善 尚美"的校训,追求涵养人德才兼备的特质、实事求是的作风。陶行知认为，教育的主要作用在教人化人，重点在化人，它是一种浸润与习染，是通过一个人、一件事的影响化成另一个人、另一群人的意识，我们把这种影响概括为一种精神的体现。钱穆认为，历史事件是一种远从过去、透视现在而直达将来的，它是生命的意义与价值所在，因为我们的一举一动、一言一行影响深远，所以我们才要仔细思量，本着对历史负责，对自己和他人生命负责的态度行事。钱穆讲的历史精神和我们今天谈的教育精神有很多相似处，例如，都通过过去影响现在，又通过现在影响将来；都通过文化塑造人……教育家身上的博爱、求真、有教无类、因材施教是教育家群体行为所体现的一种精神气质，对人有一种引导性、约束性、激励性，它能够通过教师的思想与实践直接体现出来，也能通过学生的综合表现隐晦地传达出来。这也是棕北中学长期付诸努力的原因：致力于让学生在良好的环境内萌发德行。

在中国传统文化中，精神是指人的精气、元神。东汉思想家王符在《潜夫论·卜列》有言："夫人之所以为人者，非以此八尺之身也，乃以其有精神也"。可见，精神是一个人的意识、意志、气质、生气的融合再现，它通过人的精神面貌、思想状态给人以直接影响。学校文化有思想活力才能孕育有精神的人，才能以文化精神铸魂育人。再进一步看，学校文化的精神活力是有细胞的，它的细胞是存在于团体、班级、年级、社团、学生群体、教师群体中，又通过生活在这所学校中的个人与群体表现出来，两者遥相呼应。

二、看教育多元的一个视野

学校是有历史、有文化基础的地方，在学校，很多人都能获得精神上和思想上的归宿。学校内涵从来都不是单一的，是经历过混融而呈现的丰富与多元，正因为学校接纳了如此多元的人文要素，学校的文明与自身的教育精神才能自成一体，其中起到维系与凝聚作用的是文化多元相融的特性。棕北中学27年四个阶段的发展历史在每个阶段中都有显著成绩，以素质教育为主体的一脉相承既承了多元共济，又承了多元共荣。

关于教育多元，有几点值得注意。

第一，注重相互性，以多元思维重新理解教育议题。

在姚文忠教授看来，教师不仅得是一个行家，还需是一个杂家。"行家"顾名思义是指专业上的博学通达;"杂家"便是指教师不仅要知晓教育的特性与规律,还要知道历史文化、哲学心理学、社会知识,以及开展教育工作与之关联的诸多知识,如此才能解决现实教育中遇到的多种问题。例如,教师读书,不能仅限于读教育教学专业类的书,对科学、哲学、文学、社会学、政治学、历史学等类型的书都要有所涉猎,教师储备的知识越广泛,越能有效跨越困境。所以英国肯特大学社会学教授弗兰克·富里迪说:"现实是多维度的,现实所包含的知识要求我们能够跨学科、跨专业地谈话和工作。"[1]历史上的唐朝,中原文化同各种异域文化多相交融。多元文化的共荣使得唐王朝新机不断重启,文化始终昂进。不单是唐王朝,北魏南迁同样如此。新的文化汇入要么使中华文化再焕生机,要么使中华文化不断扩大恢宏。在学校中,一股理念的盛行,一种意识的盘踞,一类文化的流动都是教育多元的表征。

在教育现实中,多元思维的出发点更突出学校对学生的关切,在棕北中学对STEM课程基本特征的概括中,"以学科素养为基础、以核心素养为导向、以生活实践为根本途径、以关键能力为核心……"就充分体现了学校课程育人的多元思维,既有整体统一,又有重点亮点、特色创新。

第二,包容性差异化发展,形成文化的尊重与融合基础。

德国哲学家莱布尼茨曾在一次宫廷讲学时说,凡物莫不相异,天地间没有两个彼此完全相同的东西;世界上没有两片相同的树叶。透彻通晓此番原理,就要求我们认识到每个生命成长除了一般规律外,还有独属于她的规律与个性特点。所以孔子提倡教师教导学生要因材施教;陶行知主张教师要根据学生资禀,以及学生学的法子来教。

在一个群体里面,一个人就代表了一种现实,在班级内部与学校内部,每个人都代表着一种生长追求,呈现在教师眼中或是一种水火难容的矛盾,若一律待之便是生命生长的厄运。学校是微型社会,是有差异存在的,承认并尊重这种差异,是教育多元应有的心境。现在,更多的人推崇多元评价与多元发展,这便是尊重差异的现实体现,它有利于教育走向多元融合,尤其利于学生的持续发展,有了这个多元文化的环境,就会有多元价值对生命可

---

[1] (英)弗兰克·富里迪:《知识分子都到哪里去了》,戴从容,译,南京:江苏人民出版社,2012年版,55-56页。

能的庇佑。

第三，尊敬价值。

中国有句古话是"学而优则仕"，它原意是指人学问做好了，还有剩余的精力便可入朝为官。这属一种单一的学习目标，无形中否定了学习自身的乐趣，也否定了其他出路所代表的价值，多元化的培养方式与教学目标能让不同类型的学生依循天然禀赋有更充足的学习动力和更持久的学习毅力。在一个讲座中，成都七中育才学校教师叶德元曾讲了一个故事：以前班里的家长告诉他，孩子初中毕业后没有升高中，而是学了一门手艺，在商场工作，能自食其力了。这个故事反映了对于成人成才，能自食其力、独立不倚的标准，也有更多人看到亦是培养目标多样化、价值取向多元化现实认可的事实基础。棕北中学的劳动育人课程，"三三六"育人课程就是育人模式多元化的有益尝试。

教育里的多元是解放人、愉悦人，而不是束缚人的。过去的一些教育总是在给人一种拘束，施以约束力的教育怎能激发人的能力？如果在学校中我们感觉到一些能力正在变得迟钝或者慢慢消失，身心得不到伸展，这样的教育需要我们内省。好的教育定然能让人有很多机会去发展锻炼自己的潜能，这需要教育多元化、目标多元化、价值多元化、评价多元化、成长多元化。

认可多元化发展，教育任重而道远。

第四，以平等从容的心态认识教育。

近现代的中国，学习西方的教育理念是一个趋势，当下的中国，"文化自信""教育自信""扎根中国大地办教育"又是一个趋势。我们都要根据自身的发展需要构建自己对教育的认识，理性看待各自的教育经验所能带来的教育启示，要以自己为主体，并以此认识教育的发展过程与现实路径。以棕北中学开展的家庭教育为例，学校以孝德文化为精神之源与情感纽带，把社会主义核心价值观与爱国主义教育等生动地植入其中，将孝德文化中蕴含的宽厚、博爱、谦让、爱国、淑世等变得更容易理解记忆，一方面很好地挖掘了中国传统文化的基因，另一方面又传达了学校、家庭、社区、社会对教育责任平等的观念。在棕北中学校刊《从这里走向世界》的双语呈现中，展现了棕北中学对现代文明的理解：中国作为文化大国，具备宽阔的胸怀，尊重文化的多样性，坚持文明交流、包容互鉴的教育理念。这样的平等心态，必能更好地引导学生构建完整的世界观。

三、棕北的思想

1994年8月，《中共中央关于进一步加强和改进学校德育工作的若干意见》明确提出："增强适应时代发展、社会进步，以及建立社会主义市场经济体制的新要求和迫切需要的素质教育。"[①]这标志着素质教育的实践由此正式在中国教育史上拉开序幕。

棕北中学就是在素质教育的实践背景下成立的，其办学宗旨即坚持以素质教育立德树人，为民族复兴培养时代新人。在发展的第一阶段（1996年7月—1997年7月），学校就在"面向未来、以人为本"的指导思想下提出了"以素质教育为主体，以英语教学特色和信息技术特色为双翼"的"一体双翼"发展模式，开宗明义地昭示学校贯彻落实素质教育的发展方向。在发展第二阶段（1997年8月—2006年7月），学校继续推动素质教育实践，主张"既关注学生的现在，更关注学生的未来"；第三阶段（2006年8月—2014年6月），学校深化以素质教育为主体的发展思路，在课堂教学上掀起了全新的发展模式，让学校成为"文化深厚、学养丰富、品质优异、特色鲜明"的成都市优质教育品牌的指向，让棕北的印象深入人心；第四阶段（2014年7月至今），学校坚持贯彻的素质教育覆盖全体学生，帮助学生赢在未来，棕北"优质而多元"的教育品质为社会所瞩目。

党的二十大报告着眼世界百年未有之大变局和中华民族伟大复兴战略全局，对新时代教育改革发展作出了系统部署，提出了一揽子教育改革发展的重点任务。其中，特别强调"发展素质教育"。棕北中学27年坚持素质教育为主体的教育实践就是对素质教育倡导的以人为本、立德树人、全面发展作出的有力回应。在棕北中学我们可以找到素质教育在中国发展的生动实践与理论成果。

"实现人的自由全面发展，是马克思主义和科学社会主义追求的最高价值目标。"[②]《国家中长期教育改革和发展规划纲要（2010—2020年）》指

---

① 参见顾明远：《中国教育路在何方——教育漫谈》，课程·教材·教法.2015年第3期。
② "世界观、价值观、历史观、文明观、民主观、生态观（学术圆桌）"，《人民日报》，2023年3月27日第9版。

出："坚持以人为本、全面实施素质教育是教育改革发展的战略主题，……其核心是解决好培养什么人、怎样培养人的重大问题，重点是面向全体学生、促进学生全面发展，着力提高学生服务国家服务人民的社会责任感、勇于探索的创新精神和善于解决问题的实践能力。"马克思主义的人的全面发展学说与素质教育追求的人的全面发展有很多相通处，后者既是对前者的具体实践，又是对前者的创造发展，它推动了人的全面发展学说的理论与实践发展。

棕北中学给人的印象是一所有温度的学校。有劳动的温度、体育的温度、奋斗的温度，以及思想与信念的温度。她的思想是发展的、创新的，用丁世明校长的话讲，是"永远用健康的体魄奋勇争先，用健全的人格追寻未来"。关于思想的存在方式有很多观察的方法，最直接的是人的印象。我们通过从某处听到的、看到的部分事实来判断，或从某个事物、某个现象、某个主义显露的端倪形成一个印象来方便我们的观察或行事，如果没有持续深入的探寻，这个印象就会阻碍我们下一步的判断和行为，因为浅层的认识脱离了变化的现实。我们需要在不断认识的过程中去重新塑造我们的印象，这样才能看到一个全貌的棕北形象，才有一个相对完整的棕北印象，通过这本书，我们或能对棕北有一个全新的印象。作为读者，我们期待棕北中学更多优质多元的内容。

教育的永恒追求，是棕北中学浪漫主义与理想主义的气质表现，就像以坚持素质教育为代表的棕北中学所践行的素质教育，培养的是能独立思考、团结协作、心系家国、心怀他者的新时代青年，去谋得更为健康长远，乃至受益终身的根本好处。棕北中学坚持以素质教育为主体实施教育，且积极追求发展，并不懈追求素质教育的理想主义精神，坚持以素质教育为主体的发展之路，保持教育理想主义应有的风格：踏实沉稳地走自己的路，孕育形成自己的思想！

《时代教育·行知纵横》杂志执行主编、"大成陶书"副总编辑、

四川省陶行知研究会理事　邱滋培

2023年3月7日

附言

这本书从组稿之日算起，在时间上跨越了3个年头，它是"从棕北走向世界教育系列丛书"的开篇之作，我们将会在这本书后，不断凝练棕北教育经验，把棕北教育更多优质的内容通过该系列丛书呈现出来。

在该书的出版过程当中，我们要感谢中国著名基础教育专家、成都师范学院教授姚文忠先生对于图书内容的审读，感谢国家督学、江苏省教育科学研究所原所长成尚荣先生为本书作序，同时，借此机会感谢所有为棕北中学的教育高质量发展提供过帮助的专家、学者，以及五湖四海的教育同仁。你们的鼎力相助，我们铭记于心，以示永谢。

《从棕北走向世界教育系列丛书》编委会

2023年3月